雲南文庫

学术名家文丛

雲南文庫

学术名家文丛

罗秉英学术文选

罗秉英 著

雲南大學出版社
雲南人民出版社

作者简介

罗秉英，男，广东兴宁市人。1960年毕业于中山大学历史系。云南大学人文学院历史系教授，硕士生导师。从事中国古代史的教学和研究。

以教学为中心，教书育人，治史务实。从20世纪60年代起，时为青年教师就一直接受和肩负校、系“中国古代史”教学改革的“试点课”（后称“重点课”、“主干课”）的讲授和建设。讲授“中国古代史”外，还先后开设“中国古代中外关系史”、“中国古代农民战争”、“历史人物评价”、“中国古代官制”、“中国古代政治制度史”、“《资治通鉴》研读”、“魏晋南北朝‘佚史’研究”和“汉魏两晋南北朝与周边省区关系”等课程或专题课。著作有《黄巾起义》、《国史纲要》、《文史拾趣》、《治史心裁》，主编《中国古代史基础知识》和参编《中国古代典章制度大辞典》等；发表过《要重视“佚史”领域的开拓和研究》等四十余篇论文（详见“著述目录”。其中还包括有引导“学生自学”、培养“写作论文能力”的心得。多次受到省、校的表彰，并被评为全国教育系统劳动模范，授予“人民教师”奖章。

总　序

中共云南省委书记　李纪恒

“盖文章，经国之大业，不朽之盛事。”一部承载责任与使命的好作品，必将是一部千古不朽的立言典范，也必将是一部历久弥新的传世教科书。千百年来特别是明代以来，许多贤人君子和名人大家在广袤的云岭大地耕耘、思考和写作，留下了闪光的足迹和丰厚的作品，足以飨及后进，启迪晚辈。在搜集、遴选和整理云南明代以来学术大家、学术名家著作的基础上，由云南宣传部门牵头推出了《云南文库》，这一丛书的面世诚为云南学术研究和出版界之盛事。

编纂《云南文库》是传承云南地域文明、提高云南文化自觉的有益尝试。“七彩云南”这片神奇的土地孕育了对中国乃至世界文明都有重要影响的古人类，造就了云南文化的丰厚积淀，从而构成了博大精深的云南文化艺术宝库。作为中华文化圈、印度文化圈和东南亚文化圈的交汇地，云南自古以来都不缺乏学贯中西的大师和博古通今的大家，从来都不缺乏魅力四射的光辉著作和壮美奇绝的文化遗存。其中，许多学术作品都凝聚了深邃的思想和超凡的智慧，体现了鲜明的地域特色和民族特色，彰显了有云南自身特点的知识谱系和学术传统。今天，我们将历史长河中的明珠拾起，用心记载云南学术史上的灿烂篇章，正是为了守护云南优秀的地域文化，为了汲取进一步繁荣发展云南哲学社会科学的养分和动力，进而筑牢云南文化自信的根基。

编纂《云南文库》是树立云南文化品牌、增强云南文化影响力的重要举措。云南文化是中华文化的有机组成部分，其悠久的历史文化、多彩的民族文化、独特的生态文化、包容的宗教文化，已经成为文化百花园中一枝流光溢彩、香飘四海的奇葩。千百年来，云南学者中英奇瑰伟之士以及众多寓居云南的外省学者念兹在兹，深植于云南沃土，扎根于传统文化，不懈探索、勤奋撰述，留下了一批经得住历史和实践检验的珍贵成果。特别是抗战时期，随着西南联合大学和相关研究机构的到来，昆明一时风云际会，云集了大批我国现代学术史上开宗立派的学术大师和著名专家，云南成为当时中国学术中心之一，诞生了大批学术经典。新中国成立后，云南学术研究取得很大进展，研究队伍空前壮大，学科建设卓有成效，学术成果日益丰硕，推出了一批享誉国内外的学术精品。近年来，《云南史料丛刊》《云南丛书》等一批历史文献和地方文献丛书相继刊印，云南文化的影响力和竞争力不断增强。今天，我们隆重推出《云南文库》，就是要为更多的人了解云南、熟悉云南、研究云南搭建一个平台和载体，为云南的经济社会发展、文化建设、文史学术研究等提供有益的历史借鉴，为在更广领域传播云南文化、打造云南品牌、增强云南软实力创造更好条件。

编纂《云南文库》是保障人民群众的基本文化权益的有效途径。文化建设的根本就是要用健康高雅的艺术、用智慧明辨的思想、用善良温厚的德行启迪人、引导人。编纂《云南文库》一个重要目的是丰富人民群众的精神文化生活、增进人民群众的幸福感。此次收入《云南文库》的著作，涉及哲学、历史、文学、语言、艺术、民族、宗教、政治、军事、外交等诸多方面，包含着丰富的自然、社会和人生哲理知识，体现了高度的人文关怀。阅读这些著作，有助于培育读者自尊自信、理性平和、积极向上的心态，有助于引导人们去发现、享用、珍惜世界和人生之美，能使大众的精神世界得以滋养和美化、人格得以陶冶和熏陶、心灵得以安顿和抚慰、情感得以丰富和升华，从而更好地满足人民群众多层次、多方面、多样性的审美需求。

编纂《云南文库》是推动云南跨越发展的必然要求。云南早在1996年就提出了建设“民族文化大省”的目标，是全国最早提出建设民族文化大省的省份之一。2000年，我省正式确立了“建设绿色经济强省、民族文化大省和中国连接东南亚南亚的国际大通道”的三大目标，把文化事业和文化产业的发展纳入了全省经济社会发展战略的范畴。2009年召开的中共云南省委八届八次全委会，作出了把云南建设成为“绿色经济强省、民族文化强省、中国面向西南开放的桥头堡”的重大决策，把云南文化建设推向了一个新的阶段。2011年11月，云南省第九次党代会进一步明确了科学发展、和谐发展、跨越发展的发展主题，要求更加自觉、更加主动地推动文化大发展大繁荣。当前，云南人民正豪情满怀地沿着建设民族文化强省的道路阔步前行，具有云南特色的文化模式已经也必将进一步焕发动人而耀眼的光芒。我们将以打造《云南文库》等一批社科品牌和文化精品为契机，继承优良传统，发挥优势，突出特色，以面向现代化、面向世界、面向未来的宏大眼光，锐意进取，积极开展学术研究，努力创造出无愧于时代、无愧于人民、无愧于历史的优秀学术成果和文化产品，更好地弘扬以高远、开放、包容的高原情怀和坚定、担当、务实的大山品质为主要内容的云南精神。

《云南文库》最终得以发行，首先是众位先贤心血和智慧的结晶。在此，我们要对创造了云南学术精品并因此而为中华文化做出杰出贡献的学者们表示崇高的敬意！在《云南文库》的编纂过程中，相关编纂单位、出版单位和参加整理的学者，以高度的责任感和使命感，兢兢业业地做好编校和出版工作，正是有了他们的辛勤劳动和精心工作，才有如今的翰墨流芳。在此，我要诚恳地道一声，大家辛苦了！《云南文库》从构想走向现实，离不开众多读者和社会各界人士的支持，我也一并向你们表示诚挚的谢意！同时，衷心希望同志们一如既往地为云南文化建设献智献策，欢迎更多的同仁志士参与到云南文化建设的伟大事业中来！

谨为序。

目　录
Contents

要重视“佚史”领域的开拓和研究

长期以来，我们对于史学专著或者史学史的研究，着眼于“重点”研究，如“二十四史”，或者是今存可据的史籍。就此，三十五年来取得不少成就，出了一批成果，这种“以点带面”的研究方法，也有不少经验。

但我国古代有着浩瀚的典籍，今存史著亦不足窥见其全，因而忽略或绕开大量散失的“佚史”的研究，要完满地达到上述要求和目的，是有困难的。就以我国史学发展时期的重要阶段——魏晋南北朝时期“佚史”的研究来说，便还是一个“空白”。这一时期史家们撰写的仅纪传、编年二体的史著，就达百部以上。以往对这时期所撰的史书，研究“重点”多限于几部钦定的“正史”。研究方法，有似行棋中“隔子打炮”，从《汉书》一下轰到西晋《三国志》，再轰到南朝《后汉书》，炮口一转便到北齐《魏书》。这种方法，似乎成了公式，“以点带面”，炮虽轰了，气氛还是沉闷得很。不言而喻，这样“提炼”出来的史学发展形态、思想和规律，难免偏颇，或有很大程度不实在。因为中间脱漏了许多重要环节，影响了对一部史籍的正确评价，还造成对有关一系列问题的阐述，原委莫睹，乃至出现本末颠倒等谬误。

例如，对曹魏史家鱼豢所撰的《魏略》、《典略》的性质，及二者究竟是一书，还是二书的问题。其书已佚，清章宗源《隋书经籍志考证》作二书说，以《魏略》为“正史”，《典略》为“杂史”。但他从《典略》中列举出来二十七例证（作为别于《魏略》），其例证本身就缺乏缜密审核，多见重复和错误。如举《文选》“卫夫人南子在锦帷中”条、《御览》“孔子至卫见南子”条，本是同一性质、同出一处的一条材料，而被分割为二，以证《典略》著录之“杂”。又如举《书钞》“子陵俱卧耳”五字例，考其佚文系出自虞预《会稽典录》，章氏则误作《典略》所出。可见这些例证是缺乏坚实基础的，不足断《典略》别于《魏略》。但见今有的“史学编年”，对章氏考证不加深究，竟说：“实则《魏略》及《典略》各为一书，章宗源《隋书经籍志考证》，言之甚详。”这不是忽略佚史的研究，所造成的偏信而失实的臆断吗？

在史体方面，鱼豢《魏略》（这里不含《典略》）是一部著述曹魏一代，以纪志传为体的断代史；东晋王隐《晋书》亦是一部著述西晋一代，纪志传俱全的史书，这对承受和巩固发展两汉开创不久的纪志传体都有它的地位。但近年出版的有关论著，只注意到陈寿三国史的阙“志”，阐述史体的发展，一是如说自司马彪《续汉书》有八志，“后来有许多史书，都不注意这一项”，给人一种似是而非的论说；二是由于沈约《宋书》是“正史”，有志三十卷，内容上溯曹魏，中间包举西晋，因此动辄便以“修史之难，无出于志”这一赞誉，全冠之于沈约，这不仅忽略了鱼豢、王隐等书有“志”篇的成就，还给人造成这一时期史体的发展，自陈寿三国史阙志以后，似乎到了沈约《宋书》，“志”才得到振兴起来的错觉。

众家佚史作者的史学思想和观点，也未得到应有的发掘和整理。如干宝独美《左传》而抑司马迁的《史记》，和从五个方面提出一套修史记事见解的《释五志》，以及袁山松提出的书史《五难论》等思想，都有其精当之处。并在这一时期“正史”作者中难以见到的专论，但在有关史学思想史著述中，也是疏而不述。还值得重视的是，早在两晋之际，面临天下大乱的王隐修史，就提出重在总结当代“华夷成败皆在耳目”的历史经验，并提出编纂“国史明乎得失之迹”（《晋书·王隐传》）。这种求实致用、为政治服务的观点，亦被泯灭。相反，把晚于王隐一百年后，范晔作《后汉书》说到“欲因事就卷内发论，以正一代得失”，倒被誉为我国古代卓越史家，这与王隐观点相较，很难看出范氏前进了什么和是如何前进的。

总之，上述这些现象正是忽略“佚史”领域研究所造成的，也是“隔子炮”研究方法造成的。史学的发展，当似行棋中的“过河卒”，可以左右摆动，每移一步，都是有利于朝前推进的。众多的“佚史”及其作家与有限的“正史”及其作家，都是其中的“卒”，有的“正史”在各个方面都能起到领头的作用，有的“佚史”在某些方面也有领头的。彼此相辅相成。因此，重视“佚史”，有利于“重点”项目研究的继续深入，有助于创作新的有关专著，给人以躯体健全，脉络端正，肌肉丰满而真实清新的感受。当然，这个任务是艰巨的，但这是有意义的工作。

（原载《光明日报》1984 年 12 月 5 日）

《魏略》、《典略》关系试探

鱼豢著述的《魏略》、《典略》（下文合称“二略”），是陈寿三国史《魏志》撰写的主要依据。“二略”今已不存，是一书，抑或二书，诸家征引、议者，尚存歧异。

首先是诸家征引的剪截，“二略”互出兼录。《三国志》裴松之注、《世说》刘孝标注、《文选》李善注、《后汉书》李贤注，以至《通鉴》胡注等，既引《魏略》，又引《典略》。又类书如《北堂书钞》、《初学记》、《艺文类聚》、《太平御览》（下称《御览》）等的史事编纂，亦广为摭采。其中《御览经史图书纲目》，有鱼豢《魏略》、《典略》、《魏典略》、《魏略旧志》等多称。

再者是有关书志编目的著录，互有相贸。《隋志》以杂史类云：“《典略》八十九卷，魏郎中鱼豢撰”，不云《魏略》；《新唐志》以杂史类只言《魏略》五十卷，不言《典略》。刘知幾《史通·古今正史》亦只言《魏略》。唯《旧唐志》两者兼录，正史类云《魏略》三十八卷，杂史类云《典略》五十卷。这些著录，“二略”时分时合，所归部类性质和卷帙亦不尽同。

据此，诸家议者，存有二说。

认为“二略”一书者，有杭世骏《诸史然疑》云：《三国志》“注引《魏略》，又引《典略》，即一书也。《太平御览》直称《魏典略》焉”。侯康《补三国艺文志》云：“按《隋志》无《魏略》而有《典略》，杭氏似并《典略》之要，其合二书为一，则确论也。”肯定了杭世骏的看法。

认为“二略”二书者，章宗源《隋书经籍志考证》认为：“鱼豢《魏略》只记曹魏，故以魏名”，若《典略》所载，“此类纪载既广，体裁亦杂，与《魏略》断代为书者，一为正史，一为杂史”，并指认“近杭大宗（杭世骏字）《诸史然疑》又误以《魏略》、《典略》为一书”。姚振宗《三国艺文志》亦云：“杭氏以《御览》引《魏典略》遂为一书，不知《御览》称《魏典略》者，所以别唐人之《三国典略》。且裴氏奉诏注书，慎重其事，凡所称引例归画一，必不使一书两称，自诒诘问，此又显见者也。”这又肯定了章氏的说法。金毓黻《中国史学史》（1957 年重版）认为：“《隋书》作《典略》八十九卷，此实为《魏略》、《典略》之合本，应作《魏略》五十卷，《典略》三十九卷。”

以上论说，各具辞旨，皆有可取。但二者似有共同之点，即以隋、唐书志的著录互异，卷帙不一，以及诸家征引互出等以圆其说。对于“二略”性质、内容，以及佚文事义有什么异同，彼此均缺乏翔实的说明。“二略”一书说，没有说明“二略”的“异中之同”；“二略”二书说虽然提出“正史”与“杂史”之别，也囿于一般泛论，不足以明白“二略”不同的症结。因此“二略”关系还值得探讨。

对于“二略”的关系，这里先行提出几点看法以供参考。首先在认识上不应以诸家征引的方向为出发，即不应以征引的多寡，或是一事同引等现象为转移。因为征引，特别是存留于“类书”的佚文，总是断简残篇，为适应其事类排比，往往是削趾以适其履的。这些正是造成“二略”关系的种种假象。另者，史注征引，引者即使对“二略”间有所考，但未必着力。如裴松之奉诏注书，虽然郑重其事，但他所遵循的是“寿所不载，事宜存录者，则罔不毕取以补其阙”，或“疑不能判，并皆抄内以备异闻”① 的原则，这种记注成法之存异，未必成为判断“二略”之宗旨。再者关于隋唐书志的相贸著录，也要具体分析，如“正史”、“杂史”之别，还各有自己的概念，不足嗜其一端以论证。当然这些情况，对于“二略”研究还是重要的。但解决“二略”关系的关键，在于掌握“佚文”这个特点，立足于遗存材料，深入到“二略”具体条文，了解它的内容、事义和性质，以及它的体例等方面，参考其他进行判定。如果说“二略”同出一种体例，同为曹魏一代断代史，那么鱼豢一人这种撰史雷同的做法，显得没

① 《御览》卷五百五十七、卷二百四十二。

有必要；如果说“二略”为二史，那么彼此体例当也不同，注家征引材料内容、性质当也有别，否则就难说其是二书了。所以了解“二略”佚文本身的内容、性质是主要的，而且是必要的。就这些方面看，拙意倾向于“二略”是一书。

一、“二略”列传体例方面的关系

遗存下来的“二略”材料，最为原始、集中的是裴氏《三国志》注，而类辑旧文较为全面、系统的是张鹏一《魏略辑本》（下简称《辑本》）。张氏《辑本》有其脱漏，不至尽善，但所集材料基本属实。以裴、张所集材料为主，兼与它书征引，初步校订统计有四百条以上，其中注引署称《典略》者九十余条；引署“鱼豢曰”者，即有似“传评”者十余条；余下三百多条均见署称《魏略》。可以肯定，《魏略》是纪传体断代史，它又是鉴别《典略》关系的基础，这里先行介绍。

曹操是魏国实际的创始人，或是奠基者，《魏略》著述了他的生平主要事迹。如：“曹操微时，人莫知之，唯桥玄见而异焉”；“董卓表太祖为骁骑校尉，又被征为典农校尉”①；又“公上书谢曰：‘臣蒙先帝厚恩……陛下加恩，授以上相，封爵宠禄”；“孙权上书称臣，称说天命。王以权书示外曰：‘是儿欲踞吾著炉火上耶！’”② 由于诸家征引，时间不同，以及史书撰写法规，故有曹操、曹公、魏王、太祖、武皇等称佚文。这些征引，虽不见注明“武帝纪”字样，但有其“帝纪”是可能的，杭世骏《诸史然疑》云：“魏武之称本纪始于寿，而孙盛且有专书（指《魏武本纪》四卷），王沈、鱼豢诸人可知也。”但不管怎样，《魏略》有“纪”，《文选》何平叔《景福殿赋》有注引《魏略》“文纪”可证。因此，《魏略》当起自武帝曹操，下及文帝，迄于元帝的述著。

《魏略》列传人物，一般也起自曹操同时，其列传之名，见注多条。

① 《魏志·武帝纪》注引。

② 杭世骏:《诸史然疑》。

如《魏志·裴潜传》注云："《魏略列传》以徐福……黄朗十人共卷"；又《魏志·贾逵传》注云："《魏略列传》以逵、李孚、杨沛三人为一卷"。不少列传人物事迹，佚文始未具备，如徐福、严干、韩宣、李孚、杨沛等等。

裴称《魏略列传》，如果与《御览》署引《魏略旧志》之称，合而观之，《魏略》的"列传"与"志"记部分，可能是各自分开的，也可能鱼豢"二略"成书百年后，裴氏及他人所见《魏略》已不是全貌了。

《魏略列传》篇幅可观，而且类别备至。除迁、固《史》、《汉》旧目，"皆与他史，题目不同"①，如有合事义相类三、五、七人为数不等的《纯固传》、《清介传》、《知足传》等。由于取其事义相类，这些人物更为广泛、庞杂，如："（孙）宾硕虽汉人，而鱼豢编之'魏书'，盖以其人接魏，事义相类故也。"② 至于人物所归事类，倒不尽合理，姚思廉《梁书·止足传·序》指出："鱼豢《魏略·知足传》方田（畴）、徐（福）于管（宁）、胡（昭），则其道本异。"这里提示两点：一是如孙宾硕本汉人，其事迹无涉曹魏，仅由于事义相类编入"魏书"；二是以事义相类为传者，又不尽合理、准确。所以，《魏略》列传人物不尽囿于曹魏。了解这方面的特点，在考虑"二略"关系时是值得注意的，因为散见《典略》佚文，也有类此情况。

《魏略列传》体例，一般都有鱼豢评论性的"序"、"议"，如《儒宗传序》、《儒宗传议》以及《勇侠传议》等等。《魏略》还有记述乌桓、西戎等边境民族，以及朝鲜、倭人等毗邻国家的列传，传末也有鱼豢的传"议"。

总之，《魏略》是一部著述曹魏一代，以纪传为体的断代史。在列传方面，佚文还反映了它较为完整的体例。《典略》与《魏略》关系的重要方面，便是体现在人物列传的体例和性质上，同属《魏略》一脉，或说是《魏略》的组成部分。

首先是《典略》列传人物及其事迹，见于佚文，一般都与《魏略》

① 《魏志·阎温传》注引。
② 《吴志·张昭传》注引。

联系一起。其特点是既见《典略》，也见《魏略》，少有彼此各自孤立的，同时所载人物，基本上与曹操有关，如董卓、袁绍、韩遂、成公英、孙坚、张昭、张鲁、刘备、徐福、荀彧以及“建安七子”等等。人物事迹有的见其片断，亦有见其事具始末的全传，如韩遂、祢衡、杨修等传。只见《典略》事迹片断者，往往得到《魏略》佚文的补充，反之亦然。所有这些，不能不是“二略”一书关系的反映。

再者《典略》列传部分，传末相应亦有“鱼豢曰”的传“议”，如“张昭传议”①。这些都与《魏略》列传体系是一致的。

“二略”人物的“传名”，更有其密切的关系，便是出自《典略》的人物事迹，其“传名”往往是出自《魏略》。例如有关袁绍的记载，按袁绍本身的事迹，见于多条佚文，均分别出自《典略》②。但在《魏略·许攸传》，由于著述许攸生平涉及袁绍，并以史书书法行文述及了袁绍的“传名”本身。见下引文：

> 《魏略》曰：“攸字子远，少与袁绍及太祖善。初平中随绍在冀州，尝在坐席言议。”官渡之役，谏绍勿与太祖相攻，语在《绍传》。绍自以强盛，必欲极其兵势。攸知不可为谋，乃亡诣太祖……③

这里的“语在《绍传》”是鱼豢之辞，并非裴氏注语，陈寿《魏志·袁绍传》本文，也未述及“官渡之役，许攸谏绍”一事。这就说明，《典略》袁绍事迹，实系《魏略》《袁绍传》属下，“二略”有关袁绍的记载，当是同出一书的关系。

又如关于成公英的记载。成公英是韩遂的一位忠实的部属，鱼豢把他编入《魏略》事义相类的《纯固传》中。裴注云：“《魏略·纯固传》以脂习、王修、庞淯、文聘、成公英、郭宪、单固七人为一传。”④ 但《魏

---

① 《魏志·袁绍传》、《书钞》卷一百五十五均有注引。
② 《魏志·崔琰传》注引。
③ 《魏志·王修传》注引。
④ 《魏志·张既传》引注。

略》佚文，只见成公英的生平之始，余后全部事迹，以及其为韩遂“尽节”、“敦旧”，直至最后的卒年卒因，都见载于《典略》，而且前后行文首尾相接，全合《魏略》“纯固”人物的性质（见下引文）。这也说明，《典略》成公英事迹实又出自《魏略》，又是“二略”合是一书的佐证。

残存的“二略”佚文，其下限也有共同之处。刘知幾《史通·古今正史》云：“魏时京兆鱼豢私撰《魏略》，事止明帝。”其实《魏略》著述曹魏一代，刘氏失误，但这里不作重点讨论，只介绍与“二略”相涉的问题。明帝死，其子齐王芳即位十年后，即在嘉平元年（249 年）司马懿集团发动政变，诛灭曹爽，党于曹氏的何晏等亦株连下狱，夷三族。《魏略》著述了这一事件的人物、事迹，《典略》亦同，如《文选》何平叔《景福殿赋》注引《典略》曰：“何晏字平叔……主选举。后曹爽反，为司马宣王斩于东市。”可证。其后司马昭又于高贵乡公甘露五年（260 年），再一次发动诛曹氏，从此曹魏史事，《魏略》（《典略》亦同）佚文颇为少见。这可能出于《魏略》述著曹魏后期史事，不利于司马氏而遭到禁毁，加上两晋以后长期战乱的缘故，至刘知幾时已不具始末，只见“事止明帝”了。因此“二略”佚文的下限（非真实的下限），也大致相近。

以上可见，“二略”列传的体例、性质，以及所涉断限等方面，不仅关系密切，而且出自同一体系。章宗源所云：“鱼豢《魏略》只记曹魏，故以魏名；《典略》所载唯汉末及三国事”，作为“二略”二书的论说，对于上述“二略”列传的关系，是难副其实的。

二、“二略”列传内容方面的关系

揭示“二略”关系的重要方面，又在于二者的内容。“二略”名称见异，但“异中之同”，表二里一，却是二者的真实关系。这里将从下面三种情况，以录文举例介绍。

（一）同是一人之传，前后史事，“二略”著述，佚文分别互出。

如成公英传，《魏略·纯固传》曰：“成公英，金城人也。中平末，随韩约（韩遂字文约，又称韩约）为腹心。建安中，约从华阴破走，还湟中，部党散去，唯英独从。”[①] 而《典略》曰：“韩遂在湟中……曰：‘吾年老矣，子欲何施？’英曰：‘曹公不能远来，独夏侯尔。夏侯之众，不足以追我，又不能久留，且息肩于羌中……’遂从其计……会遂死，英降太祖。太祖见英甚喜……曰：‘但韩文约可以尽节，而孤独不可乎？’英乃下马而跪曰：‘不明欺公，假使英本主人在，实不来此也。’遂流涕哽咽。公嘉其敦旧，遂亲敬之。延康、黄初之际，河西有逆谋。诏遣英佐凉州平陇右，病卒。”[②]

又王粲传，《魏略》曰：“王粲字仲宣，山阳人。年十七，司徒辟，诏除黄门侍郎，以西京扰乱，皆不就。”[③] 而《典略》曰：“粲才既高，辩论应机。钟繇、王朗等虽名为魏卿相，至于朝廷奏议，皆搁笔不能措手。”[④]

又马钧传，《魏略》曰：“马钧居京都城内，有地可为园，患无水以灌之，乃作翻车，令童儿转之，而灌水自覆，更出更入，其巧百倍于常。”[⑤] 而《魏典略》曰：“马钧巧思绝世，见亮连弩，曰：‘巧则巧矣，未尽善也。’言作之可令加五倍。”[⑥]

（二）同是一人之传，同类史事，“二略”重出，乃至文字雷同。

如徐福传，《魏略》曰：“（徐）庶先名福，本单家子，少好任侠击剑。中平末，尝为人报仇，白垩突面，被发而走，为吏所得，问其姓字，闭口不言……”[⑦] 而《典略》曰：“徐福字元直，好任侠击剑。中平末，尝为人报仇，为吏所得，问其姓字，闭口不言。”[⑧]

又何晏传，《魏略》曰：“何晏字平叔，南阳宛人……尚主，又好色，故黄初时无所任。正始中，曹爽任为中书，主选举，宿旧者多得济拔，为司马宣王所诛。”[⑨] 而《典略》曰：“何晏字平叔，南阳人也。尚金乡公

① 《魏志·张既传》引注。
② 《类聚》卷四十八。
③ 《魏志·王粲传》注引。
④ 《御览》卷八百二十四。
⑤ 《诸葛亮集·制作》。
⑥ 《蜀志·诸葛亮传》注引。
⑦ 《御览》卷四百七十三。
⑧ 《世说·言语》。
⑨ 《文选·景福殿赋》注引。

主，有奇才……平叔为散骑常侍，迁尚书，主选举。后曹爽反，为司马宣王斩于东市。”①

（三）同一史事，与同期人物，“二略”事义相因，或互为原委。

如“张猛反”与庞淯，《典略》曰：“张猛字叔威（为武威太守，杀雍州刺史，是岁建安十四年也），至十五年，将军韩遂自上讨猛，猛发兵遣军东拒……”②〔按：猛杀刺史邯郸商令曰：“敢有临商丧，死不赦。”有庞淯闻之，弃官，诣猛门，衷匕首，欲杀张猛。〕而《魏略》曰：“猛兵欲来缚淯，猛闻之，叹曰：‘猛以杀刺史为罪。此人以至忠为名，如又杀之，何以劝一州履义之士耶！’遂使行服。”③

又“韩遂与阎行相攻”，《魏略》曰：“阎行，金城人也……会约（韩遂）使行别领西平郡。遂勒其部曲，与约相攻击。行不胜。”④ 而《典略》曰：“韩遂在湟中，其婿阎行欲杀遂以降，夜攻遂，不下……”⑤

类似上述（一）、（二）的事例，还有赵岐、诸葛亮、吴质、荀彧等等，类似（三）的事例限于佚文过于零散，这里就不必都占篇幅了。这里所作的示意分类，未必妥善。但从这些事类可以看到，无论是一人之传的前后史事，或同类史事的内容，“二略”是大量重出、互见，乃至雷同的；也无论从内容、体例，以及鱼豢一人撰写一书，还是撰写类别不同的二书的笔法等哪一方面考察，都说明这些事类当出于一书的关系。因此，以诸家援引《魏略》，又引《典略》，断“二略”为二书，是值得商榷的。

三、“二略”在“志”记方面的关系

《魏略》是括有“志”记，以纪传为体的断代史。摭其旧文，有中外职官、五行、地理、礼仪、舆服等有关志记方面的材料四五十条（不含

① 《魏志·庞淯传》注引。
② 《魏志·庞淯传》注引。
③ 《魏志·庞淯传》注引。
④ 《魏志·张既传》注引。
⑤ 《御览》卷九十一。

《典略》)。其中，有沈约《宋书·百官志》述及曹魏官制，署称“鱼豢曰”者多处，亦出自鱼豢“官志”。

鱼豢“官志”还流传到南朝梁代，萧子显《南齐书·百官志序》云：“今则有《魏氏官仪》，鱼豢《中外官》也。”有关志记的篇目之名，还有《初学记·天部》注云：“延康元年，大霖雨五十余日，魏有天下乃霁，将受大禅（一作‘祚’）之应也。”署引《魏略·五行志》。再者，《御览经史图书纲目》及其部类引书，还列有“《魏略》旧志”。这些都是《魏略》有志的佐证。《魏略》志记的这些状况，对于与《典略》关系的进一步了解，也是有帮助的。

了解这方面的关系，既要考虑到《魏略》是括有纪志传的断代史，也即要有这个全局来看待“二略”零散佚文的关系；同时还要考虑到志记的撰述，对于旧章、制度等都有溯本追源、“通古今之变”这个书法特点，从而看到彼此佚文之间本质上的联系。例如《典略》有云：

> 安帝永初元年，以灾故免司空尹勤。凡以灾寇辄免三公，多以卿为之，或再三退而还复其故。桓、灵又甚，自此始也。

显而易见，这类佚文事义当是与“五行”祥瑞、灾异方面的内容相联系的。《魏略》有《五行志》，这样，《典略》所出瑞异的内容，能说是旁出《魏略》之外，而没有关系吗？

又如《典略》有云“契为司徒，百姓和亲”①，以及“禹为司空，定九州，使各率其职来贡”② 条，这类佚文当是以“职官”系其政绩，源于《尚书》(《尧典》、《禹贡》篇)。如果按照古书传载，还有“舜为太尉”，连同“契为司徒”、“禹为司空”，古亦谓之“三公”，均属“百官志”内容。这样，有署称“鱼豢曰”的佚文说到：

> 太尉掌武事，古者兵狱官皆以尉为称。尉，罻也，言兵狱罗

① 《类聚》卷四十七。
② 《书钞》卷五十二。

尉也，言兵狱罗尉奸非。[1]

但有此“三公”佚文的出现，又不是偶然的。《魏略》有《中外官志》，因此有关“三公”以及职官的著述，也不可能旁出《魏略》志记的。

再者，“二略”关于志记的撰述书法，如《典略》所述汉安帝以灾异免“三公”，曰“桓、灵又甚，自此始也”，这与《魏略》所述“古者兵狱官皆以尉为称”，以及有云“琨珠为佩者，汉明帝采古文始制”[2] 条，都非直书曹魏当代史事，而都具有志记溯本追源、通古今之变的书法特点。从这个侧面，也反映了出自“二略”志记内容文义、体例，还是一致的。

总之，从各方面看，《典略》不“杂”，它与《魏略》的关系，集中到一点便是《魏略》的组成部分；《魏略》不“略”，它合《典略》是一部括有纪志传，卷帙繁富的史著。

四、“二略”异称的一点看法

“二略”异称是否出自鱼豢原著，已难于考明。就已有史实来看，“二略”内容、体例相类，而又一分为二，这就说明“二略”同书异称这种因素是存在的。

首先，“二略”可以互用的情况是存在的。诸家征引时而署称《魏略》，时又引署《典略》，颇似隋唐书志著录陈寿国史的“三志”。比如《隋志》以《三国志》六十五卷归于“正史类”，而在《旧唐志》便一分为三，以《魏志》归于“正史类”，把蜀、吴二志划入“编年类”，而且《蜀志》又不录裴注。但尽管《旧唐志》作此分类，后人不因此而分割了《三国志》一书的整体，其主要原因也就在于从“三志”的体例、内容进行鉴别，加上该书有其成就，为众目所的，避免了如似鱼豢“二略”那样

---

① 《初学记》卷十一。

② 《初学记》卷二十六。

的识别。所以迄至而今，征引“三志”如署称《魏志》或称《魏书》成了习俗，成了通例，反正二称都是一书，可以互用。这里不敢以“三志”类比“二略”，但“二略”由于体例、内容相类，二称互用是有其基础的。

“二略”互用，高似孙《史略》是个典型的例子。他以《魏略》列为“魏氏别史五家”之一，而在评述“五家”优劣时，便以“鱼豢《典略》特有笔力”为之赞许；他在总述“魏吴别史”得失时，又以《魏略》为首例，曰：“魏吴杂史大段瑰致，掇其数辞，足以知诸公辞藻之竞秀者，鱼豢《魏略》云……”但他所列举的人物事迹如李安国、许士宗、阮德如、荀文若等，其佚文又分别出自《魏略》和《典略》。高氏《史略》是部较早的史目专著，他这种“混同”，显然以《魏略》即《典略》、《典略》即《魏略》作为一书的运用，尽管他没有作这样的说明。

《御览》的征引也是这样。姚振宗《三国艺文志》曾经认为：杭世骏将“二略”，“以《御览》引《魏典略》遂为一书”，评责杭氏“不知《御览》称《魏典略》者，所以别唐人之《三国典略》”。按姚振宗的说法，《御览》既然注意到征引书目的混同，便不该增添更多的名目。但事实恰是相反，《御览》各个部类的征引，除署有《魏典略》外，尚有《魏略》、《典略》、“鱼豢《魏略》”、“鱼豢《典略》”、“鱼豢《魏典略》”、“《魏略》旧志”等。这种现象，谁也不会认为这些名目是鱼豢各不相同的著述，但也不是为了别于唐人之《三国典略》，因为《御览》征引此书，仅署此称，这本身就区别了鱼豢“二略”。解释这种现象，只能是《魏略》即《典略》，反之亦然。

《御览》所云《魏典略》，也是《魏略》、《典略》的互称。例一：《御览》卷四百九十七“董卓爱吕布”条，署称《魏典略》，此条最早见于《书钞》卷一百五十七，则署称《典略》；例二：《御览》卷四百六十三“韩宣字景然，渤海人”条，署称《魏典略》，此条最早见于《魏志·裴潜传》裴注，则署称《魏略》。《御览》这种“三称”互用的例子还有不少，而且还见于《诸葛亮集》，这种“三称”也就可能出自魏晋时期。

据清张澍所编《诸葛亮集》，征引“二略”的内容和署称，不与《御览》及《三国志》裴注尽同。如《亮集·制作篇》“马钧巧思绝世”条，署引《魏典略》，非取于《御览》、裴注之署称，也即另有所据。这就有可能出自魏晋陈寿所集的《诸葛亮故事》，或他家所集的《诸葛故事》（时非止陈寿一人集《诸葛故事》）本身，而后传留于世。这样，前述鱼豢“二略”人物列传的传名本属《魏略》一体，人物事迹的著述各无严格的界限，裴松之又曾称鱼豢《魏略》为“魏书”，这就说明，鱼豢一书原先便是多称的，多称也就可以互用。

简短的结束语

三国各自局部统一，较之纷争的汉末，政治、经济都有新的发展，文学上有它巨大的进步，史学亦不例外。但对这一时期的史学，较之文学上的注意和研究，远为后进，有如通史对它的介绍，十分薄弱，甚至空白；史学史的有关介绍和评述，也像天空流星，一掠而逝。这是不切这一时期史学发展实际的。鱼豢是曹魏当代史家，撰述当代史著《魏略》，这在历史上还是不多的，刘知幾说：“按刘、曹二史，皆当代所撰，能成其事者，盖唯刘珍、蔡邕、王沈、鱼豢之徒耳。”① 前述高似孙《史略》对鱼豢一书也给予很高的评价。从篇幅来说，较之王沈《魏书》、陈寿《魏志》还要繁富。《魏略》与《典略》关系的研究，有助于这一时期史学成就的发掘，有助于这部古籍的整理，拙意立笔，不敢强行断“二略”为一书，而企图引起对三国史学文献的重视，而给予它和《魏略》的成就和地位，得到应有的恢复和评价。以上所述，如有不当，祈赐教正。

（原载《思想战线》1983 年第 5 期）

① 《史通·史官建置》。

《魏略》的上限和下限

——兼说《魏略》成书年代

《魏略》一书，是曹魏史家鱼豢所撰，今已不存，但见《三国志》注、《世说新语》注、《文选》注，以及《北堂书钞》、《初学记》、《艺文类聚》、《太平御览》等撮引甚多。清张鹏一采摭旧文，成《魏略》辑本，仍有不少疏脱。陈寿《三国志·魏志》（下简称《魏志》）和唐修《晋书》均无鱼豢传，因而不仅有碍对《魏略》全貌的辨认，也使其书的断限，虚实难明。

《魏略》的断限，刘知幾《史通·古今正史》篇云："魏时，京兆鱼豢私撰《魏略》，事止明帝。"章宗源《隋书经籍志考证》认为，《魏略》"只记曹魏，故以魏名；若《典略》所载，唯裴松之《三国志》注、章怀《后汉书》专注引汉末及三国事"①。刘氏所及是《魏略》的下限，"事止明帝"，并涉及这部史著是否终结于曹魏一代。章氏所云"只记曹魏"，并与《典略》相较，用"曹魏"与"汉末"、"三国"分开来说，这就表明：《魏略》"只记曹魏"，实际是包含了它的内容和它的上限，而"曹魏"这个界说也是比较"狭义"的，当指曹丕代汉以后的史事。这些所断之上限、下限，是否合乎《魏略》著录的实际？本文试从《魏略》纪、志、传方面，谈谈自己的看法，以期有益于鱼豢《魏略》（含《典略》）的整理和研究。

---

① 《魏略》和《典略》均是鱼豢所撰，是一书还是二书，尚无定论。本文所及的材料只征《魏略》。

一、上限：起自汉末

《魏略》是一部著述曹魏一代，据有纪、志、传以断代为体的史著。这里结合“曹魏”这个界说，以明《魏略》的上限。

《魏略》有纪，见于《文选》何平叔《景福殿赋》注引“神龟出于灵池”条，署称引自《魏略·文纪》可证。从这方面说，“曹魏”起自文帝。而汉、魏分野的绝对年限，便是以220年曹丕代汉，改元黄初为断。但不能认为，这就是《魏略》的上限。因为“曹魏”这个界说，一般又取自曹操执掌汉末政权，“挟天子以令诸侯”。从这方面说，“曹魏”这个界说，也就更为广泛，既及汉末，也及三国，正是如此，考《魏略》著录的上限，是起自曹操，所载史事以曹魏为主，但亦涉及汉末和三国。

曹魏起自曹操，相应的《魏略》佚文有关曹操生平事迹的记载，开卷便是，并有魏公、魏王、太祖、武帝之称。清杭世骏《诸史然疑》云：“魏武之称本纪始于（陈）寿，而孙盛且有专书（《唐书·艺文志》有孙盛《魏武本纪》四卷），王沈、鱼豢诸人可知也。”据上所述，《魏略》佚文虽未见“武帝纪”字样，而有曹操“帝纪”是可能的；《魏略》的上限也当起自曹操，从整体范围来说，是起于汉末桓、灵至献帝建安时代。

诚然，以断代为史，史为断代者，一般是以王朝的断限相联系的；“汉末”、“三国”、“曹魏”此等界说，也各有其内涵。这些界说虽为后人所定，但又没有绝对划一的定限。因而反映汉、魏时期的史著，如范晔的《后汉书》等，以及陈寿的《魏志》和与之相类的王沈《魏书》等，对于这一时期的历史人物如董卓、袁绍、刘表等等，都为之立传，即如刘知幾所云：“汉典所具，而魏册仍编。”① 彼此都没有囿于汉、魏严格的定限，其断限向下延展，或向上伸引，都随撰述的需要。《魏略》的上限的本来面目，也是如此，不只是“只记曹魏”。这些都是汉、魏史书已经存在的事实，已是史家们编撰这一时期的一代历史，根据历史状况所遵循的非法

① 《史通·断限》。

定的惯例。

基于上述，《魏略》的上限表现在人物列传方面，大致也是与曹操同期，起自汉末桓、灵至献帝建安时代，即220年曹丕代汉之前。

首先，后汉史有某列传者，《魏略》亦为之立传。例如袁绍（卒于202年），谢承《后汉书》、袁山松《后汉书》和范晔《后汉书》均有其传；《魏略》亦为袁绍立传，并有其“传名”，此见《魏略》“许攸传”述及。如《魏略》云：

> 攸字子远，少与袁绍及太祖善。初平中随绍在冀州，尝在坐席言议。官渡之役，谏绍勿与太祖相攻，语在《绍传》。绍自以强盛，必欲极其兵势。攸知不可为谋，乃亡诣太祖……
>
> （《魏志·崔琰传》注引）

这是见著于《魏略》署有《袁绍传》的佐证。

其次，《魏略》立传有其特点，即除有马、班的《史记》、《汉书》的一般旧目外，还有以“事义相类”合其三、五、七人为数不等的列传，如《知足传》、《清介传》、《纯固传》、《佞幸传》等。这类合传人物更为广泛，有的原本就是汉人而编入《魏略》，如《魏志·阎温传》裴注云：

> 《魏略·勇侠传》载孙宾硕、祝公道、杨阿若、鲍出等四人，宾硕虽汉人，而鱼豢编之《魏书》（按：即《魏略》），盖因其人接魏，事义相类故也。

孙宾硕是北海人，汉桓帝延熹元年（158年）年方二十余，曾冒险扶救被宦官迫害而亡命的赵岐，从而名显东方。后来东方饥荒，南客荆州，不久病亡，卒年约在献帝兴平年间（194～195年）。可见，他虽“接魏”，实非曹魏之人，且与曹操毫无关系，鱼豢只是欣赏他的见义勇为的精神，录于《魏略》，按“事义相类”把他编入《勇侠传》。

上述孙宾硕连同袁绍等都是汉人，或是汉魏之际人物，《魏略》却都给予立传著录，因而把它括用“只记曹魏”是难以包举的，而且还会令人产生对《魏略》内容及其断限的误解。

再者，《魏略》对于“建安七子”也作了应有的著录，为他们中的一些人立传。“七子”中，除孔融外，他们先后都为曹操辟为丞相府的掾属，且与曹操相友善，从这方面说，他们都可算是“曹魏”人物；但又不是与汉无关。就他们的卒年来说，阮瑀稍早（卒于212年），王粲、刘桢、陈琳等五人同卒于建安二十二年（217年），所以他们又是汉末人物，故曰“建安七子”。《魏略》对他们的生平事迹作了应有的著录，虽然佚文中未能觅寻到他们的“传名”，但鱼豢作了合王粲、阮瑀、陈琳等人的“传议”①。“传议”即篇末的论辞、赞评。既然《魏略》有了王粲等人的“传议”，因而立有他们的列传是毋庸置疑的。

此外，《魏略》还为当日边地少数民族立传，如有《西戎传》②。由于对这些民族的社会、文化和习俗需要溯本追源的著述，故这类传略内容的上限，更是溯自汉代以前。

通过上述，《魏略》的上限是起自汉末，而章宗源以《隋书经籍志考》所立“汉末”、“三国”的界说，用来限定《魏略》“只记曹魏”是不足为据的。

二、下限：终于曹魏一代

刘知幾云《魏略》“事止明帝”，这也是失误。

曹魏一代，自曹丕改元，含有五帝。检《魏略》的著录有以帝王纪年系事者，有文帝丕黄初，明帝叡太和、青龙、景初，邵陵厉公芳正始、嘉平，高贵乡公髦正元（缺）、甘露。最末为元帝奂，虽未见著录其景元、咸熙年号，但有佚文，记载了发生在这个时期司马文王昭西征的重大事件，此见《魏略·刘类传》。《魏略》云：

① 《魏志·梁习传》注引《魏略》。
② 《魏书·乌桓鲜卑东夷列传》注引《魏略》。

高阳刘类，历任宰守，苛慝尤甚，以善修人事，不废于世。嘉平中，为弘农太守……其后安东将军司马文王（昭）西征，路经弘农，弘农人告类荒耄，不任宰郡，乃召为五官中郎将。

（《魏志·梁习传》注引）

这里所载司马昭西征，《魏志·钟会传》作元帝咸熙元年（264年），《晋书·文帝纪》所载亦同，云：“咸熙元年春正月，槛车征（邓）艾。乙丑，帝（司马昭）奉天子（魏元帝曹奂）西征，次于长安。”次年，即咸熙二年十二月，魏元帝奂禅于晋。可见，从《魏略》按曹魏纪年的著录来说，是始于黄初，穷于咸熙史事，而贯通曹魏一代的著作。

《魏略》人物列传的下限，也终于曹魏一代。从佚文见其人物“传名”来说，便有太守一级的《刘类传》。刘类是个酷吏，在官滥用刑罚，贪爱钱财，“使人掘地求钱，所在市里，皆有孔穴”，但他又“善修人事”，当官不误。据此，《魏略》按“事义相类”把他编入《酷吏传》①。由此说明，《魏略》的列传部分，不仅终于曹魏最末咸熙年代（264~265年），而且内容翔实，同时还暗示着《魏略》是鱼豢入晋后完稿之作。

《魏略》的下限终于曹魏一代，也表现在人物传记中的“称谓”。佚文中累见其著录司马“宣王”、“景王”、“文王”之称。这些称谓，是在魏元帝咸熙元年，先由司马昭凭借权势假手爵封自己为“王”，随后又追命其父司马懿为“宣王”、兄司马师为“景王”。至咸熙二年十二月，魏帝禅位，司马炎即皇帝位，改元泰始，便追尊其祖懿为“宣帝”，伯师为“景帝”，父昭为“文帝”②。如此，《魏略》佚文相应著录其称谓的有：

司马宣王：见《魏志·诸夏侯曹传》注引；

司马景王：见《魏志·三少帝纪》注引；

司马文王：见《魏志·梁习传》注引；

又，《御览》卷七十四引文中，还录有“晋景帝”之称。

这些爵封、追命司马氏为“王”，或尊为“帝”的称谓，在时间上均

① 《魏志·梁习传》注引《魏略》。

② 《晋书·礼志上》。

是魏末晋初的事，这就进一步表明：《魏略》的下限是穷末曹魏，《魏略》一书是鱼豢入晋以后脱稿的。

不过，《魏略》虽然终于曹魏一代，但又有其突出的现象。即自明帝以后，特别是邵陵厉公芳嘉平年间（249～254年），接近发生了司马懿诛灭曹爽势力和司马师谋废邵陵公后，《魏略》关于帝纪、列传方面，尤其是朝廷中枢大臣的列传和事迹的佚文，甚为少见。出现这种现象的原因，大致有三：一是出于两晋以后的长期混乱，毁于兵火纷争而流散佚亡。但这种可能性有限，因为兵火以后一般是使全书毁灭，不可能仅造成后期佚文少见的现象。二是出于《魏略》著录曹魏后期的史事，不利于司马氏统治而遭到毁禁，这较前者更为重要。因为从《魏略》佚文来看，它对一般史实及对司马氏谋废魏室等的记载，远比同期的王沈《魏书》忠实得多，后人对鱼、王二家的评述也大相径庭①。三是曹魏后期的大臣，大部分由魏入晋，尚未"盖棺"，当无法为之"定论"，甚至魏元帝曹奂被废（为陈留王）三十多年死后，才谥为"元帝"，所以后期中枢大臣的列传相应少见，而入《晋书》。但自司马师谋废邵陵厉公芳后，曾任"三公"太尉、司空等职并在入晋前已卒的卢毓、王昶、王观、高柔等亦未见其传略，这当是与上述第二个原因相关的。

《魏略》有关曹魏后期的佚文少见，大概在唐代刘知幾时已有了这种现象。如果这样，他云《魏略》"事止明帝"，也就在所难免，但终究是个失误。

三、书志篇中的上限和下限

《魏略》是括有书志，全面著述曹魏一代的史籍。在佚文中，其书志篇目之名有《五行志》；又萧子显《南齐书》"百官志序"述及有鱼豢《中外官（志）》，即《百官志》（或《职官志》）。

佚文中的书志内容，属于《中外官志》方面的为数稍多，所录设官建

① 《史通·古今正史》；《史略》卷二《魏氏别史》、《吴别史》。

置情况，大抵上也反映了《魏略》的上限，起自曹操时期。例如，曹操时候的“四征”将军，即主一方之任的征东、征南、征西、征北将军，在鱼豢的著录中曰：“四征，魏武帝置，秩二千石。”① 又曹操为丞相，相府自置“领军”和“护军将军”，而鱼豢的著录曰：“太祖以史涣忠勇，为中领军，领禁兵；还长安以曹休为中领军。”② 又曰：“护军将军，曹公置，秩比二千石。”③ 再如，起自曹操大力推行的屯田，建置中央“大司农”所属的屯田职官“典农中郎将”、“典农校尉”等，均著录称曰“太祖置”④。因此，这些屯田职官最早委任于建安人物，在《魏略》人物列传中也得到相应的反映。如徐邈，“上以农殖为大事，将选典农，以徐邈为颍川典农中郎将，所在著称”⑤；又毕轨，“字昭先。父字子礼，建安中为典农校尉”⑥。

此外，曹操于建安十三年（208 年），“罢三公，复置丞相”，这是汉魏之际官制上的一个变化。曹操自为丞相，为曹操直接辟为丞相府掾属，冠以“丞相主簿”、“丞相军谋掾”的建安人物，在《魏略》佚文的记载中，更是屡见不鲜。

至于《魏略》书志的下限，与纪、传相同，同是终于曹魏一代。其情况，先见如下两则佚文：

> 《魏略·五行志》云：“延康元年（即建安二十五年，魏王曹操死，曹丕继王位改元延康。同年，曹丕代汉，改元黄初），大霖雨五十余日，魏有天下乃霁，将受大禅之应也。”
>
> （《初学记》卷二）

> 《魏略》云：“梁州柳谷有石，无故自崩，有文如牛马状，司

① 《宋书·百官志》。
② 《太平御览》卷二百四十引《魏略》。
③ 《后汉书》卷二十四《百官志》注引《魏略》。
④ 《文选·潘安仁、杨荆州诔》注引。
⑤ 《太平御览》卷二百四十一。
⑥ 《魏志·诸夏侯曹传》注引。

马氏得天下之应也。”

（《增补事类统编》卷九）

以上引文，前者无疑是曹魏代汉的反映；后者虽未署明出自《五行志》，但与前者内容事义的性质和书写行文，当是同类的，同属祥瑞感应的著录，无疑又是司马氏代魏这一事实的反映。据此，《魏略》的书志篇，与纪、传篇一样，全面说明了它的著录是终曹魏一代，《魏略》是鱼豢入晋以后脱稿的著作。

以上所述，不妥之处，祈赐教正。

（原载《古籍整理研究》1989 年第 1 期）

《魏略》在中国史学发展史上的地位

——兼评王沈《魏书》

一

《魏略》已佚，为了有助于对《魏略》史学地位的了解，这里先简要地介绍其书的写作和成书年代。

《魏略》作者鱼豢，京兆人。现存史书中无其传略，但从其所著《魏略》佚文，还能窥见其生平，及其写作和成书的一些梗概。修撰曹魏当代史者有两家，一是鱼豢的《魏略》，一是王沈的《魏书》。史云，曹魏黄初（公元220～226年）、太和（公元227～232年）中始命卫觊、韦诞、王沈等草创纪传，“其后，王沈独就其业，勒成《魏书》四十四卷”。又云：“先是，魏时京兆鱼豢私撰《魏略》。”[①] 据此，鱼豢《魏略》著成时间及生活时代，与王沈生活时代及其《魏书》成书年代，当大致相同。

鱼豢生年，当在东汉建安（公元196～219年）以前。所著《魏略》中记叙董遇、隗禧、苏林等七人传略的《儒宗传》说到：“今此数贤者，略余之所识也。”[②] 这些汉末魏初名儒均为鱼豢所识，其中他与隗禧的往来最为密切。隗禧，京兆人。汉末初平（公元190～193年）中，三辅乱，

---

① 刘知幾：《史通》卷十二《古今正史》。

② 《三国志·魏志》卷十三《王肃传》注引《魏略》。

南客荆州；建安（公元196～219年）中“召署军谋掾”。入魏为郎中，黄初（公元220～226年）中，“年八十余，以老处家，就之学者甚多”①。在此期间，鱼豢也曾走访或就学于隗禧，“从问《诗》”，“又常从问《左氏传》”。隗禧还常瞻天文，“曾叹息谓鱼豢曰：‘天下兵戈犹未息，如之何？’”② 另一名儒，便是魏文帝所作《典论》所称的苏林。苏林亦在黄初中，“年八十余卒”③。从这些记载可见，鱼豢生年在汉末，魏黄初年间当还是一个中青年史家。对于鱼豢来说，隗禧等名儒都是他的长辈。那时，鱼豢的《魏略》已经开始撰写，而且先于王沈的《魏书》。

同王沈共撰魏史的韦诞，也是鱼豢的相交。韦诞于建安中出仕，“有文才，善属辞章”，早先与孔融等相友善，孔融说他“懿性贞实，文敏笃诚”，喻他和韦康是文坛上近出的“双珠”④。入魏后，韦诞历事文帝、明帝，至齐王芳嘉平六年（公元254年）司马师谋废曹芳时，为侍中中书监、安亭侯在朝⑤，以光禄大夫逊位，年七十卒于家。鱼豢为了评述王粲等建安文人，也曾走访就教于韦诞。鱼豢曰：“今览王（粲）、繁（钦）、阮（瑀）、陈（琳）、路（粹）诸人前后文旨，亦何昔不若哉？其所以不论者，时世异耳。余又窃怪其不甚见用，以问大鸿胪卿韦仲将（韦诞字）。”韦诞答曰：“仲宣（王粲字）伤于肥戆，休伯（繁钦字）都无格检，元瑜（阮瑀字）病于体弱，孔璋（陈琳字）实自粗疏，文蔚（路粹字）性颇忿鸷，如是彼为，非徒脂烛自煎糜也，其不高蹈，盖有由矣……”⑥ 经过韦诞的答问，鱼豢遂写成《魏略》王粲诸人的传评。说到这里，有必要提示一点，即在嘉平六年（公元254年），司马师谋废齐王芳时，韦诞、王沈、鱼豢都在朝，而鱼豢《魏略》和王沈《魏书》对此事件都作了著录，但《魏书》远比《魏略》失实（下述）。

王沈入晋后，卒于泰始二年（公元266年）。鱼豢卒年，也在入晋以

① 《三国志·魏志》卷十三《王肃传》注引《魏略》。
② 《三国志·魏志》卷十三《王肃传》注引《魏略》。
③ 《三国志·魏志》卷二十一《刘劭传》注引《魏略》。
④ 《三国志·魏志》卷十《荀彧传》注引赵岐《三辅决录》。
⑤ 《三国志·魏志》卷四《三少帝纪》注引《魏书》。
⑥ 《三国志·魏志》卷二十一《王粲传》注引“鱼豢曰”。

后，这从《魏略》一条佚文可以得到说明。其佚文曰："梁州柳谷有石，无故自崩，有文如牛马之状，司马氏得天下之应也。"① 这是有关五行祥异感应的著录，无疑是司马炎代魏的史实反映。司马炎代魏于公元 265 年。由此可见，《魏略》是鱼豢入晋以后脱稿成书的。

这里也得申明一点：即《魏略》著录"司马氏得天下之应"这条祥异感应佚文，连同上述著录司马师谋废齐王芳事件，说明《魏略》的著录是终于曹魏一代史事的。而刘知幾曾评述说"鱼豢私撰《魏略》，事止明帝"②，当是一个失误。

总括上述，鱼豢和王沈都是曹魏史家，都与曹魏相始终，都撰有当代曹魏史，一为《魏略》，一为《魏书》。刘知幾曾说："按刘、曹二史（指《东观汉记》和曹魏史），皆当代所撰，能成其事者，盖唯刘珍、蔡邕、王沈、鱼豢之徒耳。"③ 就这点说，当代史家能撰成当代史著作者为过去所鲜有。而鱼豢的《魏略》不仅为第一部三国的魏史，包举曹魏一代史事，而且是部纪、志、传俱全的著述，较之刘珍、王沈之书都要"齐备"。从这些方面说，《魏略》在魏晋南北朝史学发展史上，就占有其特殊的地位了。

二

《魏略》在史学发展史上占有其历史地位，重要的一点，便是继承和发展了两汉以来以纪传为体，断代为史的体例。

史书以纪传为体者，肇自司马迁；以断代为史者，始于班固。二者结合，为后世所谓"正史"修撰之宗。就早期承接这一体例来说，有刘珍等的《东观汉记》、谢承的《后汉书》、王沈的《魏书》和鱼豢的《魏略》等。但作为当代史家修撰的当代史，而又具有较为完整意义的断代史者，还是《魏略》一书。

其所以这样，先说刘珍、蔡邕等撰的《东观汉记》。此书内容宏富，

① 《增补事类统编》卷九。
② 《史通》卷十二《古今正史》。
③ 《史通》卷十一《史官建置》。

凡143卷，亦有本纪、年表、志、列传、记载等五个部分，从明帝时开始编写，以后累朝修撰，直到桓、灵，经过五次编著，前后有20多个学者参与修撰，历时160多年。但其书修撰过程遭遇董卓之乱，尚未最后完成，只到灵帝为止，因而未能形成完整的一代史书，而缺著灵帝以后三十多年间的许多重大事件（按：此时正处于统一的王朝走向崩溃和分裂的局面，是中国历史发展的一个重要转折时期）；同时，此书虽出自不少名家之手，但由于组织不够严密，最后又未经统一修订。所以，此书尤其是史料方面尽管对后世有很大的影响（如为后来诸家《后汉书》修撰提供了材料），而又有很大的缺陷。又如踵《东观汉记》最为先出的后汉史，是东吴谢承的《后汉书》，但据诸家考证，"史无帝纪，惟闻此书"①。再如王沈的《魏书》，诸家考证也认为，其书"但编帝纪而已"②。可见上述早期三部著作，在体例上和内容上都有这样那样的缺陷或不足。顺便提示一下，一代名著即陈寿的《三国志》也缺志。而《魏略》却在这方面独占鳌头。

《魏略》八十九卷③。章宗源《隋书经籍志考证》云："《魏略》有纪、志、列传，自是正史之体。"这一说法是正确的。检诸《魏略》佚文，均有可考，本纪有《文（帝）纪》，志有《五行志》、《中外官志》，以及有各类列传等篇目名称，这里不一一详述，而着重介绍其书的志和列传方面的成就。

以纪志传为体的史籍，志最为难作。因其内容包括有制度（职官、刑法、礼志等）、经济（食货志等）、学术（天文、律历、艺文志等）、地理沿革（地理志等），以及社会风俗和宗教（祭祀、五行、符瑞、释老志等）等方面。这些都具有专门史的性质，都要"追本溯源"，原原本本地讲出一套来，如讲出某种制度或学术的渊源流变。故古人有云："作史莫

① 姚振宗：《隋书经籍志考证》等。

② 章宗源：《隋书经籍志考证》等。但其书有志，均有可考。

③ 按：据隋、唐书《经籍志》、《艺文志》等记载，鱼豢同时撰有《魏略》和《典略》，二者是二书还是一书，各说不一，卷数亦不一。笔者认为当是一书，故合二者为"八十九卷"。但本文所引佚文只限于《魏略》，而《典略》虽有同类佚文，这里都暂不引用。上述情况，可参见拙文《〈魏略〉、〈典略〉关系试探》，载《思想战线》1983年第5期。

难乎志。纪传一人之始末，表志一代之始末，非宏览博物者不能为，其考订之功，亦非积以岁月不能遍。”① 因此，《魏略》有志，当是鱼豢史才方面的一个反映。同时，由于陈寿《三国志》缺志，曹魏一代（甚至汉末）的制度、风俗等，都赖于《魏略》的著录而存留下来，如著录起自汉末建安时期，曹操推行屯田的组织，有典农中郎将、典农校尉、典农都尉等设官建置②。《魏略》的著录材料，见诸沈约《宋书》诸志的征引最为突出。沈约“宋史则上括魏朝”③，即其书所撰的诸志，不仅著录刘宋一代，也上溯曹魏一朝。而沈约《宋书》上溯曹魏一朝的史事，有《百官志》、《符瑞志》、《五行志》和《州郡志》的不少著文，便是出自《魏略》的《中外官志》和《五行志》④。而见于他书，如《世说新语》注、《文选》注，以及《北堂书钞》、《初学记》、《太平御览》等的征引得以保留下来的材料就更多了。

至于《魏略》的列传部分，其情况不仅篇幅可观，类别备至，而且还有所开拓，创立了不少新的篇目。

《魏略》除承袭迁、固《史》、《汉》的旧目，著录官僚、士大夫和名人的一般列传，以及儒林、苛吏、勇侠⑤、佞幸传外，而新创立了题目、内容不同的篇目，主要是以“事义相类”的合传。如合三、五、七人为数不等的《纯固传》、《清介传》、《游说传》、《知足传》等。其中，《清介传》是表彰家居“虽贫，自非手力不取于人，而又性既清白，当官又严”，或是“居官清静，吏民不忍欺”和“不耻恶衣恶食，而耻一物之不知”、“不以贵者屈意”等具有节操独恃的人物。《纯固传》是表彰“敦旧”或“为人仁笃”和“履义”之士⑥。《知足传》则是著录田畴、徐庶等所谓

---

① 《日知录集解》卷二十六《作史不立表志》。

② 《文选》卷五十六《潘安仁、杨荆州诔》注引《魏略》；《御览》卷二百四十二引《魏略》。

③ 《史通》卷四《断限》。

④ 可参见拙文《〈宋书〉诸志新议》，载《史学论丛》第二辑，云南人民出版社1987年版。

⑤ 《三国志·魏志》卷二十三《常林传》、卷十一《王脩传》注引《魏略》。

⑥ 均见《三国志·魏志》注引《魏略》。

"知足不辱，知止不殆"[①] 的人物。这些篇目的创立及对这类历史人物的著述，显示了《魏略》不同它史的一个特点，它有助于全面了解和研究曹魏一代的政治面貌和社会风尚，而且对后世史书列传领域的开拓也有其一定的影响。如南朝谢灵运的《晋书》（已佚）、沈约的《宋书》，以及唐姚思廉的《梁书》都立有《止足传》。范晔《后汉书》所立的《逸民传》也受到这方面的影响。魏晋南北朝时期，国家分裂，战乱频繁，就是在一个小王朝内部，一些野心家们也尔虞我诈，动辄兵戎相见，人们生命旦不保夕。因而《知足传》的出现可说是对这种现实的一种鞭笞。再者，《魏略》的《知足》、《清介》、《纯固》等传的创立，还大量保留了当日社会各阶层的不同人物的事迹，唐陆龟蒙的《小名录》，据清张鹏一考证说，其书"引魏诸人事实以裴注，考之皆《魏略》文也"[②]。因此，《魏略》列传类型的创新和扩大，是适应当时现实社会需要的，使它更能反映复杂的历史内容和丰富的社会生活，这也正是史学本身任务和史学发展的一个重要标志。

与上述相联系，《魏略》对一些列传旧目，也有删损不立的，如班固《汉书》所立的《外戚传》（《史记》有《外戚世家》），或如范晔《后汉书》（此书晚出于《魏略》）所立的《党锢传》。《魏略》之所以不立，在于东汉时期的外戚专权和阉宦之祸，至汉末彼此已有削弱，特别是灵帝中平六年（公元189年）经过袁绍等的入宫扫荡，宦官势力被彻底消灭。转入三国时期，特别是曹魏一代非常注意压抑外戚和宦官势力，魏文帝还下诏规定："群臣不得奏事太后，后族之家不得当辅政之任，又不得横受茅土之爵，以此诏传之后世，若有背违，天下共诛之。"[③] 因此，那时的外戚和宦官没有什么势力，也没有产生严重的祸害，所以《魏略》不立其传，这也是符合三国曹魏的社会实际情况的。

此外，《魏略》还有记述乌丸、西戎等边境民族和毗邻国家的列传。

在各类的列传中，一般由"传序"、"列传本文"和"传议"（即传评）三个部分组成，并各有特点。

---

① 《梁书》卷五十二《止足传序》。

② 《魏略辑本·凡例》。

③ 《三国志·魏志》卷二《文帝纪》。

总之，《魏略》纪、志、传俱全，继承和发展了两汉以来以纪志传为体、断代为史的体例。这一体例在魏晋南北朝时期得到充分发展，并成为这一时期史学繁荣的一个重要表现，而《魏略》在此则做出了自己的贡献。

三

《魏略》再一值得肯定的，便是其书著录翔实，对于曹魏一代史事，都能较客观地记录下来。其史料，对后世修史（如各家后汉史和陈寿的《三国志》等）都具有较为重要的价值。

前述有所提及，汉末是中国历史发展的一个转折时期，从统一的王朝走向分裂，政治复杂，阶级斗争激烈。但《东观汉记》未能最后成为东汉一代的完整史书，尚有汉末三十多年的史事缺著，其中就有不少重大事件（如董卓之乱、赤壁之役等），对这一时期的历史进程都产生过重大影响。以后，东吴的谢承《后汉书》，虽是最为先出的后汉史，但“史无帝纪，惟闻此书”，而且“谢承尤悉江左，京洛事缺于三吴”，又“偏党吴越”①。王沈的《魏书》，虽与鱼豢的《魏略》同是曹魏的当代史，但王书“但编帝纪而已”（其书有志），而且“其书多为时讳，殊非实录”②。因此，这些史籍不仅体裁体例上存在缺陷，在史事的记载和内容方面也有其很大的局限。而《魏略》的著录，“巨细毕载”，又直书其事，大大地有助于弥补这些局限和不足。大致说来，《魏略》除了记载曹魏一代兴亡的史事外（这里不详述），从遗存的佚文看，还有如下几方面的著录，其史料价值值得重视。

（1）著录了汉末黄巾起义后各地农民起义的反抗斗争，如：河北张燕等黑山军的活动；汉中张鲁领导的“五斗米道”的活动；公元188年在山西兴起的白波黄巾军的起义，及白波军（和“关东兵”）威胁下董卓挟持

① 姚振宗：《隋书经籍志考证》。

② 《史通》卷十二《古今正史》；又《御览》卷二百三十三引王隐语。

汉献帝西逃长安的活动；后期实力最强的青、徐黄巾军的活动，以及曹操收编黄巾为“青州兵”和“青州兵”击鼓而去的事件等①。就是说，自汉末黄巾主力失败后，各地义军坚持二十多年的反抗斗争史事，《东观汉记》缺著，而在《魏略》中得到著录。

（2）著录了早期曹、孙、刘三家的关系和活动，如：有汉末群雄董卓、公孙瓒、韩遂、马腾、袁绍、袁术等传略和事迹；有曹操起家、统一北方和进兵荆州等活动；有刘备起家、诸葛亮“出山”及其运筹帷幄等活动；有孙吴“三世”立业于江东和赤壁之役等。后世评论曹操，说他具有所谓“大谋大智”而拒绝孙权上书称臣，“称说天命”② 的这一史实，也是由《魏略》著录下来的。

以上（1）、（2）的著录，对于汉末社会动乱、复杂的政治关系和阶级斗争的了解、研究，无疑是十分重要的。

（3）科技方面，则著录了汉魏之际被称为“天下之名巧”的机械制造家马钧及其发明创造。如制作灌溉农田的“翻车”，改造织绫机和试制攻城器“发石机”等。还记载了王思宏作水碓事。

（4）著录了这一时期中外交通的新发现：《魏略》对周边少数民族和与之往来的毗邻国家的历史，也作了著录。这些虽不是《魏略》的开创或贡献，但《魏略》著录详尽，并重视中原与这些民族和国家的交通、商道。例如两汉时期开辟通往西域的“南道”、“北道”。到魏晋南北朝时期已经发展为“南道”、“中道”和“北道”（即“新道”）三条。这便是由《魏略》的“发现”而首先记录下来的③。《魏略》还著录了大秦国通往中国南方的海陆交通，它说：“大秦道既从海北陆道，又循海而南，与交趾七郡外夷比，又有水道通益州、永昌，故永昌出异物。前世但论有水道，不知有陆道。”④ 此外，《魏略》对边地民族和国外的风土人情、产物等的记载，也极其详尽。

① 这些著录，因佚文过于零碎，均分散见于《三国志》注、《世说新语》注和《太平御览》类书等等，故不一一作引文和注明出处。下同。

② 《三国志·魏志》卷一《武帝纪》注引《魏略》。

③ 《三国志·魏志》卷三十《乌丸传》注引《魏略》。

④ 《三国志·魏志》卷三十《乌丸传》注引《魏略》。

以上（3）、（4）的著录，对于当日中国的社会生产力发展和商品交换、商业交通的研究，都提供了可贵的资料。

刘知幾说："盖君子以博闻多识为工，良史以实录直书为贵。"① 下面将说说《魏略》书史的直笔和文辞。

宋高似孙《史略》云："魏氏别史五家，盖可与陈寿《志》参考而互见者，亦一时记载之隽也。而鱼豢《典略》（按：当是《魏略》）特有笔力。"又说："魏、吴杂史，大假瑰致，掇其数辞，足以诸公辞藻之竞秀者，如鱼豢《魏略》云李安国（丰）、许士宗（允）、阮德如（侃）、荀文若（彧）……"② 按，这里所说的李丰、许允，以及另有桓范、李胜等，都是齐王芳时的大臣。其中，桓范、李胜等人，在曹爽、司马懿辅政时，曹、马之间争斗中，于嘉平元年（公元249年），以"阴谋反逆罪"被司马懿夷三族。李丰、许允等人，则在高贵乡公正元年间（公元254～255年）司马师兄弟专权时，遭到杀害或被徙边。他们的遭遇及其事迹，《魏略》都作了较为客观的记载③。对此，宋高似孙虽未直接评述，而清张鹏一却很了当地说："其传桓范、李胜诸人事时，具直笔，不为司马氏讳。"④

《魏略》直书记司马氏，如果与王沈的《魏书》相较，更可见其忠于史实的态度。兹举嘉平六年（公元254年）司马师谋废齐王芳事变为例，以示《魏略》、《魏书》的著录不同，奉给读者明察：

> 《魏略》曰："景王（司马师）将废帝（齐王曹芳），遣郭芝入白太后，太后与帝对坐。芝谓帝曰：'大将军（司马师）欲废陛下，立彭城王据。'帝乃起去。太后不悦。芝曰：'太后有子不能教，今大将军意已成，又勒兵于外以备非常，但当顺旨，将复

---

① 《史通》卷十四《惑经》。

② 《史略》卷二《魏氏别史》、《吴别史》。所云五家是：《魏武本纪年历》、王沈《魏书》、阴澹《魏纪》、鱼豢《魏略》、梁祚《魏国史》。

③ 见《三国志·魏志》卷九《诸夏侯曹传》，《世说》卷十四《容止》、卷十九《贤媛》等注引《魏略》。

④ 《魏略辑本》。

何言！’太后曰：‘我欲见大将军，口有所说。’芝曰：‘何可见邪？但当速取玺绶。’太后意折，乃遣傍侍御取玺绶著坐侧。芝出报景王，景王甚欢……”①

而《魏书》曰：“是日，景王承太后令，诏诸公卿中朝大臣会议，群臣失色。景王流涕曰：‘皇太后令如是，诸君其若王室何！’咸曰：‘昔伊尹放太甲以宁殷，霍光废昌邑以安汉，夫权定社稷以济四海，二代行之于古，明公当之于今，今日之事，亦唯公命……”②

对于这一事变，后世史家一般都是重视《魏略》的记载，如《资治通鉴》几乎全取《魏略》的著述，连文字也没有多大改动。但经司马师兄弟周密策划，先是司马昭引兵入城，发动军事攻势，然后驱使郭芝（皇太后从父）入宫，逼迫皇太后交出玺绶，再又矫皇太后令废掉齐王芳的这一事变，却在王沈《魏书》笔下，曲尽袒护，以“景王承太后令”寥寥几字，掠影而过，致使这一事件的原委变了，性质也变了。王沈何许人也？是介入曹、马两大集团而党于司马氏者。在司马氏发动诛灭曹氏的斗争中，他充当了不光彩的角色，由此以功封侯，也由此“甚为众论所非”③。入晋后，其书就受到晋代史家王隐的批评，说：“王沈为秘书监，著《魏书》，多为时讳。”④ 唐刘知幾批评其书也说：“亦有事每凭虚，词多乌有：或假人之美，借为私惠；或诬人之恶，持报己仇。若王沈魏录，滥述贬甄之诏。”⑤ 还谴责说：“王沈《魏书》，假回邪以窃位。”⑥ 由此观之，王沈《魏书》与鱼豢《魏略》二书相较，其忠于史实的不同态度不言而喻了。

① 《三国志·魏志》卷四《三少帝纪》注引《魏略》。
② 《三国志·魏志》卷三《三少帝纪》注引《魏书》。
③ 《晋书》卷三十九《王沈传》。
④ 《太平御览》卷二百三十三。
⑤ 《史通》卷七《曲笔》。
⑥ 《史通》卷七《直书》。

四

鱼豢《魏略》体例有“议曰”这一组成部分。它是篇末对某一历史事件（或问题）的发议，或是对整篇内容带有总结性的评论，犹如《史记》的“太史公曰”、《三国志》的“评曰”。检《魏略》佚文，尚存有《礼志议》、《诸武王传议》等12篇，绝大部分属于列传方面的“传议”（共10篇），文字叙述一般都很简短。

在这些有限的“传议”中，也多少能了解到鱼豢的一些进步的历史观和某些史学思想。如他的《许攸娄圭传议》，便多少反映了他对“个人和群众的关系和作用”方面颇有见地的看法。娄圭和许攸都曾有功于曹魏，但都因居功骄傲，被曹操所杀。对此，其“传议”以捕鸟的“罗”（网）与“目”（网眼）的关系和作用，以及以“羽根”与“羽毛”的关系和作用为比喻，前者说明鸟之被捕虽落在一“目”，但整个是要靠“众目”张罗；后者说明鸟之所以能飞是靠“羽根”之力，但无“众毛之助”也不能腾空远飞。因而认为曹魏的兴盛，也不一定要全靠许攸那样的功臣，“以此推之，大魏之作，虽有功臣，亦未必非兹辈胥附之由也”①。

再就是他的《西戎传议》，他向人们（包括史家）提出了了解“世界”，认识“中国”的问题。

《西戎传》（一作《外夷传》②）用了很大的篇幅记述了当时的“外国”。它充分利用过去《史》、《汉》的记载，以及广泛搜集汉末三国时候大秦（古罗马帝国）和“中国”、西域各族来往的见闻，记录了通向西域的“三道”，以及大秦通向中国南方海陆交通沿途为数众多的地区和国家的历史。大概正是由于躬亲《西戎传》的撰写，“输入”了不少国外的信息，拓展了自己的视野，把“中国”放在“世界”中去认识，于是发其议曰：

① 《三国志·魏志》卷十二《崔琰传》注引“鱼豢曰”。
② 严可均《全三国文》作《外夷传论》。

俗以营廷之鱼不知江河之大，浮游（蜉蝣）之物不知四时之气，是何也？以其所在者小与其生之短也。

营廷之鱼只在狭小的池中，浮游之物生命短促。他以此启迪人们应当放眼“世界”，不要囿于世界中一个部分的“中国”。所以其议又曰：

余今泛览外夷大秦诸国，犹尚旷若发蒙矣，况夫邹衍之所推出，《大易》、《大玄》之所测度乎。

这是鱼豢既看到“外夷诸国”，又联想到邹衍“大九州说”[①] 的自我感受，感受到“天外有天”，而自己的见识有限，对世界还缺乏应有的了解。从而企图摆脱身“处牛蹄之涔”[②] 的境地，沉思开拓。

这些虽是鱼豢的自我思考，自我批评，但他提出要了解世界的重要问题。过去的史书，也曾撰有《匈奴传》、《西域传》等，记载了汉王朝与各族和国外的关系，但在思想上，一般是以“汉”或“汉王朝”为“正统”来处理这些关系的，对外国事物缺乏积极的认识和吸收。鱼豢的《西戎传议》多少摆脱了这种思想的束缚，实在是难能可贵的，作为一个历史家来说，更有其积极的意义。

此外，鱼豢的《佞幸传议》[③]，在评述佞幸与国家治乱关系方面亦有其见地，也值得重视。

诚然，《魏略》也有它的不足。就体例来说，合数人“事义相类”的列传，其人物所归事类，就不尽合理或不尽严密，如《知足传》合田畴、徐庶和管宁、胡昭同传，“其道本异”[④]。

在著录方面，鱼豢《魏略》与王沈《魏书》都有一个共同的毛病，

① 认为“中国”（赤县神州）是世界八十一州中的一州。这一州，指禹的“九州”（小九州）。九九八十一州，每九州合一单位，又合之为“大九州”，有大海环绕，再往外便是“天地之际”。

② 涔，牛蹄中的积水。

③ 《三国志·魏志》卷三《明帝纪》注引。

④ 《梁书》卷五十二《止足传序》。

即刘知幾所云："求其秽累，王沈、鱼豢，是其甚焉。"[1] 不过二者还是有所区别，王沈书是"秽累"而且"不实"[2]；鱼豢书是"巨细毕载"而"芜累甚多"，从《三国志》的著录和裴松之注看，对鱼豢书"芜累"则要具体分析。如刘知幾评论陈寿《三国志》说，对当时"才重于许洛"的桓范（字元则）遗漏不编，是一种"网漏吞舟"的表现，也就是说陈寿《三国志》有阙。但《魏略》却记载了桓范的事迹，而且极其详细。又如《三国志·魏志·王粲等传》载曹丕的《与吴质书》，此名篇共五百余字，陈寿《三国志》载文简为五十余字。裴松之见此，接连从《魏略》中引注三篇《与吴质书》，并加上按语说："臣松之以本传虽载太子此书，美辞多为删落，今故悉取《魏略》所述，以备其文。"可见，《魏略》"巨细毕载，芜累甚多"，有它的缺点，反映了他对材料的审核、取舍和剪裁上的问题，但也有其记载翔实、史料丰富，以及补阙他书记载不足的好处。

再者，他终是封建史家，其所录著的人物的"善行恶作"，总的是以儒家道德伦理为标准的。对于农民起义的著录，也与其他封建史家那样，冠之以"妖贼"、"淫妄"、"小人昏愚"等辞。

但《魏略》这部史书，仍是三国时期的一部代表作。张鹏一说："鱼豢生当魏时，仕非著作，私成国史，可谓独步一时矣。"此话并不过分，而且从其继承纪志传体例，创立列传新目，以及著录翔实，直书纪事等方面看，确有其成就，为魏晋南北朝史学的发展做出了贡献。

（原载《史学论丛》第三辑，云南人民出版社1988年版）

① 《史通》卷五《载文》。
② 《史通》卷十三《疑古》。

章宗源《典略考》质疑

章宗源的《隋书经籍志考证》（见《二十五史补编》）掇拾诸家征引，在《典略》条中，断《典略》别于《魏略》，拙文故名其为“《典略考》”。

《典略》与《魏略》（下文合称“二略”）均是曹魏史家鱼豢所撰，今已亡佚。“二略”当是一书，抑或二书，史无明载，后世议者颇存异论。章氏《隋书经籍志考证》的《魏略》条中，证之《魏略》是著录曹魏史事，以纪传为体的断代史，这是正确的；而且唐刘知幾《史通》、宋高似孙《史略》、清杭世骏《诸史然疑》和钱大昕《三国志考异》等都有所论断。

但章氏“《典略考》”（下简为《典略考》）所作的论说，尚值得推敲。其主要论说如下：（一）“二略”著录内容方面，认为《魏略》“只记曹魏”，《典略》是他书“专引汉末三国事”；（二）“二略”体裁方面，从诸家（主要从类书）征引《典略》的佚文中，择选出如“汤东观洛”、“契为司徒”、“神马河之精”等“二十七例”，作为论据，认为“此类纪载既广，体裁亦杂，与《魏略》断代为书者，一为正史，一为杂史”；（三）结论是“二略”为二书，并指责杭世骏（字大宗）《诸史然疑》合“二略”为一书的说法。就这些问题，略抒管见，就教于读者。

“二略”当是一书，还是二书，本文不作重点讨论，但二者关系密切，在以下论述中也势必言及，这里先行申明。

一、《典略考》标立的界说，不足起到区别“二略”著录内容的作用

章氏考证云：“愚案，鱼豢《魏略》只记曹魏，故以魏名，若《典略》所载，唯裴松之《国志》注、章怀《后汉书》注专引汉末及三国事。”这段话，说得明确一点，实是以“汉末”、“三国”、“曹魏”等界说，作为区别“二略”著录内容和时间范围的断限：《魏略》记曹魏，《典略》记汉末和三国。如此，对于著录这一复杂历史时期的史籍“二略”用这些界说分辨其内容和断限，这本身就让人发疑。

为了了解“二略”著录的内容，涉及这一历史时期的界说，有几个重要年代和事件需要说明一下：汉献帝建安元年（196 年）曹操开始秉政，“挟天子以令诸侯”；十三年（208 年）曹、孙、刘三家爆发了“赤壁之战”；十八年（213 年）封丞相曹操为魏公，以冀州十郡为“魏国”，操“置丞相已下群卿百寮，皆如汉初诸侯王之制”①；二十五年（220 年）曹丕代汉。据此，这一历史时期的界说，一般可以有如下种种含义：第一，建安年代，都应该说是东汉末年，三国未分的时代；第二，“三国”可以“赤壁之战”为端，更可以曹丕、刘备各自改元称帝为始；第三，“曹魏”应始自曹丕代汉，但一般又取自其奠基人曹操秉政或封魏国为始，前者狭义些，后者广泛些，既及汉末，也及三国。这些情况说明，上述界说各自有其内涵，但历史进程又是千姿百态，它虽为后世所定，却又没有也不可能作绝对划一的定限。章氏考证之使人发疑，不在对这些界说有无说明，而在他把这些界说简单地并绝缘地分割开来，又将“二略”著录内容分别归结到分割了的界说中去，这就不仅给人带来有含混不清的感觉，而且也使分辨“二略”内容无所措手足，实际上无助于“二略”著录内容的

---

① 《三国志·魏志》卷一《武帝纪》。

说明。

以这种界说区别“二略”著录内容，最大的缺陷又在于缺乏事实根据，不符合“二略”著文实际。以《魏略》佚文来说，有起自汉末桓、灵至献帝建安年代的孙宾硕传、祝公道传①、袁绍传②、刘勋传③、徐福传④、成公英传⑤等，以及蜀汉诸葛亮⑥、孙吴浩周⑦等传略事迹。这些著录，能说《魏略》是“只记曹魏”吗？又以《典略》佚文来说，也有贯通汉末至曹魏的人物事迹，如“建安七子”中的刘桢⑧、陈琳⑨、阮瑀⑩，以及入魏的何晏⑪等等；何晏作于魏明帝时的《景福殿赋》，也出自《典略》⑫。这些著录，又能说《典略》是他书“专引汉末及三国事”吗？可见：用界说来分辨“二略”内容，既使人含混不清，也不符合“二略”著文实际。

按照章氏考证以“二略”归结到各个界说，还有一个极其明确的意思，即著录内容的时间愈早（如汉末）、范围愈广（如三国）的佚文，都是出自《典略》；反之，时间晚些和范围窄些（如曹魏）的佚文，都是出自《魏略》。其实这也是缺乏事实根据的臆断。兹举“二略”如下三类著文情况，以示明白。一类如袁绍父子，袁绍本人的列传名称出自《魏略》⑬；但他儿子袁谭、袁尚的事迹却出自《典略》⑭。二类如曹操及其掾

① 《三国志·魏志》卷十八《阎温传》注引《魏略》。

② 《三国志·魏志》卷十二《崔琰传》注引《魏略》许攸条云：“语在《绍传》”，说明《魏略》有《袁绍传》。

③ 同上书卷十二《司马芝传》注引《魏略》

④ 同上书卷二十三《裴僭传》注引《魏略列传》。

⑤ 同上书卷十一《王脩传》注引《魏略·纯固传》。

⑥ 《三国志·蜀书》卷五《诸葛亮传》注引《魏略》。

⑦ 《三国志·吴志》卷二《吴主传》注引《魏略》。

⑧ 《世说·言语篇》注引《典略》。

⑨ 《三国志·魏志》卷二十一《王粲传》注引《典略》。

⑩ 《御览》卷二百四十九引《典略》。

⑪ 《文选》卷十一何平叔《景福殿赋》注引《典略》。

⑫ 《文选》卷十一何平叔《景福殿赋》注引《典略》。

⑬ 《三国志·魏志》卷十二《崔琰传》注引《魏略》许攸条云：“语在《绍传》”，说明《魏略》有《袁绍传》。

⑭ 《魏志》卷六《袁绍传》注引《典略》。

属，曹操本人实际是曹魏的奠基者，检佚文有关曹操生平事迹的著录，均出自《魏略》；但曾是他属下的“群卿百寮”如阮瑀、陈琳、杨修[①]等传略，却出自《典略》。三类如成公英[②]、王粲[③]、徐福[④]、何晏[⑤]等人物传略及其事迹，既见于《典略》，又见于《魏略》，其关系是：或是一人之传的前后史事，“二略”分别互出；或是同一人之传的同一史事，“二略”分别重出。所有这些，都与章氏考证标立界说和安排“二略”内容的用意，全是相贸的，甚至是颠倒的。这就再次说明，以界说分断《典略》别于《魏略》，根据不够，不足为据。

不过，上述人物的著录出现“二略”彼此交错互出的情况，如果从“二略”一书这一因素来认识，同时注意到反映这个时期的其他史书类似的著述，便不足为奇了。如范晔《后汉书》和与之相类的谢承《后汉书》、司马彪《续汉书》等，以及陈寿《魏志》和与之相类的王沈《魏书》，对于这一时期历史人物的著述，如董卓、袁绍、刘表等等，都各自为他们立传；其中《史通》说到陈寿《魏志》这种做法，称之为“汉典所具，而魏册仍编”[⑥]。这就是说，处于这种繁纷复杂、犬牙交错的历史进程中，无论是“后汉书”的断限所作的向下延展；或是“魏书”的断限所作的向上伸引，它们都没有囿于汉、魏严格的定限，来限定自己的论说和著录。这是符合客观历史实际的，也是客观历史实际规定和要求的。“二略”的成书，早于陈寿《魏志》和范晔《后汉书》，前后两者类似的做法虽不能等同起来，但判断“二略”著录内容是否不同，也应从当时的历史实际和已经存在的事实出发。若此，汉魏人物在“二略”交错互出，也就有似“汉典所具，而魏册仍编”的做法。这样，“二略”作为一书的

① 《三国志·魏志》卷十九《陈思王植传》注引《典略》。

② 《三国志·魏志》卷十五《张既传》注引《魏略》、《典略》。

③ 《类聚》卷四十八引《魏略》；《三国志·魏志》卷二十一《王粲传》注引《典略》。

④ 《三国志·蜀书》卷五《诸葛亮传》注引《魏略》；《御览》卷四百七十三引《典略》。

⑤ 《文选》卷十一何平叔《景福殿赋》注引《魏略》；《世说·言语篇》注引《典略》。

⑥ 《史通·断限》。

因素是存在的，也是明显的。在有这个因素存在而还无法否定之下，章氏考证又缺乏事实根据，用界说把“二略”强行分开，断为二书，从这方面说，虽断还是断而不明。

与上述相联系，章氏考证还有一个特点，即从《典略》选择出的“二十七例”都非直书曹魏史事；其用意，仍在于说明《典略》著录的内容（含时间范围）别于“只记曹魏”的《魏略》。这涉及“二十七例”本身的性质和选择，这里暂且不谈（待下述），但就佚文出现非书曹魏史事这一现象来说，《魏略》也不例外，如云“有双璜、双珩、琚瑀、冲牙、琨珠为佩者，汉明帝采古文始制”①；又云“汉哀帝民家出盐一斛以为赋”②；又云“太尉掌武事，古者兵狱官皆以尉为称”③；等等。这些都是“源流不清”非书曹魏史事的佚文，但不能认为这是《魏略》整书内容的主要特点，它与所见《典略》“二十七例”那样，都是上断其“源”，下失其“流”，属于篇第无考的佚文所具有的一般现象，也是亡散的史书或多或少常能见到的。总之，这种现象不是原文内容主要特点的反映，无论《魏略》还是《典略》所出现非书曹魏史事的有限佚文，都不能独自说明自身著述的内容、性质和体例的别具一格。所以“二十七例”非书曹魏史事这方面的用意，也不足说明区别《魏略》。

二、《典略考》选择的“二十七例”不足以说明《典略》自身的性质

《典略考》选择的“二十七例”及其考证的结论是：《典略》“此类记载既广，体裁亦杂，与《魏略》断代为书者，一为正史，一为杂史”。

① 《初学记》卷二十六引《魏略》。

② 《书钞》卷一百四十六引《魏略》。《御览》卷八百六十五曰：“仅令哀牢民家出盐一斛以为赋。”

③ 《初学记》卷十一注引“鱼豢曰”。按：鱼豢《魏略》有《中外官志》，此条当是官志之著录。

下面就着重谈谈《典略》的性质和体例。

这里首先说明两点：

第一，《典略》和《魏略》的性质，隋唐书志是存在相贸记载的，诸家对这个“杂史”的概念或含义及对一部史书的认识，也不尽一致。《隋书·经籍志》以《典略》入为“杂史”（不著录《魏略》），并开始提出“杂史”这类名目及其含义，说它主要是“钞撮旧史”、“体例不经”，著录“大抵皆帝王之事”等；而《新唐书·艺文志》则以《魏略》入为“杂史”（不著录《典略》）。唯《旧唐书·经籍志》一分为二，以《魏略》入为“正史”，《典略》入为“杂史”，章氏考证大概即据之于此。不过，《旧唐书·经籍志》同样一分为二，将陈寿《三国志》分开，以《魏志》入为“正史”，《蜀志》、《吴志》别入“杂史”。这就是说，仅据隋唐书志的著录和当时所谓的“杂史”，是不足以断《典略》和《魏略》性质的，必须立足于“二略”佚文，并根据佚文本身内容事义进行考核，还要将“二略”彼此联系起来，加以比较。

第二，检《典略》佚文，并经过初步校订计有九十余条，较之史载《典略》三十八卷或五十卷[1]，佚文是有限的。相对之下，章氏择选的“二十七例”更是为数甚微。由于一例一事不等于一传一卷，从整体来说，即使例证再多再杂，一部史书还是按事义相类分卷著录的；何况章氏的考例佚文均是一鳞半爪。因此，判断《典略》的性质，应以全部佚文为基础，纳“二十七例”在内进行全面考察，才能得到比较合乎事实的答案。

基于上述，以《典略》全部佚文进行考核，并与《魏略》联系起来加以比较，“二十七例”难以体现《典略》的全貌，说它“纪载既广，体裁亦杂”也大有推敲的余地。

（一）《典略》有列传，而且内容性质和体例与《魏略》相类

前已有述，《典略》著录的内容和人物时间范围与《魏略》本无严格的界限，不少汉魏人物列传事迹既出《典略》，又出《魏略》，这种交错

① 《隋志》作八十九卷，《旧唐志》作五十卷。后有人认为《魏略》五十卷，《典略》三十八卷，说法不一。

互出的基本事实，是“二十七例”所不能包容的，也是评判《典略》性质所不能回避的。

值得重视的是：“二略”同样有列传，列传的体例也是一致的。如《魏略》列传，所录人物有其“传名”，如《孙宾硕传》、《徐福传》等称；又有“论赞体”的、署称“鱼豢议曰”的“传议”，这种“传议”，有对一人一传而发的如《公孙渊传议》①，有对三、五、七人为数不等以事义相类的合传而发的如《徐福、严干、裴儁等十人传议》②（严可均《全三国文》作“徐福等传论”）等等。《典略》列传方面，有关人物事迹的佚文占有全部佚文的一半以上，见其生平事迹较为零散者有董卓、公孙瓒、眭固、袁术、边让、段煨、张鲁、阮瑀、陈琳等，见其生平事迹始末俱备者有金尚、赵戬、祢衡、韩遂、张猛、荀彧、杨修、路粹、繁钦、何晏等等；所录人物亦冠有“传名”，如《魏志·荀彧传》注引《典略·平原祢衡传》可证；又有“论赞体”的“传议”，如对一人一传而发的《张昭传议》③（严可均《全三国文》作“张昭传论”），和对事义相类的合传而发的《王粲、繁钦、阮瑀、陈琳、路粹传议》④（严可均《全三国文》作“王繁阮陈路传论”）可证，这些“传议”反过来又说明，在《典略》著录中原先就有张昭和王粲、繁钦等等的“传名”的。所有这些，不仅反映了《典略》列传卷帙繁富，是它著述的重要组成部分，同时也是《典略》内容性质、体例的重要反映。从这些方面看，《典略考》是回避和没有体现《典略》这一本来面目的。

（二）《典略》“志”记内容与《魏略》的联系，也是极其密切的

《魏略》是括有纪、志、传为体的断代史，见有《五行志》⑤、《中外官志》⑥（即《百官志》）等篇名，并有礼仪、地理等志记佚文；其志亦有

① 《史通·杂说上》原注引“鱼豢《魏略》议曰”。

② 《三国志·魏志》卷二十三《裴儁传》注引《魏略列传》。

③ 《三国志·吴志》卷七《张昭传》注引《典略》曰：“余曩闻……”

④ 《三国志·魏志》卷二十一《王粲传》注引《典略》“鱼豢曰”。

⑤ 《初学记》卷二《天部下》注引。

⑥ 《南齐书·百官志序》曰：“今有鱼豢《中外官》，清张鹏一《魏略辑本》考作《魏略·中外官志》。”

“论赞体”的、署称“鱼豢议曰”的“志议”。《典略》未发现有志记篇名，但见其志记内容不仅不是孤立的，而且与《魏略》志篇都有其本质的联系。鉴于佚文的过分残缺和零散，有的问题的阐述，这里未免要多说两句。兹将有关方面的情况，分述如下：

关于“礼仪志”方面的内容和体例的联系。这里先抄录两则佚文以示说明。

一是，《后汉书·礼仪志上》注引“鱼豢（议）曰：‘孝明以正月旦，百官及四方来朝者，上原陵朝礼，是谓甚违古不墓祭之义’。”（按，此议东汉礼仪事，清张鹏一《魏略辑本》亦云“魏代不立陵庙之事”。）

二是，《通典·礼一、礼五》引“鱼豢议曰：‘昔后稷以功配天，汉自尧出，不以尧配天，明不绍也。且舜已越数代，武皇肇创洪业，宜以配天；宜以宣后配地。’”（按，此议曹魏礼议事，严可均《全三国文》作“以武帝配天议”，张鹏一《魏略辑本》云：“此议魏代郊祀配祭祀也。”）

这两则署称“鱼豢议曰”的“志议”，它的确切出处是《典略》还是《魏略》，已无法查明。这有三种可能，一是前条议及东汉礼议事者出自《典略》，后条议及曹魏礼议事者出自《魏略》；二是全都出自《典略》；三是全都出自《魏略》。但不管怎样，这两则佚文的内容、事义全是相通的，都是著录礼仪事，而且都属于“志议”这一体例，而《魏略》有志可据，所以出自汉魏（包括两汉以前）署称“鱼豢曰”者，或署称《典略》的志记内容，也当出自《魏略》。这是“二略”志记内容、体例关系密切的重要反映。

关于“中外官志”（即《百官志》）的内容方面。由于有关曹魏一代的史书，如王沈《魏书》和陈寿《三国志》等都缺志篇①，唯鱼豢著作有志，后来的沈约《宋书》则“上括魏朝”②，其志篇（如《百官志》、《五行志》、《符瑞志》等）内容包举曹魏一代，不少材料还可看到是袭用鱼豢“二略”的著录；再者，鱼豢撰志，对于旧章、故事、制度等都有穷本

---

① 沈约《宋书·五行志》云：“王沈《魏书》志篇阙，又阙灾异，但编帝纪而已。”后经侯康《补三国艺文志》。姚振宗《三国艺文志》考证认为“疑似有志”，但例证很少，还不足断。

② 《史通·断限》。

追源、“通古今之变”的传统和记事书法特点。所以，介于迁、固《史》、《汉》和沈约《宋书》的“二略”志篇，是有它承上启下的作用的。注意到“二略”这方面的作用，对于“二略”本身“中外官志”等内容的密切关系，就不难理解了。

如《典略考》“二十七例”中的“契为司徒，百姓亲和”、“禹为司空，定九州”二例，此内容源于《尚书·尧典》，按照古籍传载，还有“舜为太尉”掌武事，古谓之“三公”。这里，《典略》所出只有“司徒”、“司空”，而缺“太尉”，但有署称“鱼豢曰”的佚文却著录了“太尉”，其文曰：

> 太尉掌武事，古者兵狱官皆以尉为称。尉，罻也，言兵狱罗罻也，言兵狱罗罻奸非。[1]

这就说明，鱼豢撰志穷本追源著述古代“三公”是完整的。下及东汉，“三公”又称“三司”[2]，这连同曹魏职官制度，鱼豢也有所著录，如沈约《宋书·百官志上》记载汉魏职官“车骑将军”、“征东将军”等条，以及“位次三公”、“位次三司”的言辞，便是征引“鱼豢曰”的著录。这样，《魏略》有志，并有《中外官志》可据；这又说明，溯自上古，下及两汉、曹魏有关“三公”等百官的著录，当是《魏略》的组成部分。

再者，关于“五行”灾异符瑞方面，既可看出“二十七例”与它《典略》本身的密切联系，也可看到与《魏略》关系的密切。如“二十七例”中的“神马河之精”、“代马阴之精”、“鸾鸟者神灵之精”、“兔者明月之精”、“白丹者山陵之精”等“五精”五例，按其内容事义当是与“五行”符瑞相联系的同类史事。考《典略》、《魏略》有关这方面的著录，不少也被沈约《宋书》的《五行志》和《符瑞志》所袭用，如：

> 灵龟者，神龟也。魏文帝初，神龟出于灵池。

① 《初学记》卷十一注引。

② 东汉称太尉、司徒、司空为三司。

朱草，草之精也。魏文帝初，朱草生于文昌殿侧。

白兔，王者敬耆老则见。魏黄初中，郡国十九言白兔见。

（以上出自《魏略》）

浪井，不凿自成。

（出自《典略》）

以上这些，不论《宋书》是征引于《魏略》还是《典略》，但从中可以看出章氏选择的“五精”五例，毫无疑问同是“五行”符瑞灾异感应一类的著录。从这点说，“五精”本不是各自孤立的，五例仅能说明是《典略》同一性质的佚文。如此，它与《典略》的同类佚文是联系在一起的，也是与《魏略》同类佚文一脉相承的，这可见下列两则佚文的著述：

《典略》云：“（东汉）安帝永初元年，以灾故免司空尹勤。凡以灾寇故辄免三公，多以卿为之，或再三退而还复其故，桓、灵又甚，自此始也。”①

《魏略·五行志》云：“（东汉献帝）延康元年，大霖雨五十余日，魏有天下乃霁，将受大禅之应也。”②

可见，以上佚文虽然出处不同，但按其内容事义性质也不能旁出《魏略·五行志》的。

总之，《典略》志记内容，有礼仪、职官、五行等等，还有“志议”，只要与它《典略》本身佚文联系起来，并与括有纪、志、传的《魏略》联系起来，无论是志记还是列传佚文，都可看到“二略”彼此的著录，都是同类内容、同一体例的性质是明显的，而且都不是个别或偶然的现象。因此，《典略》不“杂”，有人认为它与《魏略》同是一书，并不是没有道理的。但不管怎样，章氏《典略考》及其选择的“二十七例”，是无法排除“二略”内容、体例的联系，也不能排除“二略”同是一书的可能

① 《御览》卷九十一引。

② 《初学记》卷二注引。

性，而且这种可能性比起章氏所断（即断“二略”为二书），更为有证可资。

（三）与上述相联系，再简略说说章氏对杭世征骏的评议

杭世骏《诸史然疑》提出了“二略”同书异称的问题。认为诸家征引《魏略》又引《典略》，即是一书，并以《太平御览》的征引，提出合“二略”称之为《魏典略》的说法。章氏对此作了简单的否定，姚振宗《三国艺文志》也评论说：“杭氏以《御览》引《魏典略》遂为一书，不知《御览》称《魏典略》者，所以别于唐人之《三国典略》。”不过，这些评议也是缺乏根据的。按照章、姚的评议，《御览》既然注意到征引书目的混同，便不该增添更多的名目，而事实恰是相反。

检《太平御览经史图书纲目》及《御览》各部类的征引，除有署称《魏典略》外尚有《魏略》、《典略》、“鱼豢《魏典略》”、“鱼豢《魏略》”、“鱼豢《典略》”，还有“《魏略》旧志”等。这些名目，不能认为都是鱼豢各自不同性质的著作，但也不是为了别于唐人之《三国典略》，因为《御览》征引《三国典略》，仅署此称，这本身就区别了鱼豢的著作。所以，章、姚这方面的评议是不当的。

其实杭世骏合“二略”称之为《魏典略》，提出同书异称这一说法，还是有其道理的。“二略”体例、内容相类，说明同书异称的因素是存在的。此其一。其次，异称彼此可以互用也是存在的，例如《御览》征引署称《魏典略》的佚文内容，均是出自《魏略》或《典略》[①]，也就是说，在这里一书有三称，三称是互用的。又，据清张澍编的《诸葛忠武侯文集》（即今中华书局整理校点本《诸葛亮集》）的征引，也有署引《魏典略》、《魏略》、《典略》等之称，但所引内容与《御览》不同或不尽相同。这是说，张澍引署三称的著录不是取自《御览》，而是另有所据，有可能是承袭魏晋时编撰的《诸葛亮故事集》的征引。此外，南朝史籍征引，还见沈约《宋书》省去“二略”称谓，直称“鱼豢曰”，裴松之《三国志》

① 如《御览》卷四百六十三“韩宣字景然”条，署引《魏典略》，按此条最早见于《三国志·魏志·裴潜传》注引《魏略》；又《御览》卷四百九十七“董卓爱吕布”条，署引《魏典略》，按此条最早见于《书钞》卷一百五十七引《典略》。

注还称鱼豢著作为“魏书”① 等。可见，鱼豢著作是多称的和多称可以互用的现象是存在的，“二略”同书异称的可能性也是存在的，章氏作简单的否定，无助于说明这一可能性的消失。

三、“二十七例”囿于类书，失之于审，缺乏坚实可靠的基础

章氏考证选择的“二十七例”，基本是选自类书的征引。类书博采群籍有其特殊功用，但它引用古籍往往割裂原文，把同一性质，同一条材料剪截为多条，所以弊病也很大。章氏选择例证，如“子陵俱卧耳”、“帝尧驾白马”、“孔子至卫见南子”、“神马河之精”等等，都是跟随类书的摘章取句而来的。这反映章氏选择考例的思想方法。可以想象，《典略》是不能出现如“帝尧”、“孔子”、“南子”这类人物的纪传的。因此作为考例，不仅要考虑到这类佚文内容与《魏略》是否有联系，而且必须注意到类书的征引是否对原文有所割裂或改动，进行多方面的比较，使《典略》中选择的考例确乎足以证明与《魏略》在内容、体例和性质上的根本不同。否则，仅是依据类书的征引，择选其寥寥数言，不仅无足起到资人可信的资料和作出正确的结论，而且反而给人们造成认识《典略》的混乱。在这些方面，章氏的例证正是囿于类书的征引，举条条，缺乏缜密的审核，乃至出现错引、重引、偏引等种种情况，使他的考例失去坚实可靠的基础，兹分述如下。

（一）重　引

此类如《书钞》卷一百三十三，《类聚》卷六十七，《御览》卷七〇〇、卷八百一十五，《文选·别赋》注等“四书”五处，均雷同征引《典略》如下佚文：

① 《三国志·魏志》卷十八《阎温传》注引《魏略·勇侠传》。

孔子反卫，见（卫）夫人（南子）在锦帷中，孔子北面稽首，夫人自帷中再拜，环佩之声璆璆然。

（此引《御览》卷七〇〇，他书征引详略稍异）

但章氏见《文选·别赋》注，注文仅有“卫夫人南子在锦帷中”九字，便照此九字举为考例一条；而再见《御览》上述佚文，章氏改“反卫”为“至卫”，从而截取“孔子至卫见南子”七字，又作一条考例。试问，这种同是一条佚文援引为两条例证的做法是正确的吗？这就是囿于类书条条摘章取句的重引。说明章氏的考例连同出自《典略》而又目击一处的材料，都缺乏应有的审核，其他的考例又能说进行过审核，并与《魏略》等相比较过吗？

还有一种情况，也值得引人深思，如章氏所举的“五精”五例，即“神马河之精”、“代马阴之精”、“鸾鸟者神灵之精”、“兔者明月之精”、“白丹者心灵之精”，前有所述，都是“五行”瑞异感应一类佚文，而被类书剪截肢解为五则，章氏又以此为五例，这也可以说是囿于类书的条条，选择例证乖事而忘意，缺乏严格审核的重引。

（二）错 引

此类如章氏所举“子陵俱卧耳”五字例。此条佚文的全部文字是：

严遵字子陵，与世祖俱受业长安。建武五年下诏征遵，设乐阳明殿，命宴会，暮留宿，遵以足荷上，其夜客星犯天子宿。明旦，太史以闻，上曰：“此无异也，昨夜与严子陵俱卧耳。”

这是著录汉光武与严子陵君臣的故旧史事，但此佚文并非出自《典略》，而是出自虞预的《会稽典录》。此见《类聚》卷一《天部》、《御览》卷九《皇王部》均有征引，并署《会稽典录》可证。又考范晔《后汉书》卷八十三《严光传》云：“严光字子陵，一名遵，会稽余姚人。少有高名，与光武同游”；又云：“因共偃卧，光以足加帝腹上。明日，太史奏客星犯御坐甚急。帝笑曰：‘朕故人严子陵共卧耳’。”这与上述佚文所录，内容完全相同。严遵即严光，会稽人也。由此又可见，这一佚文出自《会稽典录》是全合情理的。

但《书钞》卷一《帝王部》的征引，只截取了“子陵俱卧耳”五字，而又误署引自《典略》①，章氏见此，又误搬这五字为例证，这就进一步说明，章氏选择的考例仅是照搬类书条条，缺乏对佚文内容事义源流的追究，乃至有据不校，错引标立为考例，这样的考例又有其坚实可靠的基础吗?

(三) 偏　引

作为论断《典略》别于《魏略》的考例，它的作用或根本任务，是解决二者内容性质和体例的区别，这就需要依据“二略”客观存在的大量史实和正反例证进行比较和归纳。若是唯嗜所求，舍此逐彼，或逐此舍彼而选择例证，就未免持之不正，出于偏颇。章氏的考例出自偏引是相当严重的，这里概括起来大抵有下面种种表现:《典略》佚文有列传内容者不引，有“传名”者不引，有“传议”者不引，有“志议”者不引;著录人物事迹和事物原委彼此相联系的，前出《典略》后出《魏略》者不引，或前出《魏略》后出《典略》者不引，或“二略”雷同互出者不引;时间和界说方面，《魏略》著录两汉（含两汉）前的史事者不引，《典略》著录曹魏的史事者不引;还有凡是著录上古至汉魏史事佚文，署称“鱼豢曰”者不引;等等。不要误会，这些不是要求章氏考证都得引上，但这些材料都可说与章氏考证是相贸的，章氏不仅不引，又不作任何解释或说明，哪怕是三言两语也没有。这种视而不见，见而不问，孤立地选择“二十七例”的做法，不正是出自持之不正的偏引吗?

总之，其数不多的“二十七例”就有种种不正常的现象:偏引、重引，乃至错引。这种以偏代正、以虚代实的考例，是缺乏坚实可靠的基础的，它既无法包举和把握《典略》的事实，也无法作为区别《魏略》的依据。

以上看法，未必妥当，一些问题的叙述涉及“二略”关系的认识，也未敢强行臆断。虽然章氏《隋书经籍志考证》有其成就和影响，但就《典

① 《书钞》孔广陶校本注文，亦指出引自《会稽典录》。

略考》是不足以说明《典略》性质，和区别《魏略》作用的。这里提出的问题，又在于它所存在的问题亦尚未引起有关史家的注意，在说到“二略”的关系时又往往搬依章氏考证为据。如说：“前人有以二者为一书。实则《魏略》及《典略》各为一书，章宗源《隋书经籍志考证》及姚振宗补《三国艺文志》均言之甚详。”① 有的“史学史”对《魏略》本身也不甚了解，所作评价往往与王沈《魏书》混同起来。为此，认识“二略”，对章氏考证的提问是必要的。通过讨论，这对曹魏史学以及对三国时期古籍的发掘和整理，都是有帮助的。最后，文中谬误，冀予教正。

（原载《西南古籍研究》1987年总第2期）

① 杨翼骧：《三国两晋史学编年》，参见北师大历史系史学史编写组编《中国史学史资料》1964年第8号。

关于王隐《晋书》的评价问题

这里主要是对王隐《晋书》（下简称为王《书》）质量问题的评价。

王《书》质量的评价，一般是根据唐修《晋书·王隐传》的一段话，即："隐虽好著述，而文辞鄙拙，芜舛不伦。其书次第可观者，皆其父所撰；文体混漫义不可解者，隐之作也。"后来史家，如清杭世骏《诸史然疑》、章宗源《隋书经籍志考证》等等，只要介绍王《书》，无不因袭唐修《晋书》说法。直至而今，有论述六朝史籍亡佚、用来说明质量低劣这一原因时，也以唐说为据，引举王《书》（和虞豫《晋书》）作为主要的例证，说："王隐的书本来就很差，（虞豫）根据并窃取很差的书（指王《书》），质量当然也不会高。像这两种史书，恐怕是因为质量太差，被自然淘汰而亡佚的。"① 对这一观点，笔者不敢苟同，因为这一说法没有事实根据，或者说，根据不充分。

一

唐修《晋书》（下称《晋书》）关于王隐的评述的记载，本就有两个方面，而且是相互矛盾的。

一方面说他"文辞鄙拙"，叙事、表达等一无是处；但在另一方面的记载，看来又是值得肯定的。如说他"好著述"、"博学多闻"。而且对于

---

① 《魏晋南北朝时期史学散论》，参见北师大历史系《中国史学史资料》1979 年 9 月第 4 期。

修史有他可取的见解，即重视当时西晋灭亡、南北分裂的历史现实，认为“华夷成败皆在耳目”，主张修撰国史，“明乎得失之迹”。当时有祖纳上疏晋元帝，推荐王隐为史官，对他的评论是：“若使修著一代之典，褒贬与夺，诚一时之俊也。”晋元帝见疏问到记室参军钟雅，钟雅回答得很干脆，说王隐“有史才”①。这些与王隐同代人所作的评述，如果按照刘知幾“史有三长：才、学、识”的要求和后人对此的解释，王隐是具备这些条件的。不过，这里不敢把对王隐的肯定与“史三长”强行等同起来，但所谓王隐“文辞鄙拙”这等否定，与同代人肯定的评述，却有很大出入，特别与钟雅说的“有史才”更是相悖的。因此，对于这两方面的评述，不能择其一端，更不能仅据《晋书》否定的评述，把王《书》一棍子打死，而要结合王《书》著录本身的内容，实事求是进行具体分析。

《晋书》对于王隐的评述，主要是通过“王氏父子优劣相较”进行否定的，即所谓王《书》“其书次第可观者，皆其父所撰；文体混漫义不可解者，隐之作也”。这一扬父抑子的优劣相较，说得很分明，也很绝对，但根据什么，是否可靠，这值得怀疑。

据《晋书·王隐传》记载，王隐父王铨只是“每私录晋事及功臣行状”，未称他编撰晋书或晋史，晋事与晋史、晋书虽然有似相近，但两者各自含义不同，不能相混，亦不能等同，这毋庸多说；另者，《隋书经籍志》也只著录王隐编撰《晋书》，未署王铨名字，也未著录王铨撰有“功臣行状”一书，这就是说，王铨没有著作成果。但王氏父子优劣相较，却把王《书》说成是王氏父子合撰的了。此其一。退一步说，即使王铨修过晋史（或晋书），他未终西晋而卒，卒年已无可考，至晚不过怀帝永嘉以前，或者还要早些；王隐是在其父卒后，于愍帝建兴（313 ~ 316 年）中过江，任东晋著作郎，令撰晋史，间有挫折，经二十余年才告书成，于成帝咸康六年（340 年）“始诣阙奏上”②。试问，时王隐是否连同其父“手稿”合为一书奏上呢？看来这不可能。那么又怎么能以及谁能这样详悉王氏父子的笔迹和叙事的优劣呢？此其二。王《书》九十三卷，上括西晋一

① 《晋书·本传》，另《祖纳传》“华夷”作“华裔”。

② 《史通·古今正史》。

代，下及东晋元、明、成三朝[1]，又是纪志传俱备的史书，要从各个领域内分辨王氏父子不同笔迹和叙事的优劣，这是很细致、很花力气的工作，而且《晋书》又把其父子的优劣说得很绝对，因此，不是别有心计（不论其用心好歹）的人不会计较和花这笔力气的，那么这一用心的目的何在？是为了评述王《书》的得失和总结修史经验？还是出自一种不顾事实的攻击？前者，唐刘知幾《史通》、宋高似孙《史略》等有所评述，但未有触及其父子“文辞”等的优劣，何况时过境迁，他们也不可能见到其父子的“手迹”；后者，可能与虞豫对王隐的诽谤有关（下述）。此其三。此外，王隐除撰有《晋书》，尚撰有《蜀记》[2] 和《交广记》[3]，唐修《晋书·王隐传》没有记载，也没有给予评述。这又说明，《晋书》对于王隐是缺乏全面了解的，单以其《晋书》断他的“文辞鄙拙”，未免出自偏颇。总之，这种王氏父子优劣相较，弊端百出，难于置信，以此不足以评述断定王《书》的质量。

《晋书·王隐传》王氏父子相较，贬了王隐，褒了其父，集中到一点，即对王《书》为什么有这种评述？这可能是与虞豫（或其所撰《晋书》）的诽谤或渲染联系在一起的。

据史记载，王隐为著作郎令撰晋史的同时，著作郎虞豫（浙江余姚人）亦私撰《晋书》，但他生长东南，“不知中朝事，数访于隐，并借隐所著书窃写之”[4]。所以，后人认为虞豫《晋书》是剽窃王《书》的。在此期间，虞豫当有机会见过王隐父亲私录的“晋事”手笔，能辨认王氏父子的“优劣”。虞豫剽窃行为被传出去后，反而疾恨王隐，并结交权贵，共为朋党，诽谤和排斥王隐，直致使他被黜罢官[5]。虞豫这个文人，窃写人家的书反而咬人一口，并且有手段能够罢了王隐的官，那么为了开脱或

① 王《书》的下限，当及东晋成帝咸康之间，如《类聚》卷五十五引王《书》“咸康元年，督护王随领三千人讨宁州贼”条，可证。

② 《三国志·蜀书》卷三，裴注引王隐《蜀记》；又章宗源《隋书经籍志考证》云：“删补《蜀记》七卷，王隐撰。”可证。

③ 《三国志·吴志》卷十五，裴注引王隐《交广记》，可证。

④ 《晋书·王隐传》。

⑤ 王隐被迫罢官，因家贫缺乏资用，遂停止写作，后得征西将军庾亮的资助，供其纸笔，书乃得成。

掩饰自己的丑行，通过制造王氏父子优劣相较，扬父抑子，以贬低王《书》这一手段，他也不是使不出来的。在这种情况下，又鉴于唐修《晋书》本身就存在不少问题和缺点，如材料审核不严密，以及史实疏漏、叙事错误等等[①]，这就难免把这一值得怀疑的父子优劣相较的议论，著录于《王隐传》中。但不管怎样，这一父子优劣相较是否合乎事实？王《书》是否质量低劣？就王《书》来说，不应以唐修《晋书·王隐传》的评述为据，重要的是在于以王隐《晋书》著录本身来作判断。

二

评述王《书》的质量，应当主要根据它的著录本身，包括其体裁、体例、内容、文辞表达等方面，其中也有主次之分，这是无可置疑的；而且也是检验《晋书·王隐传》的评述是否得当的依据。

王《书》虽然已经亡佚，但见《三国志》裴注、《世说》刘注、《文选》李注，以及《北堂书钞》、《艺文类聚》、《太平御览》等等征引此书甚多。检其佚文，除志记（如《地道记》，即《地理志》）外，仅是纪传人物尚有三百余人，可观其书著录之大概。

王《书》为众家晋史之始，就这一点说，记录了王隐“皆在耳目”的晋代史事，为后世晋史的修撰和研究，有着不可磨灭的作用。

就体裁、体例而言，它是包举纪志传俱全的史书。这在当日，对于刚刚兴起不久的纪传体所起的巩固、发展作用，刘知幾作了肯定。他说：“班（固）、荀（悦）二体，角力争先，欲废其一，固亦难矣。后来作者，不出二途。故晋史有王（隐）、虞（豫），而副以干（宝）《纪》……各有其美，并行于世。”[②] 可见，王《书》是有其历史地位的。在体例上，王《书》改《皇后传》为《皇后纪》，冠于列传之首[③]。皇后称纪，起自华峤

① 唐修《晋书》的缺点，可参见钱大昕《二十二史考异》，及中华书局出版的标点本《晋书》的《出版说明》。

② 《史通·二体》。

③ 《史记》卷四十九引《索隐》。

《后汉书》（又名《汉后书》）①。这种形式的改变，反映了东汉外戚地位的特殊变化。外戚势力在曹魏时期受到抑制，西晋时期又恢复了东汉皇后称制、外戚擅权的旧制，王《书》随着这种历史变化，又以陈寿《三国志》《后妃传》之称，更为《皇后纪》，一定程度上反映了社会的客观现实。再者，古人有言，“修史之难，无出于志”②，王《书》有志也值得肯定。在此以前，关于曹魏一代的史书有鱼豢《魏略》有志，但是否有《地理志》尚无定论；下及陈寿《三国志》阙志。后来沈约《宋书》“上括魏朝”③，他所编撰的《州郡志》便是以王隐《地道记》参与他书，相互考覆④，刘昭注司马彪《郡国志》引《地道记》达六十余条，《水经注》等也大量征引。王《书》这些方面的作用，都是对于以往体裁、体例的继承和发展相联系的。史书的体裁、体例决定于内容，反过来又影响内容。所以它不只是形式和技术的问题，处理得当，更能正确地反映客观历史现实，表达复杂的历史进程和丰富的社会生活。这些作用，虽不属于《晋书·王隐传》评述“文辞”的范围，但它被忽视，追以“文辞”评价王《书》质量，不能说是全面的。

以王《书》著录的内容和“文辞”来说，也不是《晋书》说的那样。王隐于愍帝建兴中过江，时值西晋将临最后覆灭，这里为了避免有王隐父亲所撰篇章（或有其手笔），姑且以他过江后对于东晋史事的著录，摘其几类佚文，昭示其著录的内容和“文辞”表达。例：

如叙刘琨、祖逖的北伐：“建兴二年，（温）峤为刘琨假守左司马都督上（‘上’字疑衍）前锋诸军事，讨刘聪。”⑤“祖逖军大饥，进据食太丘。樊雅遣六十余人，入逖营，拔戟大呼向逖。逖军入夜，不知何（‘何’字疑衍）贼多少，皆欲散走。逖疑非多人，但摧左右拒之，会督护董瞻入，共讨之，贼故遁走。”⑥

---

① 《晋书·华峤传》。

② 《史通·正史》引江淹言。

③ 《史通·断限》。

④ 《宋书·州郡志序》。

⑤ 《世说·假谲》注引。

⑥ 《御览》卷三百一十五、卷三百五十二。

如叙王敦、陶侃统治集团间的矛盾："初有赞侃于敦者，乃以从弟（王）廙代侃为荆州，左迁侃广州。侃文武距廙，敦闻大怒。及侃将莅广州，过敦，敦陈兵欲害侃，敦咨议参军梅陶谏，敦乃止，厚礼而遣之。"①

如叙苏峻之起家："峻字子高，长广掖人。少有才学，仕郡主簿，举孝廉。值中原乱，招令流旧三千余家，结垒本县，宣示王化，收葬枯骨，远近感其恩义，咸共宗焉。讨王敦有功，封公，迁历阳太守。"②

如叙庾冰治绩："庾冰为中书监、扬州刺史，乃心夙夜，情存治道，宾礼朝贤，升擢后进，由是朝野德心，咸曰贤相。"③

类似上述此类佚文，还有如陶侃镇压杜弢起义，以及王敦"作逆"、苏峻之乱和王导、庾翼治绩等等。鉴于佚文零散和残缺的局限，虽不能看到上述每一事件、事迹的全貌，但还是可以了解到王《书》著录的基本内容，是把握住关系到东晋建国初期的重大事件。应当指出，这也是评价王《书》的重要部分，所谓史书的"文辞"表达，恰恰是为这些历史真实服务的。《晋书·王隐传》及后人对王《书》的评述，重于"文辞"，这又未免本末倒置。关于这一点委实重要，刘知幾对此曾对南齐刘祥有过批评。刘祥也是以"文辞"着眼，认为王《书》"沦溺罕华"④。刘知幾评责说："夫史之叙事也，当辩而不华，质而不俚，其文直，其事核，若斯而已可也。必令同文举之含异，等公干之有逸，如子云之含章，类长卿之飞藻，此乃绮绣合，雕章缛彩，欲称实录，其可得乎？以此诋诃，知其妄施弹射矣。"⑤ 这段话，非对王《书》有其褒义，而是指出评论史学著作的优劣，不能与文学作品等同起来，否则"妄施弹射"，不得要旨。

再就以佚文"文辞"来说，表达也是明白易懂，语言并不生涩、隐晦，更不是"义不可解者"。值得注意的是，《晋书》说它"鄙拙"也难于自圆其说，如上述佚文中的"温峤讨刘聪"、"王敦欲害陶侃"、"苏峻之起"，以及"庾冰治绩"等条的叙事文辞，都分别收进《晋书》的各自

① 《世说·方正》注引邓粲《晋纪》，下云："王隐《晋书》亦同。"
② 《世说·方正》注引。
③ 《类聚》卷五十。
④ 《史通·鉴识》。
⑤ 《史通·鉴识》。

列传中；又出自《书钞》卷一百五十“陈頵在建兴二年”条、《类聚》卷五十“庾翼都督江荆益三州刺史”条等的佚文，也在《晋书》各自的列传中可以看到。这些文辞，除个别字有所更动外，它如王《书》基本相同，王《书》为众家晋史之始，有理由说《晋书》所录这些，可能就是袭用王《书》，或是源于王《书》。这种现象的存在，是王《书》“文辞鄙拙”，还是《晋书》评述不当，孰正孰误？其实，宋高似孙对于王《书》还是有所肯定的，他细读众家晋史佚文，各举其几例评论说：“王隐、谢沈、虞豫、沈约、朱凤《晋书》，世不可见，各录其瑰精一二于前，斯足以表诸公才之隽，笔之英矣。”①

此外，王隐《蜀记》的著录，如叙述司马刘宝诸官属士大夫共论诸葛亮的一段文字②，不仅落笔中论，也颇具声色。

总之，《晋书·王隐传》对王《书》的评述是缺乏事实根据的，后人以此认为王《书》质量低劣，把它作为六朝史籍质量太差的典型例证，是不妥当的。

至于说到王《书》“芜舛不伦”，《晋书·王隐传》没有具体指明，大概是指有关鬼神迷信等荒诞著录。这确有其事。生当神权统治和六朝兴起的玄道佛思想笼罩下，著录荒诞无稽之说，这是封建史书或多或少都是存在的，这是应该批判的糟粕。不过，问题在于这类著录，既见东晋时期事，也见西晋时期事（如《御览》卷五百〇二“孙登条”、“董京条”；又《世说·赏誉》“董养条”等）。如果按照《晋书》的说法，西晋史事当出自王隐父亲手笔，这账不该算在王隐身上，那么那种扬父抑子、父子优劣相较的说法，在这里不也令人怀疑吗！但我们认为，王《书》当是王隐所撰，不应看成王氏父子的合撰，父对子有影响有帮助，但不能把其父“私录晋事”说成“私撰晋史”，两者区别开来，有助于对王《书》的了解和作出正确的评价。

① 《史略·晋书》。
② 《三国志·蜀书》卷五《诸葛亮传》注引。

三

王《书》不是因质量低劣而被自然淘汰。

六朝史学空前发展，尤其是私家修史，卷帙繁富，但流传下来者为数不多，大部分已经散佚。其原因，一般来说，由于那时藏书多在官府，或聚或散，常随政局的变化，所以毁于战乱兵火较为普遍；也有不利于统治者的需要遭到毁禁，或因质量不高和应时而生的史书，为时代所淘汰等等。印刷术未发明前，抄写困难，传播有限，扩大了上述因素的影响。而就一部史书的亡佚，如王隐《晋书》来说，却要作具体分析。

前有所述，王《书》的质量不是像《晋书》评述的那样，也不是后人说的因质量太差而被自然淘汰，它在众家晋史中是有其历史地位的。

据史记载，北齐有宋绘曾经“依准裴松之注《国志》体，注王隐《晋书》”①。那时二十余家晋史（含纪传和编年体，以及囊括东西晋的全史），已基本问世，宋绘在众家晋史中选择王《书》为之作注，从这个侧面也可窥见王《书》是以其质量或作用取胜的。又据《隋书经籍志》云，王隐《晋书》本九十三卷，今残缺，存八十六卷。这就充分说明，王《书》问世以后，直至唐初既不为众家晋史而被淘汰，也没因战火而被毁灭，基本上保存下来。

后来，唐修《晋书》撰成，“众家晋史尽废”②。考王《书》经历五代、北宋，自至南宋才告亡佚③。其亡佚也是多方面原因促成的。

首先作为众家晋史，都是当代晋人或南朝史家“皆在耳目闻见”的著录，材料来源较为直接，有其重要价值；体例、书法也各有特点和优长。

① 《北齐书》卷二十《宋显传》；又张鹏一《隋书经籍志补》作：“王隐《晋书》注，隋敦煌宋绘。”

② 王鸣盛：《十七史商榷·晋书》。

③ 五代撰《旧唐书》，北宋撰《新唐书》，两《唐志》均云王《书》八十九卷，较《隋志》时八十六卷，复聚多出三卷，故时王《书》仍存于世。又据高似孙《史略》云，王《书》“世不可见”，故知其书在南宋已佚。高氏《史略》约在南宋理宗宝庆年间成书，此说见其“自序”。

但有一个共同的缺陷，既受到时间、地域等的限制（如晋人记晋事，南人记北方诸国史事）载录不全，不能通贯两晋十六国的全部史事。唐修《晋书》有所不同，它吸收或综合众家晋史的材料和优长，如王《书》的基本内容（尤其是西晋部分）不少就为唐修《晋书》所录用，臧荣绪《晋书》的体例甚至篇目，亦基本为唐修《晋书》所沿袭。因此，这部包举两晋史事的《晋书》，较之众家晋史更能反映两晋历史的全貌，也给后人提供阅读的方便，这当是促使众家晋史亡佚的重要原因之一。从这个意义上说，众家晋史是有质量问题的。但不能得出众家晋史是以质量低劣而被淘汰的结论，因为唐修《晋书》是在众家晋史基础上成书的，成书的历史环境和诸种条件都远较过去具备和优越，其中它能取代众家晋史的地位，还有赖于强有力的政治因素，众家晋史却缺乏这些。

当日的政治因素（或者说条件）也是促使王隐等众家晋史亡佚的一个重要原因。总的说来，众家晋史较之唐修《晋书》“先天不足，后天不如”。这从两方面讲：一是所处的政治形势不同。众家晋史的修撰，正处于中国政治上南北分裂的状况，经济文化的交往和传播都受到很大的限制，要修撰括有两晋和北方诸国的一部晋史，是有“先天”客观困难的，何况众家晋史都是私撰，所以各自存在载录不全的缺陷，责任不能过分归咎于个人，也不能以此作为检验其书质量的唯一标准。同样，历史使然，唐代政治一统，给新修晋书带来新的局面和条件，以此方面取得的成就（如载录较全），也不能过分强调撰者个人的作用。二是封建统治者毁誉不同。唐初修撰《晋书》，先是用诏令形式把众家晋史和作者，一律斥之为“才非良史，事亏实录”[1]，企图把他们从人间史海中排除出去；另一方面，《晋书》修成后又冠于唐太宗“御撰”，使它的政治地位被抬到了最高限度。这些虽不能当即使王《书》等遭到毁灭，但这么一打一抬，后世史家和读者不仅不敢妄非唐修晋史，也压抑了众家晋史的传播，写刻困难，本子减少，若再经某种折腾，就不可避免落到湮没的命运了[2]。《晋

① 唐贞观二十年“闰三月《修晋书诏》”。

② 印刷术对于文化传播起着重大作用，但在古代对古籍也起了淘汰的作用。有刻本的史籍容易保存，没有刻本者容易散佚，而在选择刻本时还受到“官定”和财力、技术力量的限制。

书》修成，众家尽废，这一趋势正如王鸣盛所说："唐人所压，遂致失传也。"[1] 所以，政治上对于众家晋史散佚的影响或作用，是不可低估的。

据王《书》的传播来看，北齐宋绘曾为王《书》作注，说明当时其书已在北方流传；又王《书》本九十三卷，《隋志》时作存八十六卷，新旧《唐志》复聚三卷作八十九卷；清姚振宗《隋书经籍志考证》又云："唐《日本国见在书目》，《晋书》七十六卷，王隐撰。"这些卷帙不同，又说明王《书》原先的本子还是较多的，也颇流广。但在南宋终究亡佚，这就有可能是在上述政治等因素作用下，本子减少，加上历代兵厄，如唐安史之乱、五代干戈相寻，以及北宋靖康之难等的洗劫[2]，导致亡佚。

总之，王《书》的亡佚，是多方面原因促成的；自它问世以来，得到传播，不是孤本，单一的因素是不可能的；以它著录本身的地位和作用，及其流广，直至南宋时"世不可见"，全部史实也无法证明它因质量低劣而被淘汰。

如果说对于王《书》那种缺乏事实根据的评述，始自唐代，那么沿袭至今已是一千多年了，当应重新评价。王隐求实致用的史学思想也值得总结，如提出"国史明乎得失之迹"，重在"皆在耳目"的事实和材料，抨击修史"多为时讳，殊非实录"的做法等都有他的见地，但还未得到应有的重视，这是与对王《书》缺乏了解相联系的。因此，重新评价王《书》，亦有助于王隐史学思想的发掘和总结，有助于六朝史学研究向纵深发展一步。

以上看法，不知妥否，错误之处，希求斧正。

（原载《思想战线》1985 年第 1 期）

① 王鸣盛：《十七史商榷·晋书》。

② 这几次兵厄，史籍都有严重的散佚。如唐天宝十五年，两都皆陷，"乾元旧籍，亡散殆尽"（《旧唐志》）。又如北宋靖康之难，金兵陷汴京，"宣和、馆阁之储，为部六千七百有五，为卷七万三千八百七十有七，荡然靡遗"（《宋史·艺文志》）。

王隐及其《晋书》的史学思想

王隐字处叔，陈郡陈（河南淮阳）人。西晋末年，社会极度动乱，王隐于愍帝建兴（313~316年）中南渡过江；东晋大兴（318~321年）初，为元帝召任著作郎，令撰晋史。著《晋书》九十三卷。

魏晋南北朝时期，是我国史学发展的一个重要阶段，这一时期史家修撰的晋史为数最多，前后有二十来种，卷帙浩富。王隐《晋书》（下简称王《书》）为众家晋史之始，上括西晋一代，下及东晋元、明、成三朝史事①。据史记载，北齐宋绘曾“依准裴松之注《国志》体”为王《书》作注②，说明王《书》以其质量林立于众史③。宋高似孙对王隐等几家晋史的文笔，也作了肯定性的评价，他说：“王隐、谢沈、虞预、沈约、朱凤《晋书》，世不可见，各录其瑰精一二于前，斯足以表诸公才之隽，笔之英矣。”④ 王《书》又是一部纪、志、传俱全的著述，这对继承和巩固发展两汉开创不久的纪传体都有它的地位，刘知幾说：“班（固）、荀（悦）二体，角力争先，欲废其一，固亦难矣。后来作者，不出二途。故晋史有王（隐）、虞（预），而副以干（宝）《纪》……各有其美，并行于世。”⑤

---

① 一般认为王《书》只著录西晋，不及中兴。考其著录，当下及东晋元、明、成三朝，即在其成书（成帝咸康年间）前。其内容，《世说》、《类聚》均有征引，此中详情，将拟另文论述。

② 《北齐书》卷二十《宋显传》。

③ 关于王《书》质量的评价，一般是根据唐修《晋书·王隐传》的一段话，即“隐虽好著述，而文辞鄙拙……”后人以此评述其书为“质量太差”。这些说法，笔者不敢苟同，作《关于王隐〈晋书〉的评价问题》以辩，拙文见《思想战线》1985年第1期。

④ 《史略·晋书》。

⑤ 《史通·二体》。

这些都是王《书》成就和作用的重要反映，而他的史学思想当也有足以称道的。

但王《书》（及众家晋史）今已散佚，见于各种书注和类书的征引，遗文虽有一些，而断简残编，原委莫睹，不仅不易探明他的史学思想，连同其书也难作出全面的评价。以往对于魏晋南北朝时期出现的史学专著，一般又重于《后汉书》、《三国志》等几部“正史”的研究，对绝大部分已经散失的史著（佚史），还未得到应有的重视，这些作者的思想也未得到发掘。这是不利于史学研究领域的扩大和研究的纵深发展的。本文试以这个“佚史”领域，根据有限佚文，对王隐史学思想进行探讨，错误难免，请求同志们指正。

一、“国史明乎得失之迹”的主张

这是王隐南渡过江后，向（时为丞相司马睿的）军谘祭酒祖纳阐述修史意义，并建议祖纳修撰《晋书》时提出来的。时值西晋将临最后覆灭，他说：“当今晋未有书，天下大乱，旧事荡灭”，“何不述而裁之”。从这种想法出发，便明确提出“国史明乎得失之迹”的主张。同时，他认为历史是不断发展和变化的，古代贤人注意这种变化和发展，在国家兴盛或衰败的时候，都重视自己的责任和发挥自己的作用。他说：“盖古人遭时，则以功达其道；不遇，则以言达其才，故否泰不穷也。”①

王隐提出这些，主要说的是修史目的和史书的作用。应当说，在此以前的史家都有所接触，某些方面也有大抵相类的认识。如他的“国史明乎得失之迹”与司马迁作《史记》“稽其成败兴坏之理”的基本思想是相近的。这就是说，王隐对于前辈进步史学思想有他继承的一面。但王隐的思想对前辈又不是简单的承袭。在此以前的史家，基本上是下一代修撰上一代（或上几代）的史著，史料来源基本上是上代的文字纪录，或是“网罗

① 《晋书》卷八十二《王隐传》。

天下放失旧闻”[1] 的口头传说。考查总结王朝成败兴亡的道理，也主要着力于上一代（或上几代）的得失，对象主要是“华族”政权的相互更替，如司马迁所说的“王迹所兴，原始察终，见盛观衰”[2] 的经验教训；或是如同班彪所谓“世之所以多乱臣贼子者”，“不知神器有命，不可以智力求”的“王命”[3]。但是从王隐所处的历史条件，了解他的“国史明乎得失之迹”的主张，却有他的内蕴。

王隐居处两晋之际，面临的是我国第一次“华族”政权的崩溃，北方社会经济遭到极度的破坏。接着便是“华夷南北分治”的政治形势。他之感慨“旧事荡灭”，不免带有“华夷之别”的民族情绪。又说“刘渊残虐，所在城邑，无不倾败，流离死散，殆无孑遗”[4]。随即匈奴刘氏又攻陷了西晋两京（洛阳、长安）。这些严酷的现实，不能不使这位“好著述”的史家唤起自己应有的责任感。他被迫过江，每见以弈棋“聊用忘忧”的祖纳，无不进行批评劝诫，激励他应当“自强不息”，头一件事便是建议祖纳修撰晋史。这样，他面向现实，把国家兴亡与史家责任紧密地联系起来。实际上，他对祖纳的建议，也就是王隐自己修史的目的动机，以当代史家，担当修撰当代晋史的重任。所有这些，都与前代史家不尽相同的。再者，当日兵戈相寻，东晋政权也还浮沉不定，他致力于晋史的修撰，并不是有人所谓把修史作为自己脱离现实、遁迹避世之道。相反，他重在求实致用，对以往的当代作家发于当代需要的著作，作为借鉴，并给予很高的评价。如说：“应仲远作《风俗通》、崔子真作《政论》、蔡伯喈作《劝学篇》、史游作《急就章》，犹行于世，便为没而不朽。”所以他修撰晋史，强调当前“华夷成败皆在耳目”[5] 的事实，重在总结当代的经验和教训。因此，“国史明乎得失之迹”的观点，对于历史编纂来说，当是明白到为政治服务的这一目的。这虽摆不脱维护封建统治的制约，但在史学思想发展史上无疑是一大进步。

① 《汉书》卷六十二《司马迁传》。
② 《史记》卷一百三十《太史公自序》。
③ 《文选》卷五十二《王命论》。
④ 《御览》卷四百九十二。
⑤ 《晋书》卷八十二《王隐传》。

还要指出的是，在他以前，有范頵对陈寿《三国志》评述，也说过：其书“辞多劝诫，明乎得失，有益风化”①。但他所谓的“明乎得失”，是把史书仅视为起到社会伦理教化的一般作用，缺乏从政治上着眼。尔后，南朝范晔作《后汉书》，说到：“欲因事就卷内发论，以正一代得失。”②可以理解为他明确到历史编纂，是“正一代政治得失”这一目的，那么这与王隐思想又不是毫无联系的。如果这样，王隐的这种思想又当是起到承上启下的作用。这种作用，只是过去由于对佚史作者的思想研究过少，而被脱漏湮没了。

王隐“国史明乎得失之迹”的观点，在他的《晋书》著录中，内容上、体例上，以及史料选择和论述方面也得到贯彻。在内容上，佚文所见，上自“三祖”（宣帝、景帝、文帝）史事，武帝受禅，惠帝愚闇，“八王之乱”，怀、愍遇难等等都有记载，下降至东晋元、明、成三朝史事，如刘琨、祖逖北伐，王敦“作逆”，苏峻之乱，王导、庾冰治绩，以及陶侃镇压杜弢起义余部等也有著录。有的史事，还能见其始末，著录翔实。所以，尽管佚文有限，但还是可以了解到其《书》内容的梗概，把握了关系到西晋的治乱，以及东晋建国初期的重大事件。对其中的是非、得失都有概括的评述。如王隐认为，西晋的衰败肇自司马炎，他说：“武帝少厉，高行造次”③，“知太子闇弱，后必乱国，然不能择才”，遂使惠帝期间酿成外戚擅权，促使祸端横起④。这也就是后人研究西晋一代得失的一大问题。如干宝论及西晋由兴而衰的缘故说：“何哉？树立失权，托付非才。”⑤ 李世民为唐修《晋书·武帝纪》作论，也说到司马炎“建立非所，委寄失才，志欲就于升平，行先迎于祸乱”，还特别指出“惠帝可废而不废，终使倾覆洪基”。诚然，西晋的败亡不尽是晋武帝个人，但王隐评述指出他的过失，却又是促使西晋社会矛盾爆发的一大原因。

与上述相联系，王《书》的体例也作了相应的改变。如改《皇后传》

① 《晋书》卷八十二《陈寿传》。
② 范晔：《狱中与诸甥侄书》。
③ 《初学记》卷九。
④ 《御览》卷一百四十八。
⑤ 《文选》卷四十九《晋纪总论》。

为《皇后纪》。原来班固《汉书》以皇后为《外戚传》，至东汉由于皇太后临朝称制、外戚势力得到恶性膨胀，西晋华峤作《后汉书》易《外戚传》名为《皇后纪》。这种形式的改变，反映了外戚地位的特殊变化。曹魏时期外戚势力受到压制，不得干预政权，但至晋武帝时又重用外戚，恢复了东汉皇后称制、外戚拥权的旧例。王《书》又改陈寿《三国志》《后妃传》之称，更为《皇后纪》，并冠之于列传之首①，这就在一定程度上反映了西晋统治"得失"的客观现实，从体例上突出了他修史的政治目的。

同时，王《书》在列传方面，对于人物事义性质的安排和评述，着眼于明得失、知治乱，也是极其明显的。例如有关《荀勖传》事迹说到："勖性佞媚"，"其人媚贾祸晋者也"，"当时私议，损国害民，孙（资）、刘（放）之匹也"。因而他向史家呼吁："后世若有良史，当著《佞幸传》。"② 以合众人"事义相类"为一的《佞幸传》，起自《史记》，后来班固《汉书》、鱼豢《魏略》相继因袭，他们对佞幸之臣都发表过议论，但一般是以其"色媚"得宠豪贵、"擅命"跋扈专横而发。王隐的发论，则以其"损国害民"之弊，并与作史任务和史体需要联系起来，鉴戒性地向史家提出当著《佞幸传》。这不又是与他修史"明乎得失之迹"的政治目的相得益彰吗！

王隐"以儒素自守"，用儒家思想反对当时士人崇尚老庄虚无清谈的社会思潮，也表现出自己"明乎得失"的爱憎和是非。他说阮籍"嗜酒荒放，露头散发，裸袒箕踞，作二千石，不知官事"；评责其后的"贵游子弟阮瞻、王澄、谢鲲、胡毋辅之之徒皆祖述于籍"所谓"得大道之本"，其实是"去巾帻，脱衣服，露丑恶，同禽兽。甚者名之为'通'，次者名之为'达'"③。他评责"口中雌黄"的王衍："不治经史，唯以庄老虚谈惑众。"④ 还揭露他奢谈老庄的虚伪，说："夷甫（王衍字）求富贵得富贵，资财山积，用不能消，安须问钱乎！而世不问其高，不亦惑乎！"⑤ 可

① 《史记》卷四十九《外戚世家》注引《索隐》。
② 《世说·方正》注引。
③ 《世说·德行》注引；又《御览》卷四百九十八。
④ 《文选》卷四十九《晋纪总论》注引。
⑤ 《世说·规箴》注引。

见，他以修史为政治服务出发，对于“虚谈惑众”的老庄思想，认为有损于治世，而抱以否定态度的。

王隐“世寒素”，“不交势援”①。史载，他被召令修撰《晋书》不久，便遭到东南豪族虞预等的诽谤排挤，被黜罢官。由于家贫，资用缺乏，但他“自强不息”，“亡官在家，昼则樵薪供爨，夜则观文属缀”②。后来得到征西将军庾亮的资助，供其纸笔，前后经过二十余年的努力，才告书成，于咸康六年（340 年）奏送当朝。这也可见，为了修撰《晋书》“明乎得失”，表现了这位古代史家积极进取的坚强意志。这对后来去官矢志修史者，也曾产生过积极的影响，如北魏李彪“同王隐故事，白衣修史”③。

二、强调直书、不避时讳的思想

史家是否能够做到秉笔直书和不避时讳，这是向来都得到重视的。一般说来，下一代作者修撰上一代史著，较能自由地忠于史实，并抒发己见，对于上代王朝的作用不太过分美化。此言若是，当代史家修撰当代国史便困难得多，刘知幾说：“古来唯闻以直笔见诛，不闻以曲词获罪。”④东晋中兴，实系西晋王朝的继续，王隐居处两晋之际，以晋人著录晋史，此皆为人所共习知。但说“当宣（懿）、景（师）开基之始，曹、马构纷之际，或列营渭曲，见屈武侯，或发仗云台，取伤成济。陈寿、王隐咸杜口而无言，陆机、虞预各栖毫而靡述。”⑤ 这里所及他家的评述，不在本文议论范围。至于说王隐“杜口无言”实在欠妥。在他的《晋书》著录和夹叙夹议中，都不难看到他对史著的要求，强调直书和不避时讳的思想；在实践上对史实的态度也是严肃的。兹将此情有关的佚文，分述如下。

---

① 《晋书》卷八十二《王隐传》。
② 《魏书》卷六十二《李彪传》。
③ 《魏书》卷六十二《李彪传》。
④ 《史通·曲笔》。
⑤ 《史通·直书》。

（一）以直书、不避时讳评述史家

王《书》为两晋史家作传不少，有王沈（著《魏书》）、荀勖（著《中经新簿》）、陈寿（著《三国志》）、虞溥（著《江表传》）、华峤（著《后汉书》）、陆机（著《三祖纪》，又云《晋纪》）、邓粲（著《元明纪》）等。

其中，他评述陈寿说："初，寿父为马谡参军，诸葛亮诛谡，髡其父头，亮子瞻又轻寿，故寿撰《蜀志》以爱憎为评也。"[①] 后来议者，对于陈寿帝魏或是帝蜀和毁誉诸葛亮之辩，一直延续下来，这里姑且不论这一分歧较大的具体问题，但指出陈寿"以爱憎为评"，或为司马氏讳，并不是不存在的。他对孙资、刘放的著录，便是明显的例子。

孙资、刘放二人，在魏文帝和明帝时都得到宠任，司马懿后来在魏能够专擅朝政，又是得他二人的力。原来明帝临终托孤，本意以燕王宇、曹爽等五人共相辅政，而司马懿不在其列。但时为中书监的刘放、中书令孙资久专权宠，惧燕王宇等对己有害，便"阴谋间之"，潜谋去掉燕王宇等，以进司马懿为辅。明帝初从孙、刘之言，中间又改变主意，诏止司马懿勿使来朝（时司马懿征辽东公孙渊，还师至汲县）。最后，明帝还是为孙资、刘放所迫，并强促明帝下手诏征懿，明帝有疾，"（刘）放即上床，执帝手强作之"[②]。据此，裴松之案云："放、资称赞曹爽，劝召宣王（懿），魏室之亡，祸基于此。"[③] 赵翼亦评之曰："可见放、资二人之窃弄威福矣。其后乘明帝临危，请以司马懿辅政，遂至权移祚易，故当时无不病二人之奸邪误国。"[④] 这一评论，正是王隐《晋书》首倡其说的，他在谴责"媚贾祸晋"的荀勖时，就说"时人私议荀勖为损国害民，孙、刘之匹也"[⑤]。可是，陈寿与当时事实和论者相反，以孙、刘言之为正人，说他们身在近密，"群臣谏诤，扶赞其义，并时密陈损益，不专导谀言"，还以司马氏代

① 《世说·排调》注引。

② 《三国志·魏志》卷三《明帝纪》注引《汉晋春秋》。

③ 《三国志·魏志》卷十四《刘放传》裴案。

④ 《廿二史札记》卷六《三国志多回护》。

⑤ 《世说·方正》注引。

魏的咸熙年间，特书“放、资著勋前朝”[1]，改封其后裔，加以肯定。陈寿为什么这样著录，赵翼说：“盖二人虽不忠于魏，而有功于晋，晋人德之，故寿为作佳传，是不唯于本纪多所讳，并列传中亦多所讳矣。”[2] 陈寿《三国志》为司马氏回护、隐讳，于魏于蜀就难免“爱憎为评”了。但不管怎样，这些都是与据事直书相悖的，王隐对于陈寿的评述，正反映他对良史以直书、不避时讳的要求和主张。

又，王隐对王沈《魏书》评论说：“王沈为秘书监，著《魏书》，多为时讳。”[3] 这是与上述历史背景相联系的。这里先举王沈《魏书》著录的一例，以兹说明。嘉平六年（254 年）司马景王（师），谋废齐王芳事：这一事件本是策划周密，军事上遣司马昭引兵入城，发动攻势；政治上驱使郭芝（皇太后从父）入宫，软硬兼施，逼迫皇太后交出玺绶；然后又矫皇太后令废掉齐王芳。这一昭然众目，并为王沈耳目闻见的谋废事变，而在王沈的《魏书》笔下，曲尽袒护，却以“景王承皇太后令”[4] 几个字掠影而过，致使这一事变的原委变了，性质变了。王沈此人，早先为曹爽属下，后在曹、马两大集团矛盾纷争中，党于司马氏，在甘露五年（260 年）司马昭发动谋废高贵乡公曹髦的进攻中，王沈充当了不光彩的角色。由此“以功封安平侯”，并“甚为众论所非”[5]。后人对王沈《魏书》的评说，裴松之认为他所著述的不少史事，“崇饰虚文”[6]；刘知幾云：“亦有事每凭虚，词多乌有；或假人之美，藉为私惠；或诬人之恶，持报己仇。若王沈魏录，滥述贬甄之诏。”[7] 又说：“王沈《魏书》，假回邪以窃位。”[8] 至于王隐概括性地指出王沈《魏书》“多为时讳”这一评论，为后世唐修《晋书》、刘氏《史通》、宋高似孙《史略》，直至清代《诸史然疑》及各种考证、艺文增补等类史书，均引以为评。这就可见，王隐这一

① 《三国志·魏志》卷十四《刘放传》。
② 《廿二史札记》卷六《三国志多回护》。
③ 《御览》卷二百三十三。
④ 《魏志》卷四《齐王芳纪》注引王沈《魏书》。
⑤ 《晋书》卷三十九《王沈传》。
⑥ 《魏志》卷五《后妃传》裴注云。
⑦ 《史通·曲笔》。
⑧ 《史通·直书》。

评述是中肯的，而且也进一步反映了他对史著的要求，反对“爱憎为评”，主张直书、不避时讳的史学思想。

直书，是古代评价“良史”的重要标准，评价当否，也是论者“史识”修养的鉴别。王隐指出陈寿以“爱憎为评”、王沈“多为时讳”，也反映了他史学见识的修养。同时评论所指，又无不及当朝司马氏，当时王隐如此发论，其强调直书、不避时讳，用心之良苦，读者亦自有明察。

此外，在王《书》的列传著述中，对于为人“方直”、“陈事切直”、“视事刚正直绳”者也着力表彰。如《周处传》云，处为御史中丞，奏征虏将军石崇、大将军梁王肜等“正绳直笔，权豪震肃”①。就此一斑，亦可窥见他对直书之重视。

（二）对“三祖”史事的著述，亦立足于据事直书

所谓“三祖”，即宣帝司马懿，及其子景帝师、文帝昭（均是后来司马炎受禅时追封的尊号）。这里要说的，亦即前面提到的“宣、景开基之始，曹、马构纷之际”的一些史事，但先行说明一点：检“三祖”佚文，以内容事义可直接归为“本纪”范围的，不过十二三条，有如著述司马师说到“师为护军将军，作选用之法，举不越功，吏无私焉”②、“初总万机，正平法，朝政肃然”③ 二条，稍带有“善褒”的意思或书法外，其他多半是著录征伐（三条）和策命封爵（五条）的内容，遗文一般不过二十来字。余下三条，均是司马懿史事，其中有的便多少带有“恶贬”之义了。这里将结合其他佚文，以示王《书》不“为尊者讳”所著录的史事。

一是司马懿毒杀牛金：牛金原是曹仁将，后随司马懿战守关中。他被毒死，是在景初年间（237～239年），随懿征灭辽东公孙渊后，王《书》云：“宣帝既灭公孙渊还，作榼二口，二种酒，持着马上先饮，佳酒塞口，而开毒酒与牛金，金饮而死。”④ 为什么司马懿毒杀牛金？据史记载，景初二年秋，司马懿已平辽东，同年冬还师至汲县，先得诏书令他便道还镇关

① 《初学记》卷十二注引。
② 《书钞》卷六十四。
③ 《书钞》卷五十九。
④ 《御览》卷七百六十一。

中；而时值明帝临危托孤，刘放、孙资窃弄权柄排斥曹氏人物，策划谋诏司马懿入京辅政（事见前述）。懿在便道关中，“三日之间，诏书五至”[①]，因前后内容相违，亦疑京师有变，乃疾驱入朝。这就是说，当日曹、马两大集团的矛盾斗争是极其激烈的，牛氏原是曹氏人物，恰在这时候遭到暗害，当不偶然，可能与这场纷争有关。但不管怎样，王《书》把司马懿以毒酒暗害牛金的奸险手段，暴露在读者面前，这就不难见其据事直书的书法和精神。

二是司马昭诛杀嵇康：嵇康时有“盛名于世”。他是忠于曹氏的。他崇尚老庄，攻击礼法，实际是对当权的司马氏集团不满。山涛为吏部郎，曾举康自代，康答书拒绝，“自说不堪流俗，而非薄汤、武”[②]，明确反对与司马氏合作。康将临刑，“太学生三千人请以为师”，“海内之士，莫不痛之”。今虽不见王《书》有关嵇康的始末，但对这一事件的著述，同是不为司马氏讳，临笔并不迂回。其佚文云：“康之下狱，太学生数千人请之，于时豪俊皆随康入狱，悉解喻，一时散遣。康竟与安同诛。”[③] 安，即吕安，与嵇康亲善。安兄巽，为人不正，与钟会友，俱有宠于司马昭，“巽淫安妻徐氏”，反而“诬安不孝”，因而捕安入囚。嵇康“义不负心”[④]，为安辩护，遭钟会构陷，亦被捕下狱。故王隐末句曰：“康竟与安同诛。”可见王隐笔下，司马昭诛杀嵇康是不得人心的，末句之辞，亦可谓质直矣。

三是为王裒作传：检王《书》佚文，始末俱见、最为完整的要算《王裒传》，计七百余字。为他立传，对司马昭也具有直书“恶贬”之义。先见其文：“（王）脩一子，名仪，字朱表，高亮雅直。司马文王为安东（将军），仪为司马。东关之败，文王曰：‘近日之事，谁任其咎?’仪曰：‘责在军帅。’文王怒曰：‘司马欲委罪于孤邪?’遂杀之。子裒，字伟元。少立操尚……痛其父仪不以命终，绝世不仕。立屋墓侧，以教授为务。”[⑤]

---

① 《晋书》卷一《宣帝纪》。

② 《三国志·魏志》卷二十一《王粲传》注引《魏氏春秋》。

③ 《世说·雅量》注引。

④ 《三国志·魏志》卷二十一《王粲传》注引《魏氏春秋》。

⑤ 《三国志·魏志》卷十一《王脩传》注引。

嘉平四年（252年），魏军为吴军大败于东关，责在文王，此事当真。《魏略》云："上（指文王）欲速进军，司马王仪谏曰：'吴贼必有伏，宜持重不可进。'上不听，果为吴人所覆。"[①]《汉晋春秋》亦云："朝议欲贬黜诸将"，"时司马文王为监军，统诸军，唯削文王爵而已"[②]。可见，司马昭对王仪是诛之非罪的，对此，王隐又是谴责的。再者，裒祖王脩，本有二子，一子名忠，一子名仪，但陈寿《魏志》为王脩作传，传末只云"子忠，官至东莱太守、散骑常侍"[③]，不云王仪；而王隐为王裒立传，则发端于裒因"痛其父仪不以命终，绝世不仕"，这与陈寿相较，其直书精神不又自现了吗？习凿齿《汉晋春秋》对于晋代"以不仕显名"的王裒，有过这样的评论："裒以父为文王所滥杀，终身不应征聘，未尝西向坐，以示不臣于晋也。"[④] 习氏之见，是否见了王《书》之《王裒传》而发，无可考，但王《书》成书以后，习氏才动笔撰史的，其看法也多少合乎王隐的寓意吧！

上述牛金之被毒杀，嵇康之被诬诛，以及为王裒作佳传，亦无不触及司马氏之"恶"，都表现出王隐"直书"、不避时讳的主张和实践。这是他修史面向现实，重在当代，"国史明乎得失之迹"的史学思想体系的重要组成部分，而且是继承发扬了司马迁"不虚美，不掩恶"的史学传统。

三、"必须积久，善恶乃著"评述人物的历史观

王隐的史学思想，还反映在对于人物评价的"善恶褒贬"，不以"月旦为评"，强调历史地、全面地评价人物的历史观点。

"月旦评"兴于东汉后期。当日社会黑暗，"主荒政谬"，于是在官僚

① 《御览》卷二百四十八。
② 《三国志·魏志》卷四《齐王芳纪》注引。
③ 《三国志·魏志》卷十一《王脩传》。
④ 《三国志·魏志》卷十一《王脩传》注引。

士大夫中出现了品评人物的风气，时谓“清议”。善于清议的被视为天下名士，如汝南许劭及其从兄许靖都是当时臧否人物有名的人物，他们“好共核论乡党人物，每月辄更其品题，故汝南俗有‘月旦评’”①。有一次，东晋大臣祖纳问到梅陶（汝南人），君居乡里立“月旦评”，意如何？陶答曰：“善褒恶贬”，佳法也。王隐在席，即与梅陶辩论，他说：“《尚书》称‘三载考绩，三考黜陟幽明，何得一月便行褒贬!”② 这是援引上古“制度”，群臣任职，三载一考其绩，经“三考”，明者升迁，幽者退黜。就是说，评判一个人的优劣，要有一定时间的考察，才能予以褒贬。他强调说，虽然“三考”其绩是“官法”，“月旦评”是“私法”，但评论人物要据其全部事迹和时间考察，公私却是一样的：“必须积久，善恶乃著，公私何异!”甚至认为善恶优劣是“累世乃著”的。他还从历史上反复论证了只凭一时一事的得失进行毁誉，就会造成评论失实的错误，他说：“若必月旦，则颜回食埃，不免贪污。”③ 指出这是一种“朝种暮获”的观人方法，是难以判断善恶、优劣的。从这一议论，可以看到王隐对于人物评价之重视，而他这种既强调历史地看问题，又注意到全面事实的观点，对于撰史者来说，无疑是重要的。

同时，他在人物的叙述中，还注意到和揭露了“清议”一类品评人物的流弊。他在《何岐传》中说：“何劭为司徒薨，养子岐为嗣。袁粲吊岐，岐辞以疾。粲独笑（‘笑’当是‘哭’之误）而出曰：‘今年决下岐品（一作婢子品）。’王铨（王隐父）谓之曰：‘知死吊死，何必见生？岐前多罪，尔时不下，今何公新亡，便下岐品，人谓中正畏强侮弱’。”④ 可见，在王隐的笔下，曾经起过一度作用的“清议”一类品评人物，至魏晋已成为官僚和门阀大族对人施以言论制裁、操纵选举、假公济私的工具了，而所说“中正畏强侮弱”，又多少是对当日“九品官人”法的怀疑或否定。王隐这样著录，也可以说是对汉魏以来的“清议”和“九品官人”

① 《后汉书》卷六十八《许劭传》。

② 《晋书》卷六十二《祖纳传》。按：此段下面引文，凡未注明出处者均同本注。

③ 《论衡》卷二十六《知实》：“颜渊炊饭，尘落甑中，欲置之则不清，投地则弃饭，掇而食之。孔子望见以为窃食。”

④ 《御览》卷五百六十一。

法，以自己的评述事物，“必须积久，善恶乃著”观点的反映。

祖纳上疏晋元帝，推荐王隐为史官说：“若使修著一代之典，褒贬与夺，诚一时之俊也。”[①] 为官“正直”、“直法绳违”[②] 的钟雅在答晋元帝问时，亦称王隐“有史才”[③]。他们所作的评述，是在王《书》成书之前，从王隐著作来看，还是合乎实际和切中要害的。

结 束 语

诚然王隐及其《晋书》的史学思想，如“国史明乎得失之迹”终究是为封建政治服务；在封建专制主义制度下，他所强调的“直书”和评价人物的观点，也未能超脱封建统治阶级的思想范畴，所谓“善恶”仍是儒家的伦理道德标准，亦不可能实现真正的直书。就其《晋书》内容也杂有不少荒诞神奇符瑞一类的著录。这些都得指出的。但他提出的问题，总的来说还是较为系统和明确的，并在汉晋一些“正史”作家中难以见到的，故值得发掘和整理。本文的写作目的，就在于从佚史方面，为沟通史学史研究领域中所忽视和脱漏的环节，提出一些看法，是否妥当，非敢强为臆断。

（原载《史学论丛》第一辑，云南人民出版社 1986 年）

① 《晋书》卷六十二《祖纳传》。
② 《晋书》卷七十《钟雅传》。
③ 《晋书》卷六十二《祖纳传》。

干宝及其《晋纪》

一、干宝生平及其著述

干宝（生卒年不详），字令升，新蔡（今河南新蔡）人，东晋史学家。其祖统、父莹，均仕吴。《史通》云："江左干宝。"由此观之，是时干宝当系南移北人。

史称，干宝"少勤学，博览书记"①。东晋初，政权草创，未置史官，经中书监王导推荐其撰集西晋史迹。干宝以其才器，为元帝召为著作郎，领国史。后以家贫，自请出任山阴（在今浙江）令，升始安（在今广西）太守。后为王导召为右长史，迁散骑常侍。又据《晋史·干宝传》云：干宝曾以"平杜弢有功，赐爵关内侯"②，史无记述其时间。

干宝著有《晋纪》外，又著有《春秋左氏义外传》，及注《周易》、《周官》凡数十篇，皆行于世。他同时又是东晋时期有名的文学家，有《杂文集》。而著名的志怪小说《搜神记》，便是他收集神怪灵异故事编撰的，材料多来自民间传说和古代神话。据他说著述其事，在于"以明神道之不诬"③。这是一种迷信宣传，对于史学家思想是否有所影响，值得探索。

---

① 《晋书》卷八十二《干宝传》。

② 《晋书》卷八十二《干宝传》。按：杜弢（？~315年），西晋荆湘流民起义首领，后兵败逃亡，死于途中。《晋书》说干宝"平杜弢"，可能是他为始安太守平定杜弢有功而封侯，待考。

③ 《晋书》卷八十二《干宝传》。

二、《晋纪》概述

这里主要介绍干宝《晋纪》（以下简称“干《纪》”）的体裁和内容。

《晋纪》顾名思义是编年体。晋史修撰近三十家，其中编年体十一二家，《史通》云：“班、荀二体，角力争先。”“后来作者，不出二途。故晋史有王（隐）、虞（预），而副以干（宝）《纪》。”①

唐修《晋书·干宝传》云：干《纪》，“自宣帝迄于愍帝五十三年，凡二十卷”。即自宣帝懿、景帝师、文帝昭（以上均是司马炎代魏称帝后，给予其先祖、父的追称）、武帝炎、惠帝衷、怀帝炽、愍帝邺共七帝。“五十三年”，当是264年至316年，即魏咸熙元年，司马炎袭其父昭（该年去世）相位和晋王位②至愍帝建兴四年被匈奴所俘，尽西晋而止。

“凡二十卷”，但据《隋志》“古史类”作“二十三卷干宝撰，讫愍帝”；新、旧《唐志》均作二十二卷。《隋志》记载多出卷帙，可能是干《纪》包括有“叙例”之类的篇幅。但不管怎样，隋唐间干宝的《晋纪》还是齐全的，直到唐修《晋书》废十八家晋书后，才开始大量散佚。干《纪》全书已佚，但不少佚文乃散见于各种史注和类书征引，摭拾其散佚，有清黄奭辑本、清汤球辑本及陶栋辑本。《史通通释·申左》篇注有“干宝《晋纪·叙例》”字样，可见干《纪》中有“叙例”篇；又在佚文中，有《论晋武帝革命》（或作《晋武帝革命论》）和《晋纪总论》两篇论说文，均为昭明《文选·史论》篇全文所收录③。兹简要介绍如下：

刘知幾认为：修史必须有“序”、有“例”。所谓“序”者，“叙作者之意也”；所谓“例”者，即“发凡之例”，揭示全书的通例。大致序贵简质，例贵严明。还认为，自左氏传《春秋》立此体例，经战国至晋代，此例“中绝”。因而充分肯定干《纪》重立此例对后世史书修撰的良好影响。《史通·序例》篇说：“唯令升先觉，远述丘明，重立凡例，勒成

① 《史通·二体》。

② 咸熙二年（265年），司马炎代魏立晋，改元泰始。

③ 严可均《全晋文》亦有辑录。

《晋纪》。邓（粲）、孙（盛）已下，遂蹑其踪。史例中兴，于斯为盛。”①

《晋武帝革命论》一百三十余字。内容主要是讲古代帝王受命于天，所谓：“帝王之兴，必俟天命；苟有代谢，非人事世。”从而列举尧舜“内禅”，汉“外禅”②，以及汤武革命顺应天人，说明汉高祖、光武帝以征伐取得王者易姓、改朝换代的“合理性”，从而论证司马氏的兴废和中兴，皆“受天命而运其终”。《晋纪总论》二千余字。开头概述西晋开基的历史，其间对晋统一三国后的“太康之世”，予以其“虽太平未洽，亦足以明吏奉其法，民乐其生矣”的颂赞。而对西晋的祸害和败坏，诸如贾后干政肆虐、皇族内乱（八王之乱），以及“三公议以虚谈”，却在倾轧争权，勾心斗角；居“官者为身择利”，奔走权门，趋炎附势等等，写尽其“民风国势”之弊，揭露“世族贵戚”之罪恶，抨击西晋朝政之腐败，淋漓痛快，针针见血。全篇简明精当，不失为后人称为晋代论说文的名篇。唐修《晋书》取此《总论》（稍有删节）于《愍帝纪》篇末，冠于“干宝有言曰”。

唐修《晋书·干宝传》评述干《纪》曰：“其书简略，直而能婉，咸称长史。”《梁书·刘昭传》载：刘昭伯父刘彤，“集众家《晋书》注干宝《晋纪》四十卷”，刘知幾说他能“掇众史之异辞，补前书之所阙”③。

三、干宝的史学思想和史学方法

（一）“誉左抑马”：即极力主张以编年修史

《史通·二体》云：“晋世干宝著书，乃盛誉丘明而深抑子长，其义云：能以三十卷之约，括囊二百四十年之事，靡有遗也。”干宝此议是一

① 《史通·序例》。

② 《文选》李善注引曰：“内禅，无兵戈之事；外禅，有翦伐之事。”

③ 《史通通释·补注篇》（上海古籍出版社 1978 年版）注云：“刘彤注《晋纪》论断，今缺。”而此处“刘知幾说”，系转引自刘节《中国史学史稿》（中州书画出版社 1982 年版）。

种“偏颇”？抑或是一种“偏好”？基于此议，刘知幾评述说，左氏《春秋》系日月而为次，条字实形于目前，言辞简约，“理尽一言，语无重出”，这是编年体之一大长处及其特点。但虽然如此，它亦不可囊括春秋二百多年的所有史事。故刘氏认为：“按春秋时事，入于左氏所书者，盖三分得其一耳。丘明自知其略也，故为《国语》以广之。然《国语》之外，尚多亡逸，安得言其括囊靡遗者哉？”① 按刘氏说法，《左传》以编年纪事，《国语》以国别为史，合二为一，都难以收尽春秋一代史事，因而“誉左”不免是一种“偏颇”之见。说到这里，也有不同看法，认为：所谓编年、国别，以及《史》、《汉》纪传，作为史家的干宝是了解（或清楚）的，加上见其《晋纪总论》对西晋一代“国势民风”的细微观察和撰述，与其说他的“誉左”是一种“偏颇”，不如说其誉美编年是一种“偏好”。上述说法，各有见地，但不管怎样，“誉左抑马”不能不反映出干宝史学思想对“二体”（尤其对纪传体）作用认识的一种局限。

再者，编年与纪传相较，前者不及纪传“包举大端”、“委曲细事”，连同其表历、书志各篇，含括一代经济、军事、文化，乃至天文、地理、典章制度等等，使能人了解到社会全貌，或社会的各个方面及其发展情况。而编年内容偏于专一（政治方面），述议简略。因而从“二体”发展来看，自《史记》开创了纪传体，《汉书》创断代史后，“包举一代，撰成一书”，“学者寻讨，易为其功”，以断代为史的纪传体，则为历史上“正史”编撰的通例。而编年为史者，隋唐以后渐少。这也反映了“誉左”思想的局限。

诚然，纪传虽优，但又不能忽视编年为体予以修史的影响，其作用又是巨大的。

编年体史书始自《左传》。东汉荀悦编撰的《前汉纪》（《汉纪》）是第一部以编年为体的断代史。此书是因汉献帝苦于《汉书》内容繁多，难于省览，命荀悦以编年形式删改撰成的。此书问世后，自《左传》以来沉沦已久的编年史，又为史家所重视，而开一时以编年为体的修史之风。在当日史学发展的初期，干宝“誉左”的发议及其《晋纪》，既受此风气的

① 《史通·二体》。

影响，又积极地影响他人。如这一时期（两晋南北朝）近三十家晋史中，就有十一二家的编年体，可见此体之盛。从众家“晋纪”看，当推陆机所撰的为先。但陆《纪》仅纪宣帝（懿）、景帝（师）、文帝（昭）三世之事，谓之“三祖”。而前有所述，“三祖”皆追尊之号，真正记述西晋一代编年史当推干《纪》。检佚文，干《纪》在修史方面给后世的最大影响有两点：一是即前有所述的“重立凡例”，使《左传》以降此例“中绝”后得到“中兴”，后来作者多以此为体。二是他的“释五志”，即撰史书事的五个方面的原则（下述）。

总之，汉魏以下“每代国史，皆有斯作（编年史）”①，编年与纪传并行，至于高齐，即有“张璠（《后汉纪》）、孙盛（《魏氏春秋》、《晋阳秋》）、干宝（《晋纪》）、徐广（《晋纪》）、裴子野（《宋略》）、吴均（《齐春秋》）、何之元（《梁典》）、王劭（《北齐志》）等，其所著书，或谓之春秋，或谓之纪，或谓之典，或谓之志。名各异，大抵皆依《左传》以为的准焉”②。可见，编年也为当日主要史体，与纪传二体并行。虽陈隋以后，编年稍衰，但至宋《通鉴》问世后，编年又再现高峰。

（二）偏重“五志”政治方面的记述

这是他的一套修史书事五个方面的基本要求。

在此以前，荀悦《前汉纪》开宗明义提出他的史学见解，亦是他著书的主要原则，即所谓“立典有五志”：一曰达道义（道理、义理），二曰彰法式（楷模、规范），三曰通古今，四曰著功勋，五曰表贤能。他还从十六个方面分析其书的主要内容③。而干宝的“释五志”是从荀悦那里承袭发展而来的，《史通通释·书事》篇云：“干宝之释五志也，‘体国经野之言则书之，用兵征伐之权则书之，忠臣烈士孝子贞妇之节则书之，文诰专对之辞则书之，才力技艺殊异则书之。”④

干《纪》久佚，难于了解其“释五志”的全面内容，但就上述其佚

① 《史通·六家》。

② 《史通·六家》。

③ 《前汉纪·高祖纪序》。

④ 《史通通释·书事》篇又注云：“干宝释语，不必与五志分贴。”

文看，便是他修史书事的基本要求，内容偏重于政治方面。这是《左传》、《前汉纪》编年史体的特点及其撰史的目的。即编年史主要总结王朝统治治乱兴亡的经验，其基本内容多属于“政治史”范畴，故有人说编年史便是政治史。但不管怎样，他这种提纲挈领的方式用“释五志”精练地概括编年体书事的主要内容，其组织也是缜密的，不仅有助于这一时期编年体史书的发展，成为这一时期史学繁荣原因的一个重要方面；同时也承袭和发展了荀悦“立典五志”这一内容组织，更为完备。据此，刘知幾在总结这“五志”书事原则的基础上，再加上他提出的“三科”，其书事原则就更为完备了。他说：“今更广以三科，用增前目：一曰叙沿革，二曰明罪恶，三曰旌怪异。何者？礼义用舍，节文升降则书之；君臣邪僻，国家丧乱则书之；幽明感应，祸福萌非则书之。于是以此三科，参诸五志，则史氏所载，庶几无缺。求诸笔削，何莫由斯？”① 所有这些，对于后来司马光的《通鉴》改善编年体组织，充实编年史材料，把断代编年，改进为通史编年，不是没有影响的。

最后必须指出，干宝的“誉左抑马”主张编年修史，与其偏重书事“五志”政治方面的这种史学思想和方法是一致的，并相互联系的。很有可能，干宝的“释五志”出自其《纪》的“凡例”。

（三）对史籍记载的“存疑”、“审察”思想

这一思想是出自其《搜神记序》。此《序》虽指《搜神记》而言，却反映了他“存疑”和“审察”史籍记载的思想。

《搜神记序》说：“虽考先志于载籍，收遗逸于当时，盖非一耳一目之的亲闻睹也，亦安敢谓无失实者哉！卫朔失国，二传互其所闻，吕望事周，子长存其两说，若此比类，往往有焉。从此观之，闻见之难，由来尚矣。”他是说，史籍的记述时间久远，鉴于耳目闻睹之难，存留下来的史事本来不多，就是留存下来也异说纷纭，难于审订，故难免“无失实者”，乃至以误传误不一而足。据此，认为过去史书的记载，不一定都是实在的。他这种看法无疑是对的，因而对史籍带着“存疑”去观察、审读，不

① 《史通通释·书事》篇又注云：“三科，以补五志也，亦不与后文相关贴。”

要“尽信书”，这也是对的。但这篇“序文”，是干宝“博采异同，遂混虚实”而作志怪之书解嘲的。不过，他对史籍的这种“存疑”、“审察”，不是“疑而考察”，而是所谓“苟有虚错，愿与先儒分其讥谤”①，抱着“疑而不究”、“疑而不判”，随之任之的态度，这又有似一种“虚无”思想了。据说六朝文人与玄学有缘，“既文，既博；亦玄，亦史”，干宝是耶非耶？

（原载《治史心裁——罗秉英文集》，云南大学出版社2005年版）

① 《晋纪》卷八十二《干宝传》。

裴子野及其《宋略》

一、裴子野及其著述

裴子野（469～530年），字幾原，河东闻喜（今山西闻喜）人。南朝梁代史学家、文学家。出身于史学“世家”。其曾祖父宋裴松之为《三国志》作注，博采群书，引用之书达二百余种，注文多出正文三倍，尽显其史书作注的特点，其法为后人所效。其祖裴骃也以注史著称，有《史记集解》，广集经、传、诸史及汉书音义而作，与《史记》并行于世。其父昭明，“少传儒史之业”，为齐广陵（在今江苏）太守等，“历郡皆有政绩”。常对人说：人生何事聚蓄，一身之外，亦复何须？子孙若不才，我聚彼散；若能自立，则不如一经，“故终身不治产业”①。子野与兄黎及弟楷、绰“并有盛名”，时称“四裴”②。大体受此家风陶染，子野自幼好学，精通文史，勤于著述。

子野，始仕齐。入梁，初为江夏王行参军，兼廷尉正。后为诸暨（在今浙江）令，“在县不行鞭罚，人有争者，示之以理，百姓称悦，合境无讼”③。梁武帝时曾任著作郎，掌修国史及起居注，以及通直正员郎、中书侍郎等职，官至鸿胪卿领步兵校尉。他为官多年，廉洁奉公，“妻子恒饥寒”。晚年深信释教，“终身饭麦食蔬”。子野才思敏捷，梁武帝普通七年

① 《南史》卷三十三《裴昭明传》。
② 《梁书》卷三十《裴子野传》。
③ 《梁书》卷三十《裴子野传》。

(526 年)，奉命作《移魏文》。他受诏立成，尚书仆射徐勉等大臣观后皆叹服，书通文史的梁武帝目视子野赞叹说："其形虽弱，其文甚壮。"

早在宋文帝元嘉（424～453 年）中，其曾祖松之"受诏续修何承天宋史，未及成而卒"，子野常欲继承先业。至齐永明（483～493 年）末，沈约所著纪传体《宋书》，子野乃据以删撰为《宋略》。此外，又著有《集注丧服》、《续裴氏家传》各二卷，抄合《后汉事》四十卷，又敕撰《众僧传》二十卷，《百官九品》二卷，《附益谥法》一卷，《方国使图》一卷，文集二十卷，并行于世。史称"子野为文典而速，不尚丽靡之词"①。

二、裴子野《宋略》与沈约《宋书》

裴子野《宋略》（以下简称裴《略》）已佚。由于记载有些含混，或有所不同，裴《略》与沈约《宋书》（以下简称沈《书》）的关系，即前者是否以后者删撰而成？其记载有二：

一是载云：裴《略》是删略沈《书》而成的。如《梁书·裴子野传》及清章宗源《隋书经籍考证》云："齐永明末，沈约所撰《宋书》即行，子野更删撰为《宋略》二十卷。其叙事评论多善，约见而叹曰：'吾弗逮也'。"又《史通·古今正史》篇云：沈约，"永明末，其书既行，河东裴子野更删为《宋略》二十卷。沈约见而叹曰：'吾所不逮也。'由是世之言宋史者，以裴《略》为上，沈《书》次之。"据此说法，裴《略》与沈《书》的关系是极其密切的，也极其明确。正如《中国历史大辞典·史学史》"裴子野条"所云："齐武帝永明六年（488 年），沈约所著纪传体《宋书》问世，（子野）乃据以删撰为编年体，名《宋略》。沈约见之，自叹不及。"②

二是载云：子野更撰为《宋略》。如《隋书·经籍志》云："《宋略》

① 《梁书》卷三十《裴子野传》。

② 《中国历史大辞典·史学史》，上海辞书出版社 1984 年版。

二十卷，梁通直郎裴子野撰。”编入“春秋体”，为“古史类”目。又《南史·裴子野传》云：“永明末，沈约所撰《宋书》，称松之已后无闻焉。子野更撰为《宋略》二十卷。其叙事评论多善。而云戮淮南太守沈璞以其不从义师故也[①]。约惧，徒跣谢之，请两释焉。叹其述作曰：‘吾弗逮也’。”近年出版的《中国历史大辞典·魏晋南北朝史》亦云：子野“更撰《宋略》”[②]。这些记述，都去掉一个“删”字，即把子野“更删撰”为《宋略》，变为子野“更撰”为《宋略》。一字之增损，裴《略》与沈《书》的“密切”关系，则变“各自为书”，无有关系的著述了，而沈约叹曰“吾弗逮也”也不知所云了。笔者认为，后一种的记述，值得商榷。

检上述史籍，均成书于唐代前期，又多在唐初贞观年间（627～649年）。《南史》出于《梁书》；而《史通》成书较晚，即在中宗景龙四年（710年）修成。这样，《梁书》与《史通》前后两书都载云：“《宋略》既行，子野更删撰为《宋略》。”而成书居中的《南史》则去掉一“删”字，改只云为“撰”，而这种改动又没有任何说明，所以这种自行改动是值得怀疑的。

《南史》的改动，其原因不外有二：无意与有意。无意，即出于疏忽或失之于审察，没有注意到裴《略》是据沈《书》删撰而成的这个事实。有意，即出于某种原因，即删改者考虑到对沈《书》的影响，而造成“誉裴抑沈”的社会影响；或出于某种政治原因，这就不得而知了。又检《梁书》、《南史》都无沈约与子野交往的记述，本文无意追究上述原因，但不论出于哪一种原因，而都说明《梁书》与《史通》的记载是正确的。而《史通·杂说》篇还说道：“裴幾原，删略宋史，定为二十篇。芟烦撮要，实有其力。”刘知幾通览各史，以《史通》分析其利弊得失，并指出在著述中“妄生穿凿，轻究本原”[③]，误人后学之谬。因而他对裴《略》与沈《书》关系等的评述，当是进行过比较研究而较为可信的。

---

① 沈璞，沈约父。璞被杀，《南史·斐子野传》（亦即裴《略》）云：“戮淮南太守沈璞，以其不从义师故也。”而沈约《宋书·沈约自序》则“隐讳”为“有谗说以璞奉迎之晚”。

② 《中国历史大辞典·魏晋南北朝史》，上海辞书出版社2000年版。

③ 《史通·探颐》。

再者，沈《书》主要是根据徐爰旧本，因而沈《书》又多不善和舛误，从而又成为被删撰的依据。据史记载，“宋史”原先是由何承天、裴松之开始撰作的[1]，后又有山谦之、苏宝生、徐爰诸人撰述，至宋大明（457～464年）中遂由徐爰撰成《宋书》[2]六十五卷。按沈约所说，徐爰等原先就把《宋书》编成了大部分，余下未及撰写的部分，共十四年的史事为他自选[3]，从而合徐爰编好的加以整理删削而完成《宋书》体系。这部百卷巨著仅用了一年零两个月完成。清赵翼说：“其纪、志、列传一百卷，古来修史之速，未有若此者。”这样，沈《书》修成时间短促，又多出自众手，这就不免有其不善或不足之处了。其一，如赵翼在《廿二史劄记》“《宋书》多徐爰旧本”条中说：“余尚疑约修《宋书》。凡宋、齐革易之际，宜为齐讳；晋、宋革易之际，不必为宋讳。乃为宋讳者，反甚于齐讳。然后知为宋讳者，徐爰旧本也。为齐讳者，约所补辑也。人但知《宋书》为沈约所作，但不知大半乃徐爰作也。观《宋书》者，当于此推之。”其二，“《宋书》多徐爰旧本”条的注文，还列举沈《书》何尚之父子列传颠倒的错误，说：“可见《宋书》时日促迫，仓猝编排，前后亦不暇审订。”其三，赵翼还指出：“《宋书》记魏事多误。”[4] 其四，刘知幾还指出沈《书》列传人物，存在着“或非才拔萃，或行不逸群，徒以片善取知，微功见识，缺之不足为少，书之唯益其累”[5]，不该入传而入传的累赘做法。如此等等，沈《书》有其舛误及有其不足是明显的，这不能不是存在着被改撰或被删撰的依据。另，当日尚有孙严等所撰的《宋书》，但且多有缺，而又非梁人。因此，尽管沈《书》多依徐爰旧本，又多舛错，而在梁代又只有其书是最为完整的。这样，史载裴子野“更删撰”为《宋略》，当是指依据沈《书》删撰的。如此，沈约叹其述作曰“吾弗逮也”，也当是指其书与裴《略》相较而发的。

---

① 《梁书》卷三十《裴子野传》曰：“初，子野曾祖松之，宋元嘉中受诏续修何承天宋史，未及成而卒。”

② 《宋书》卷一百《沈约自序》。

③ 即从宋末废帝永光元年（465年）以后至禅让，即顺帝昇明三年（479年）共十四年事。

④ 赵翼：《廿二史劄记》“《宋书》记魏事多误”条。

⑤ 《史通·人物》。

还有，考裴《略》与沈《书》修撰时间，也反映出裴《略》是据沈《书》删撰而成的。

裴子野《宋略·总论》云："齐兴后数十年，宋之新史既行于世也。子野生乎泰始之季，长于永明之年，家有旧书，闻见又接，是以不用浮浅，因宋之新史为《宋略》二十卷，翦截繁文，删撮事要，即其简寡，志以为名。"

这与沈约《宋书·自序》中说的是"相一致"的。

裴云"齐兴后数十年"：按沈约编撰《宋书》是在萧齐永明年间（483～493年），沈《书》《自序》云："（永明）五年（487年）春，又被敕撰《宋书》，六年（488年）二月毕功，表上之。"而萧齐共历24年（479～502年），到裴子野在梁武帝中大通二年（530年）①，梁朝已经历了28年，故裴氏所说"齐兴后数十年"，即是与上述沈《书》撰成年代相吻合的。

裴、沈所说的"新史"：沈约《宋书·自序》云永明六年上表曰："臣今谨更创立，制成新史。"这与裴子野《宋略·总论》云"宋之新史既行于世"又是相符的。这样，裴氏又云"因宋之新史"，"翦截繁文，删撮事要，即其简寡，志以为名"，把《宋书》删繁就简，称为《宋略》不就是顺理而成的事吗？再重复说上一句：前述当日尚有孙严等宋史多家，但多有缺，且非梁人，因此都不是上述所说的梁时"新史"，"新史"只能是指沈《书》。

综上所述，《南史·裴子野传》去掉"删"字是去不得的。

三、裴《略》及其评价

裴《略》二十卷，体例"师左氏之法"，编年体，是据沈约《宋书》删撰而成，内容当是包举刘宋一代。从其体例来说，有两点是仰承干宝《晋纪》和袁宏《后汉纪》是清楚的。

① 梁中大通二年（530年）裴子野去世。

一是干宝《晋纪》编年体，有《总论》，裴《略》亦然。裴《略》《总论》长达二百四十余言，从刘裕仕晋武功、受禅建宋，一直尽刘宋一代文治武功、兴盛衰败，文字激昂、流畅。因而其论说形式也大体与干宝《晋纪·总论》相似。章宗源《隋书经籍志考》云："其体盖仿干宝《晋纪·总论》。"虽然他们的论点对我们来说，其意义不大，但却反映了史学在理论、论说方面的发展趋势和进程。

二是裴《略》亦有"论赞"，而"自显姓名"，冠以"裴子野曰"，《资治通鉴》征引不少"裴子野论曰"。这一点，刘知幾《史通·论赞》篇已有指出："袁宏、裴子野自显姓名。"

从上述两点看，春秋体的发展，其自身是有其相互继承和发展影响的。

其内容方面，当是包举刘宋一代，从残存的佚文可以说明。如裴《略》《总论》的内容，就详及刘宋一代兴亡的始终。其论首起曰："宋高祖武皇帝，以一代雄才，起匹夫而并六合。"最后以"宋氏之成败得失，著乎行事，从而言之，载于篇矣……"结束（下文，则为裴氏自述修撰《宋略》的过程和主旨）。

又如，检《资治通鉴》征引裴《略》"裴子野论曰"，即"论赞"，计有十论。其首篇亦起自刘宋代晋，末篇则终于刘宋最后一帝（顺帝）昇明年间（477～479年）评责袁景倩（即袁粲）付托事。司马光《通鉴考异》[①] 征引裴、沈二书记事不同处不少。沈《书》记事材料较详，《通鉴》依据沈《书》也较裴《略》多些。而从《通鉴》采用沈、裴二书的"论赞"来看，引裴《略》十篇，远比沈《书》四篇为多。

为《资治通鉴》所征引的裴《略》十论，有的为《通典》、《文苑英华》以及《太平御览》等征引著录。据史籍评述，裴《略》较沈《书》评价为高，而又誉其"论赞"为最。如元嘉元年论典签专恣之害，《通鉴》胡注曰："裴子野究言宋氏亡国之祸，《通鉴》载于此，欲使有国有家谨于其初也。"[②] 又如孝武大明二年论仕途唯论门户，不问贤能，"庶僚

① 司马光撰《资治通鉴》，同时作《资治通鉴考异》以明取材不同之故。

② 《资治通鉴》卷一百二十《宋纪二》。

百位，专断于一司，于是嚣风遂行，不可抑止”，而至“官邪国败”① 等等。总之，所议有其见地，不流于空论，正如《史通·论赞》篇说：“夫论赞，必寻其得失，考其异同。”“自兹（汉）以降，流宕忘返，大抵皆华多于实，理少于文，鼓其雄辞，夸其俪事。必择其善者，则干宝、范晔、裴子野是其最也。”

裴《略》问世后，即得到社会好评。

据史记载，裴《略》撰成，有兰陵萧琛、北地傅昭、汝南周捨“咸称重之”②。其中萧琛“言其评论可与《过秦》、《王命》，分路扬镳”③。又，时为中书，并即将迁任国子博士的范缜，他与裴子野“未尝衔杯”，只见其书，而闻其名，而上表以国子博士相让，其表称：“《宋略》二十卷，弥纶首尾，勒成一代，属辞比事，有足观者。”④ 时为湘东王的萧绎在《裴子野墓志铭》⑤ 中写道：“幾原博闻，裁为坟典，比良班马。”迨至唐代刘知幾的评述说：“近有裴子野《宋略》，王劭《齐志》，此二家者，并长于叙事，无愧古人。而世人议者皆雷同，誉裴而共诋王氏。”

刘知幾虽对裴《略》作“芟烦撮要，实有其力”的肯定，但也同时指出其“所录文章，颇伤芜秽”，并列举其文六篇说：“凡此诸人，是尤不宜载者。”⑥

（原载《治史心裁——罗秉英文集》，云南大学出版社 2005 年版）

① 《资治通鉴》卷一百二十八《宋纪十》。

② 《梁书》卷三十《裴子野传》。

③ 《南史》卷三十三《裴子野传》。萧琛（478～529 年），梁文学家，著有《皇览抄》、《汉书文府》等。

④ 《梁书》卷三十《裴子野传》。

⑤ 湘东王萧绎（508～554 年），即梁元帝，梁武帝第七子。侯景乱后，即位于江陵。“墓志铭”见《艺文类聚》卷四十八；又《全梁文》卷十八。

⑥ 《史通·杂说篇中》。

《宋书》诸志新议

魏晋南北朝时期所撰的几部“正史”中，沈约《宋书》（以下简称沈《书》）诸志，颇受后人重视。由于沈《书》诸志内容，上括曹魏，中间包举两晋，因而对它的评述，也出现了一些失实或是不妥的议论。如明人所说：“陈寿《三国志》、习凿齿《汉晋春秋》无志，故沈约《宋书》诸志，并前代所阙者补之。”① 这就是说，因陈寿三国史无志，而沈《书》诸志内容宏富，之所以包举魏晋，其修志的一个重要目的，便是为了“补阙”。这种“补阙”之议，直至而今，亦为一些史家因循下来。如说：“沈约宋史，上接魏朝，盖因《三国》无志，因此补亡。”② 也有说，宋志上溯三国，既是“补阙”，又是“溯源”等。诸如这些，说宋志“溯源”是有见地的，而说它是为了“补阙”就值得商榷了。

一、魏晋史志无须“补阙”

虽然陈寿《三国志》和习凿齿《汉晋春秋》无志，但为这一时期史家所撰魏晋两朝的著述，仍有不少，亦不乏史志的编撰，所以无须“补阙”。

先说魏史，便有当代史家鱼豢的《魏略》和王沈的《魏书》。刘知幾《史通·古今正史》篇云：“魏史，黄初、太和中始命尚书卫觊、缪袭草创

① 《日知录·作史立表志》。
② 《四库提要辨正·史部·宋书》。

纪传，累载不成。又命侍中韦诞、应璩，秘书监王沈，大将军从事中郎阮籍，司徒右长史孙该，司隶校尉傅玄等，共复撰定。其后王沈独就其业，勒成《魏书》四十四卷。”又云：“先是，魏时京兆鱼豢私撰《魏略》，事止明帝。”① 可见，陈寿未撰三国史《魏志》前，已有魏史：《魏略》和《魏书》。

《魏略》和《魏书》都已散亡，但据佚文和诸家考证，都有史志的编撰。章宗源《隋书经籍志考证·魏略》云：“魏时京兆鱼豢私撰《魏略》，有纪、志、列传，自是正史之体。”检阅《初学记·天部》，亦可见到署称《魏略》的《五行志》篇名及其著文。又萧子显《南齐书·百官志序》云：“今有鱼豢《中外官》（即《百官志》）。”又据张鹏一《魏略辑本》考证，《魏略》有《五行志》、《中外官志》、《礼志》和《地理志》等，张氏考证未必尽善，但都是鱼豢《魏略》撰有史志的佐证。至于王沈《魏书》，也有史志。检阅郦道元《水经注》颍水、渠水、淮水、辽水等注，都有分别署称引自《魏书》的《郡国志》或《国志》的著文。章宗源《隋书经籍志考证·魏书》、姚振宗《隋书经籍志考证·魏书》，以及侯康《补三国艺文志》等，都认为《水经注》所征引署称的《魏书》，是王沈之作，这是正确的。因此，陈寿三国史虽然没有立志，而说魏史“阙志”是缺乏根据的。

再说晋史，为晋代和南朝史家所撰的晋史有二十多家。其中，括有纪志传者，又较为重要的有王隐《晋书》、何法盛《晋中兴书》、臧荣绪《晋书》三家。东晋初年著作郎王隐所撰的《晋书》九十三卷（至唐初残缺，存八十六卷），它是著录西晋一代史事最为完备的断代史。王隐《晋书》的史志名称，改“志”为“记”。据汤球所编撰的王隐《晋书》辑本，有《地道记》、《礼乐记》、《舆服记》、《瑞异记》、《刑法记》等。其中《地道记》（即《郡国记》或《地理志》）篇名及其佚文，见于诸书如刘昭《续汉书郡国志注》、郦道元《水经注》甚多。郦氏《水经注》引书目录，还列有王隐《晋书·地道记》。清《黄氏佚书考·子史钩沉》，还

① 考《魏略》是著录曹魏一代史事，《史通》云“事止明帝”有误。此当另文论述。

把王隐《地道记》辑集成本。又《史通·书志》篇说到："若乃《五行》、《艺文》，班（固）补子长（司马迁）之阙，《百官》、《舆服》，谢（承）拾孟坚（班固）之遗。王隐后来，加以《瑞异》。"所以这一时期出现的《瑞异记》（《符瑞志》）便是王隐《晋书》所创立的。虽然《瑞异记》的内容是封建史志中的糟粕，但总的说明王隐《晋书》的史志篇目和著录，还是比较广泛的；就西晋来说，当代史家所撰晋史，亦不乏史志篇。

下及南朝刘宋史家何法盛所撰的《晋中兴书》，七十八卷，是著录东晋一代，"首尾该备"[①]，纪志传全具的断代史。何氏《晋中兴书》"改志为说"[②]，汤球所辑何氏《晋中兴书》有《悬象说》（《天文志》）、《征祥说》（《符瑞志》）。此见《初学记·天部》，还有署称《晋中兴·征祥记》（按：当是《征祥说》）的篇目及其著文。又陈汉章《史通补释》，对何氏《晋中兴书》有《悬象说》，作了考证，加以肯定。

继之，南齐史家臧荣绪所撰的《晋书》，是删取王隐、何法盛等众家晋史而成。此书囊括东、西晋史事为一书，共一百一十卷。章宗源《隋书经籍志考证》云，臧氏《晋书》有地理、礼、舆服、百官、郊祀、五行、律历、刑德等八志[③]。唐修《晋书》（即今中华书局版《二十四史》标点本）便是以臧氏晋史为蓝本，所以两书诸志的篇目大体一致，并可从唐修《晋书》中察见其因袭臧氏晋史的痕迹。这在钱大昕《二十二史考异》中已有指出，如所言的《百官志》、《郊祀志》，以及《律历志》、《礼志》、《舆服志》都是指臧氏的史志篇名，留存于唐修《晋书》著文中。

上述三家晋史，即起自著录西晋一代的王隐《晋书》，中经著录东晋一代的何法盛《晋中兴书》，最后以合两晋的臧荣绪《晋书》为终结，史体完备，内容丰富，因而都获得后人好的评论[④]，尤其是对臧荣绪《晋书》的评价特高。如清代学者王鸣盛认为："欲求晋史全书，自当以臧荣绪为正。""若臧荣绪既勒司马氏一代事迹，各体具备，卷帙繁富，谅有可观，即可垂世，有何不可。"由于唐修《晋书》撰成，号为唐太宗御撰，

① 《史通·古今正史》。

② 《史通·书志》。

③ 按：汤球的臧书《辑本》的志篇名称，与章氏《考证》稍异。

④ 可参见刘知幾《史通·杂说》、高似孙《史略·晋史》。

众家晋史尽废，王鸣盛还为之鸣不平，曰："吾为荣绪愤之。"① 这些就是说，有了臧荣绪《晋书》，也就不必再修唐人《晋书》了。这里姑且不论王氏的愤激，但三家晋史，不仅史志的编撰没有中断，而且还出现了新的篇目，这是事实。因此，两晋史志并不存在所谓"补阙"的问题。

二、魏晋史志还为诸书征引

魏晋著述已有史志，无须沈约《宋书》"补阙"，相反，后来的不少史籍，包括沈约《宋书》诸志都曾大量征引。但这里申明一点，这里所述的魏晋史志，原书均已散佚，所列举的材料未免支离破碎，也正如此，这些断简残编而有价值的材料，不为后人注意，出现了对沈约《宋书》这部名著评议的失误。现将诸书对魏晋史志的征引情况分述如下。

（一）诸书对曹魏史志的征引

检著录曹魏一代的鱼豢《魏略》和王沈《魏书》这两部史书的著文，见于《三国志》裴松之注、《世说新语》刘义庆注、《文选》李善注，以及郦道元《水经注》等，都有征引；又《北堂书钞》、《初学记》和《太平御览》等类书，所征引的著文更是屡见不鲜。其中，见于《水经注》的颍水、渠水、淮水、辽水等条，都分别引有王沈《魏书·郡国志》的著文；见于《初学记·天部》"延康元年大霖雨"条，即征引鱼豢《魏略·五行志》著文。又沈约《宋书·百官志》所录车骑将军、征东将军、征南将军、征西将军、征北将军、安东将军、安南将军、安西将军、安北将军等，均引自鱼豢《魏略》的《中外官志》（《百官志》）②。又沈书《州郡志三》"襄阳公相"条，还署称"鱼豢云，魏文帝立"，从中可见，曹魏百官和地理二志，均为沈书《百官志》、《州郡志》所征引。

值得注意的是，读者如果细心观察，还会发现沈书的《符瑞志》与鱼

① 《十七史商榷·晋书唐人改修，诸家尽废》。

② 亦可参见张鹏一《魏略辑本》。

豢《魏略》的《五行志》之关系，也是极其密切的。换句话说，沈书的《符瑞志》不少著文，都是出自鱼豢《五行志》等有关著录。前有所述，鱼豢《魏略》有《五行志》，其载曹魏代汉的著文曰："延康元年（即与建安同年，公元220年），大霖雨五十余日，魏有天下乃霁，将受大禅（一作'祚'）之应也。"① 又载司马晋代魏的著文曰："梁州柳谷有石，无故自崩，有文如牛马之状，司马氏得天下之应也。"② 又鱼豢《魏略》大量著录了关于魏文帝受禅时符瑞感应的事物，如魏文帝欲受禅，"神龟出于灵池"、"朱草生于文昌殿侧"，以及郡国"黄龙十三见"、白雉见、白麋见、白鸠见、白雀见、凤凰见、九尾狐见、甘露见等等③。鱼豢《魏略》是最先出的曹魏史书，因此这些著文，一是几乎全为陈寿《三国志·魏志·文帝纪》所囊括袭用；二就是几乎为沈书《符瑞志中》所录，如："灵龟者，神龟也。魏文帝初，神龟出于灵池。""朱草，草之精也。魏文帝初，朱草生于文昌殿侧。""黄龙者，四龙之长。汉献帝延康元年三月，黄龙见谯，又郡国黄龙十三见。"如此等等，只要《魏略》有所著录，沈志中就能见其征引。又沈书《符瑞志上》所录司马氏代魏的著文，如说"魏之初兴也，张掖删丹县有石生焉。有五马……此言司马氏之王天下，感德而生，应正吉而王之符也"条（按：此类著文，亦见沈书《五行志二》），此类著文，与鱼豢《魏略》相较，文字稍有更动，也较详细，但两者著录的事义，基本相类。所有这些，都是沈书征引鱼豢《魏略》的佐证。

（二）诸书对晋代史志的征引

晋史，自王隐首撰纪志传为体的《晋书》后，作者继之，有谢灵运《晋书》、何法盛《晋中兴书》和臧荣绪《晋书》等。其中王隐《晋书》的《地道记》著文，见刘昭《续汉书·郡国志注》征引，不下六十条；又见郦道元《水经注》的河水注、文水注、洞涡水注、清水注、浊漳水注、洪水注、渭水注、漾水注，汝水注、潧水注、泗水注、漳水注、江水

① 《初学记》卷二，《艺文类聚》卷二。

② 《增补事类统编》卷九，张鹏一《魏略辑本》。

③ 均见于《文选》、《初学记》、《太平御览》等。

注、温水注、斤江水注等征引。谢灵运《晋书》的《百官志》，何法盛《晋中兴书》的《征祥说》等著文，分别见于《初学记·职官部》和《初学记·天部》征引。至于臧荣绪《晋书》诸志，基本上为唐修《晋书》所袭用，这里不再赘述。下面将着重说说沈约《宋书》诸志对王隐《晋书》诸志的征引。

沈约撰写《州郡志》自云，认为“地理参差，其详难举”，便以王隐《晋书》的《地道记》等和其他“地理杂书，互相考覈”①。所以，在沈书《州郡志》中，可以见到多处征引王隐《地道记》的著文，或用其著文用以魏晋州郡设置的征验和检阅异同。如汝阳郡、汝阳太守、上饶男相、临贺侯相、房陵令、武陵令、汉德县、常安县、南陵长等设置的著文，均分别署称：王隐《地道》无此郡、某书与王隐《地道》并无、某书与王隐《地道》并有，以及王隐云属某某郡等。又王隐《晋书》有《瑞异记》，其著文在沈书的《符瑞志》、《五行志》中的征引，也很频繁。其征引，大致有如下几种情况：

一是著文的时间、行文基本一致。如王隐《晋书》云：

“晋泰始元年，白麟见”②；
“晋咸宁五年，白麟见于平原”③；
“晋太康六年，荆州送两足虎”④；
“怀帝永嘉元年，有玉龟出灞水”⑤。

而沈书征引云：

“晋武帝泰始元年十二月，麒麟见”；（《符瑞志中》）
“晋武帝咸宁五年二月甲午，白麟见平原高县”；（《符瑞志

---

① 《宋书·州郡志一》。
② 《艺文类聚》卷九十八、九十九。
③ 《艺文类聚》卷九十八、九十九。
④ 《艺文类聚》卷九十八、九十九。
⑤ 《初学记》卷九。

中》)

“晋武帝太康六年，南阳送两足虎”；(《五行志二》)

“晋怀帝永嘉六年（按：当是元年）二月壬子，玉龟出灞水”。(《符瑞志下》)

二是沈书著录的全文，用王隐《晋书》佚文相较，基本能见其貌：如沈书《符瑞志上》征引司马懿（宣王）毒杀牛金与晋元帝中兴之符应云：“武帝咸宁元年，大风吹帝社树折。有青云出社中。占者以为有天子气。时琅玡武王伷封东莞，伷，元帝祖也。元帝以咸宁二年夜生，有光照室，室内尽明，有白毛生于日角之左，眼有精光耀……并言是元帝中兴之应。”接着又云司马懿杀牛金事，以应元帝中兴于江东之符，曰：“先是，宣帝有宠将牛金，屡有功，宣帝作两口榼，一口盛毒酒，一口盛善酒，自饮善酒，毒酒与金，金饮之即毙。景帝（司马师）曰：‘金名将，可大用，云何害之?’宣帝曰：‘汝忘石瑞，马后有牛乎?’”这段文字，散见王隐《晋书》的佚文是：“武帝咸宁元年，洛阳太祖庙中，有青气。占者云，以为东莞王后当天子。后改封琅邪，江东之兴也”①；又“元帝白毫生额，上有光明”②；又“宣帝既灭公孙渊还，作榼二口，二种酒，持着马上先饮，佳酒塞口，而开毒酒与牛金，金饮而死”③。

三是沈书的征引，直署王隐之名：如沈书《五行志一》云：“晋惠帝元康六年，陈国有鸡生雄鸡无翅，既大，坠坑而死。王隐曰：‘雄，胤嗣象；坑，地事，为母象。贾后诬杀愍怀（太子），殆其应也’。”又《五行志五》云：“晋惠帝元康九年正月，日中有若飞燕者，数月乃消。王隐以为愍怀（太子）之废死之征也。”

以上征引，因王隐《晋书》有可考者是其《瑞异志》，但有关瑞异著文，则又分别见于沈书的《符瑞志》和《五行志》中。这种情况的存在，说明王隐《晋书》不仅有《瑞异志》，也可能有《五行志》，或同是王隐《晋书》中的瑞异内容，正如沈约所说：“但兆幽微，非可臆断，故《五

① 《北堂书钞》卷一百五十一。

② 《太平御览》卷三百六十四。

③ 《太平御览》卷七百六十一。

行》、《符瑞》两存”，而分别著录。但不管怎样，王隐《晋书》诸志为沈书诸志所征引，这一事实是毋庸置疑的。

（三）沈《书》诸志对于何、徐《宋书》诸志的征引

沈《书》有关魏晋史志的著录，还依据何承天、徐爰《宋书》诸志撰成。何、徐二书的上限也是起自前代魏晋的。沈约《宋书·自序》自云：“何书自黄初之始，徐志肇义熙之元。今以魏接汉，式遵何氏。”又云：“元嘉中，东海何承天受诏纂《宋书》，其志十五篇，以续马彪《汉志》，其征引该博者，即而因之。”所以，何、徐二书诸志，实又是沈约撰写诸志的底本。至于沈《书》的征引，见其《律历志》、《礼志》、《乐志》、《天文志》等，均有征引署称“何承天曰”、“徐爰曰”等字样，尤其是《州郡志》，署称“何志”、“徐志”的字样，更是俯拾即是。

总括上述，魏晋不仅撰有不少史志，无须“补阙”，而且为沈约《宋书》诸志大量征引和因袭。因此，所谓沈《书》的“补阙”之议，不能不与这些史实相左。

三、“补阙”之议之不足取

沈约《宋书》共一百卷，其中有志三十卷，包括律历、礼、乐、天文、符瑞、五行、州郡、百官等八志。其所录史事，确实是上括曹魏，中间包举两晋，内容丰富，材料翔实，不过，正因如此，其目的究竟是系统总结前代魏晋制度和朝章国典，是属一种“溯源”性质，还是因前代魏晋无志而属一种“补阙”？或是虽因前代魏晋有志，但在当时已经散佚，故须“补阙”？这些当有不同含义和不同理解。通过上述，拙文认为：当是前者；而后两者的“补阙”之议，实属偏颇。而且从史实来看，前者与后两者也不存在可此可彼互有联系的问题。

为使问题讨论明白，这里再行将“补阙”之议揭示于读者，即明人所说：“陈寿《三国志》、习凿齿《汉晋春秋》无志，故沈约《宋书》诸志，并前代所阙者补之。”据今可检的文献资料，“补阙”之议，亦发端于明

代。其议所以偏颇，在于发议缺乏根据，忽视了这一时期“佚史”史志修撰的成就，囿于旧有传统观念为钦定“正史”所束缚。此间情况的症结，分述如下：

从发议的原因来说：明人“补阙”之议，是以陈寿《三国志》和习凿齿《汉晋春秋》无志而发的。这样，前有所述，虽然陈寿、习凿齿未撰史志，而大量魏晋“佚史”撰有史志，并为沈《书》诸志征引，所以不存在以沈《书》“补阙”的问题。因此，以此而发的“补阙”之议，理由不足，甚至是不足为理由的。

从沈《书》撰写的时间，或是为他所征引的史籍散佚的时间来说：沈约（441～513年）历仕宋、齐、梁三代，与他同一时期的文史学家，如臧荣绪（415～488年）、萧子显（489～537年）、刘昭（?）、郦道元（?～527年）、刘勰（465～520年）等，他们的年岁有的比沈约还要晚些。但他们都曾见过沈《书》征引的《魏略》和《晋书》，或是他们自己就曾阅读使用过这些史书。如萧子显《南齐书·百官志序》云：“今有鱼豢《中外官（志）》”；刘勰的《文心雕龙·史传》篇还对鱼豢的《魏略》作过评述；刘昭曾用王隐《晋书》为司马彪《续汉书》的史志篇作注；郦道元撰《水经注》亦大量征引王隐《晋书·地道记》。这些说明，在沈约《宋书》撰写时，这些史志尚未散佚，至少尚未全部亡佚。另一方面，从鱼豢《魏略》和王隐《晋书》的流传时间来看，晚至唐代亦未全部散佚。如鱼豢《魏略》的卷数，据隋唐《经籍志》、《艺文志》的记载，基本还保存原有卷数①，而且《隋志》、《唐志》都未署注“今亡”、“今残缺”和“卷亡”等字样。至于王隐《晋书》，考其流传，更为广泛。据史记载，北齐宋绘曾经“依准裴松之注《三国志》，注王隐《晋书》”②，说明其书也在北方流传。其书本九十三卷，《隋志》作存八十六卷，新旧《唐志》

---

① 《新唐志》云《魏略》五十卷；《旧唐志》云《魏略》三十八卷、《典略》五十卷；《隋志》只云鱼豢《典略》八十九卷。因《魏略》、《典略》都署鱼豢撰，可能二者同是一书，这样其卷数大致相同。可参见拙文《〈魏略〉、〈典略〉关系试探》，载《思想战线》1983年第5期。

② 《北齐书·宋显传》；又张鹏一《隋书经籍志补》云：“王隐《晋书》法，隋敦煌宋绘。”

复聚三卷，作八十九卷；清姚振宗《隋书经籍志考证》云：“唐《日本国见在书目》，《晋书》七十六卷，王隐撰。”这些卷帙的不同，也说明王隐《晋书》原先的本子较多，流传的时间较长，范围较广，并在沈约修撰《宋书》时尚未亡佚。这样，既然沈《书》修撰时，这些史志尚未亡佚，所以在当时也不存在因这些史志亡佚，而要“补阙”的问题。但必须指出，今天看来，因这些史志已经亡佚的情况下，沈《书》诸志仍保留这些内容，能起到“补阙”的作用，是两码子事。

与上述相联系，明人“补阙”之议，实又是囿于传统钦定“正史”观念所束缚，反过来说，则是忽视了大量“佚史”的作用。魏晋史籍，一般在明代已经散佚，钦定“正史”的观念在明代也已形成。因此，明人“补阙”之议发端的另一个主要原因，只是着眼于陈寿《三国志》、沈约《宋书》这些“正史”是否撰有史志的得失而发的，即以“正史”的史志得失为准绳。所以，明人之议也不是在肯定有众家魏晋史志的修撰及其成就的前提下发的，不是在肯定众家魏晋史志散佚下，沈《书》诸志才起到保留史料和“补阙”的作用。

因此，沈《书》诸志丰富的内容，所以上括曹魏，中间包举两晋，这是一种“溯源”。溯源是史志编纂的一般成例，沈《书》未撰以前，有何承天、徐爰所撰《宋书》，即“何书自黄初之始，徐志肇义熙之元”，便是其例。这些看法妥否，希求赐教。

（原载《史学论丛》第二辑，云南人民出版社 1987 年）

魏晋六朝时期“佚史”书志的编纂

魏晋六朝时期是我国史学发展的重要阶段，肇自司马迁《史记》“八书”，后为班固《汉书》“十志”所因循完善的书志体例，在这一时期也得到充分的发展。《史通·书志》篇云：“原夫司马迁曰书，班固曰志，蔡邕曰意，华峤曰典，张勃曰录，何法盛曰说。名目虽异，体统不殊。”在这里，华峤以下，均是魏晋六朝史家，他们的著述都已散佚，其所撰书志更名曰典、录、说，还有易名曰记，或仍以志为名的。但后来有的论者，由于对大量散失的史著（佚史）缺乏应有的重视，或是揣摩不周，只注意到今存可据的史著，如《二十四史》书志编纂的得失，而对“佚史”书志编纂的成就，几乎被忽视了。如有的说，自司马彪《续汉书》“八志”以后，“后来的许多史书都不注意这一项，以致仅有纪传而无表志”。此话：阙“表”是真情，但说无“志”，这就与史实相悖了。为了有助于这一时期史学发展情况的总结和研究，这里着重于这一时期“佚史”书志的编纂作一些介绍，以兹辨明，如有不妥，冀求斧正。

一、有关后汉史的书志

后汉史的修撰，踵汉末《东观汉记》以后，最为先出者是三国东吴谢承的《后汉书》。继而有晋代史家所撰的司马彪《续汉书》，其书“八志”补入范晔《后汉书》，这里不再赘述。其后，又有华峤《汉后书》、谢沈《后汉书》和袁山松《后汉书》等家。

谢承《后汉书》一百三十卷（一作一百三十三卷），今已亡佚，但其书撰有书志。刘知幾《史通·书志篇》云："《百官》、《舆服》，谢（承）拾孟坚（班固）之遗。"可知谢承《后汉书》立有《百官》和《舆服》等志。不过，校检刘氏所云，班固《汉书》实无《舆服志》，所云《百官》当指班《书》的《百官公卿表》。又检刘珍、蔡邕等多人所撰的《东观汉记》"十志"（即出于蔡邕的"十意"）中，立有《车服志》等[①]。《东观汉记》为当代史家所撰，是括有纪、传、表、志的当代史，材料翔实，在内容上和体例上，都为后来众家后汉史的修撰打下了基础。因此，谢承《书》《百官》、《舆服》等志的编纂，虽源于班、马，但又是直接继承了《东观汉记》"十志"的。与此同时，曹魏作家所撰的魏史，如《魏略》、《魏书》等也有书志（下述）。这些说明，远在司马彪《续汉书》"八志"未面世以前，三国时期所撰的史籍，其书志的编纂就未中止。

下及西晋，与司马彪《续汉书》同时问世的，又有华峤《汉后书》。刘勰《文心雕龙·史传》篇云：后汉史"若司马彪之详实，华峤之准当，则其冠也"。刘知幾《史通·古今正史》篇亦云：后汉史"作者相继，为编年者四族，创纪传者五家，推其所长，华氏居最"。可见，在注意到司马彪《续汉书》诸志成就的同时，也要注意到华氏《汉后书》所占有的历史地位。

华氏《汉后书》起于光武，终于孝献，记载东汉一百九十五年事，有帝纪十三卷，皇后纪二卷，典十卷，传七十卷，以及三谱、序传目录，凡九十七卷。华氏"改志为典"[②]，故有"志"十卷。但华峤撰写"十典"未成而终，朝廷令峤之中子彻为佐著作郎，继续修撰。彻又卒，又令峤之少子畅为佐著作郎踵之，最后完成其父兄未竟之作。永嘉之乱，畅避难荆州而亡，华《书》也因丧乱散佚，"三惟一存"[③]，余下三十余卷[④]，至初唐仅存十七卷了[⑤]。华《书》"十典"的撰成，说明西晋当局对于书志编

---

① 《后汉书》卷六十下《蔡邕传》注引《蔡邕别传》云："邕昔作《汉记》十意。有律历意第一，礼意第二，乐意第三，郊祀意第四，天文意第五，车服意第六。"又可参见《后汉书·律历志》注引蔡邕《戍边上章》一文。

② 《晋书》卷四十四《华表传附华峤传》。

③ 《史通·古今正史》。

④ 《晋书》卷四十四《华表传附华峤传》。

⑤ 《隋书·经籍志》。

纂的重视，使几次险些中断了的“十典”终就其章，使其《书》成为一部纪、志、传俱全，并在当时享有声誉的断代史。华《书》连同“十典”都已亡佚，但已有书志的亡佚，却不能视为没有编纂。

已经散佚的后汉史，还有东晋史家袁山松的《后汉书》和谢沈的《后汉书》。袁、谢二书也撰有书志。袁山松又作袁崧。郦道元《水经注》征引署称袁山松《后汉书》的《郡国志》著文不少，分别见于河水注、汾水注、清水注、清漳水注、漾水注、阴沟水注、江水注、夷水注等①。又梁阮孝绪《古今书最》亦记录了袁山松《后汉书·艺文志》②。又刘昭注补司马彪《续汉书》“八志”，在《礼仪志》、《祭祀志》、《天文志》、《五行志》、《郡国志》等注文中，都有引自署称“袁山松书”的著文。考这些著文虽未注明出自何志，但从如下几方面推敲，这些著文当是出自袁山松《后汉书》的有关书志。

首先，袁《书》撰有书志篇，上述《水经注》注引袁山松的《郡国志》和阮孝绪所录《古今书最》中的《艺文志》这些篇名可证。有了这两者书志名目，当有其他书志的篇目。

其次，刘昭注补《续汉书》“八志”所征引的著文，其内容性质及其叙事行文，都出于书志的内容，合乎书志的要求，这里仅录如下几条征引，以示明白。如：

《礼仪志上》注引袁《书》云：“天子皮弁素积，亲射大侯”；

《祭祀志中》注引袁《书》云：“行夏之时，殷祭之日，牺牲尚黑耳”；

《天文志上》注引袁《书》云：“怪星昼行，名曰营头，行振大诛也”；

《五行志一》注引袁《书》云：“光和三年正月，虎见平乐观，又见宪陵上，啮卫士。蔡邕封事曰：‘政有苛政，则虎狼食

① 此据王国维校《水经注校》，上海人民出版社1984年版。

② 严可均：《全梁文》卷六十六。

人'";

《五行志二》注引袁《书》云："是时连月有火灾，诸宫寺或一日三发。又夜有讹言，击鼓相惊"；

《五行志三》注引袁《书》云："雹杀人。前后雨雹，此最为大，时天下大乱"；

《郡国志五》注引袁《书》云："建安二十年复置汉宁郡，汉中之安阳、西城郡，分锡、上庸为上庸郡，置都尉"。

这些征引，全合乎书志本身要求的内容及书写行文，不当视为袁《书》中纪、传著文的某些剪裁。

再次，从刘昭《后汉书补注序》中，也说到袁山松《书》撰有书志，而且内容、篇目也很广泛。其《序》云："司马彪《续汉书》总为八志……既接继班《书》，通其流贯，体裁渊深最难逾等，序致肤约有伤悬越，后之名史，弗能罢意。叔骏（华峤）为十典，矜缓杀青，竟亦不成。二子平业，俱称丽富，华彻（当是华畅）乱亡，典则偕泯，雅言邃意，于是俱绝。沈（谢沈）、松（袁山松）因循，尤解功烈，时改见句，非更搜求，加《艺文》以矫前弃，流《书品》采自近录。"在这里既说到华峤，也说到袁山松和谢沈三家后汉史都有书志的编纂，而且全面撰有书志。

最后，值得指出的是，刘昭《序》中所云的"加《艺文》"，"流《书品》"，据罗常培《史通增序》云："《艺文》、《书品》皆志名。"所以，又知袁山松《后汉书》撰有《艺文志》，谢沈《后汉书》撰有《书品志》。这与阮孝绪《古今书最》的记录，又是相吻合的。

总之，如上所述，仅就晋代史家撰有书志的后汉史而言，便有华峤、袁山松、谢沈等家。因此认为司马彪撰"八志"后，所谓许多史书都不注意书志的编纂，而仅有纪、传的说法，是缺乏根据的。

二、有关三国史的书志

三国伊始，第一家撰写三国魏史的是鱼豢《魏略》，其次是王沈的

《魏书》，另有丁孚、韦昭的《吴书》。检此三书佚文和据诸家考证，都撰有书志。

鱼豢《魏略》一书，著录曹魏一代史事[①]，括有纪、志、传。清张宗源《隋书经籍志考证》云：“魏时京兆鱼豢私撰《魏略》，有纪、志、列传，自是正史之体。”这是正确的。《魏略》已散佚，但其书有书志篇犹还可稽。萧子显撰《南齐书·百官志》云：“今则有《魏氏官仪》、鱼豢《中外官》（即《百官志》）也。”其著文，见沈约《宋书·百官志》征引，如署引“鱼豢曰”的“车骑将军”、“四征（征东、征南、征西、征北将军）”、“镇北、四安（安东、安南、安西、安北将军）”等条。《魏略》又有《五行志》，其志名及其著文，见《初学记·天部》注引“延康元年，大霖雨”条。此外《宋书·州郡志》“襄阳”条，亦征引了《魏略》著文。

王沈《魏书》四十八卷，检郦氏《水经注》颍水、漕水、沙水、淮水、辽水等条，都分别引有署称《魏书·国志》或《魏书·郡国志》的著文。章宗源《隋书经籍志考证》、姚振宗《隋书经籍志考证》，以及侯康《补三国艺文志》，均考证认为《水经注》署称的《魏书》是王沈之作。沈约《宋书·五行志》亦云：“王沈《魏书》志篇阙，凡阙灾异，但编帝纪而已。”可见，王书撰有书志，惟阙“五行”而已。

据清人考证，丁孚、韦昭《吴书》也撰有书志。史载，先是孙权命太史令丁孚、郎中项峻修撰《吴书》。孙亮时，又令韦昭等多人撰述。至孙皓时，韦昭“独终其书”[②]，五十五卷。即《吴书》先是由丁孚修撰，最后由韦昭撰成。有关丁孚修史的情况，《南齐书·礼志序》溯述礼仪事云：“魏氏籍汉末大乱，旧事殄灭，侍中王粲、尚书卫觊集创朝仪，而鱼豢、王沈、孙盛并未立也。吴则太史令丁孚拾汉遗事，蜀则孟光、许慈草建众典。”今见刘昭注补《续汉书·礼仪志》，多处征引丁孚《汉仪》著文，故《南齐书》云：“丁孚拾汉遗事”，其说不谬。据此，侯康《补三国艺文志》、姚振宗《隋书经籍志考证》等均载文曰：“考《齐书·礼志序》

① 《史通·古今正史》篇云其书“止于明帝”。按：检《魏略》有载司马氏代魏后之佚文，是著录曹魏一代史事，有关情况当另撰文论述。

② 《史通·古今正史》。

云：'吴则太史令拾汉遗事'，是丁孚《吴书》有《礼志》也。韦昭因之，亦当有志。"

据上所述，虽然陈寿《三国志》阙志，但三国（或魏晋之际）史家所撰的《魏略》、《魏书》和《吴书》等当代国别史，均撰有书志，并为后来《水经注》、《宋书》、《续汉书八志注》等所征引。这正反映了三国时期"佚史"书志编纂的成就，也为后来沈约《宋书》诸志的撰写，不拘断限，"上溯三国"提供了可资材料和条件。

三、有关两晋史的书志

晋史的书志编纂，更有较大的发展。

据史记载，西晋早先有著作郎束皙撰《晋书》"十志"。张隐《文士传》云，束氏于元康四年（294年）为著作郎，"著作西观，撰《晋书》，草创三帝纪及十志"①。《史通·古今正史》篇亦云："著作郎束皙，又撰十志。会中朝丧乱，其书不存。"如果把束氏《晋书》与司马彪《续汉书》、华峤《汉后书》三者相论，其修撰时间大致相同，并都有书志。这就说明，西晋史家除陈寿《三国志》阙志外，是都很重视书志编纂的传统的。

其后，继承这一优良传统的有两晋之际的王隐《晋书》，以及东晋以后的虞预、谢灵运、何法盛、臧荣绪等各家晋史。

王隐《晋书》是著录西晋一代，纪志传俱全的断代史，九十三卷。王书"改志为记"。清汤球辑录其书有《地道记》、《礼乐记》、《舆服记》、《瑞异记》、《刑法记》等。其书志佚文，见于诸书征引最多的是《地道记》，如刘昭注补《续汉书·郡国志》，引自署称"王隐《地道记》"、"《晋地记》"著文，不下六十条。又《水经注》征引王《书》《地道记》著文，更是频繁。清王爽还将王隐《地道记》单独辑录成书②，用力颇

① 《初学记》卷十二《职官下》。

② 《黄氏逸书考·子史钩沉》。

勤，所辑佚文，均有可考。又王隐还创立《瑞异记》，《史通·书志》篇云：“王隐后来，加以《瑞异》。”丁国钧《补晋书艺文志》云：“唐刘赓稽引隐《书》《瑞异记》。原本书钞（七十五）引王隐《书》《石瑞记》（疑即《瑞异记》）。”

东晋虞预《晋书》四十四卷，讫明帝。罗常培《史通增释序》云，其书也有书志。《南史》卷五十九《王僧孺传》，有载任昉赠僧孺诗云：“刘《略》、班《艺》、虞《志》、荀《录》，伊昔有怀，交相欣勖。”其中所云虞《志》，即虞预《艺文志》。罗氏考曰：“刘、班、荀皆举姓，则虞《志》当谓虞预《晋书·艺文志》，非挚虞《文章志》也。”

终两晋以后，宋文帝时，“以晋氏一代自始至终，竟无一家之史，令灵运撰《晋书》，粗立条流”①。谢灵运《晋书》三十六卷，括有书志。其书志之名和内容，见于《初学记·职官志》征引。如“秦有太尉，掌兵，汉乃修之，或置或省”、“古者重武事，贵射御，取其捷御如仆”，以及中书令“以其总掌禁中书记，谓之中台”等条，均署称“谢灵运《晋书》”，或“谢灵运《晋志》云”②。

又刘宋时，何法盛所撰《晋中兴书》七十八卷（一说八十卷），其书著录东晋一代史事，“勒成一家，首尾该备”③，以纪志传为体。何氏《晋中兴书》“改志为说”④，如有《征祥说》，见《御览引书纲目》；又见《初学记·天部下》注引“咸和四年，阴霖五十余日，（苏）峻灭乃霁”条，署称何氏书《征祥记》（当是《征祥说》）。又《史通·书志》篇云：“《悬象》出于《天文》”，据陈汉章《史通补释》认为，此系何法盛《晋中兴书》的《悬象记（说）》⑤。但不管怎样，何氏《晋中兴书》撰有书志是毋庸置疑的。

最后，南齐臧荣绪《晋书》，集众家晋史之大成。《南史·臧荣绪传》

① 《宋书》卷六十七《谢灵运传》。
② 此据仿殿本《初学记》，江左书林石印。
③ 《史通·古今正史》。
④ 《史通·书志》。
⑤ 陈汉章《史通补释》云：“浦释《魏书》作《天象》。汉章案：何法盛《晋中兴书》有《县象记》，非谓《魏书》。”

云：荣绪"纯笃好学，括东西晋为一书，纪录志传百十一卷。"可知臧氏所撰括东西晋史事的《晋书》，纪、志、传俱全。刘知幾《史通·书志》篇云："自汉中兴已还，迄于宋、齐，其间司马彪、臧荣绪、沈约、萧子显相承载笔，竞志《五行》。"可知臧氏晋史撰有《五行》等书志篇。章宗源《隋书经籍志考证》云，臧氏书有《地理》、《礼》、《舆服》、《百官》、《郊祀》、《五行》、《律历》、《刑德》等八志[1]。在众家晋史中，臧氏《晋书》成就最高，清代史家王鸣盛评之说："若臧荣绪既成司马氏一代事迹，各体具备，卷帙繁富，谅有可观，即以垂世，有何不可。"又说："然则欲求晋史全书，自当以荣绪为正，惜其为唐人所压，遂致失传也。"[2] 唐修《晋书》以十八家晋史，尤其是以臧氏晋史为蓝本，所以唐修《晋书》与臧氏《书》的各志也大体相近，并可从中察见唐修《晋书》因袭臧氏晋史的疏漏。如钱大昕在《二十二史考异》中指出：唐修《晋书》中的《李重传》、《司马彪传》所录事迹，有"见《百官志》"和"语在《郊祀志》"等字样，而唐修《晋书》实无《郊祀志》；所言《百官志》是指《职官志》。就是说，唐修《晋书》没有《郊祀》、《百官》的志名，而系因袭臧氏晋史书志篇名之误。又唐修《晋书》的《律历志》、《礼志》、《舆服志》、《五行志》，也是出自臧氏晋史的书志篇名。总之，臧氏晋史"各体具备"，奠下了唐修《晋书》书志的编纂。

至此，晋史的修撰，起自较为完整著录西晋一代的王隐《晋书》，中经著录东晋一代的何法盛《晋中兴书》等，最后臧荣绪晋史合东西晋为一书，均有书志，而且逐渐完备，从未中止。在这里，所谓自司马彪撰"八志"以后，很多史书"仅有纪传"而无书志的说法，更无从谈起。

四、有关南朝各代史的书志

南朝各代史，为南朝史家所撰的史著，以纪传为体者，有沈约《宋

① 按，汤球所辑集臧氏书《辑本》的书志篇名，与章氏考证稍异。

② 《十七史商榷》。

书》、萧子显《南齐书》这两部“正史”外，也有大量“佚史”。宋史有宋何承天、徐爰《宋书》，齐孙严《宋书》，另有梁代未署撰者的《宋书》等；齐史有梁刘陟《齐纪》、沈约《齐纪》、江淹《齐史》等。此外，还有梁谢昊《梁书》、陈许亨《梁史》和陈代陆琼、顾野王、傅𫄧三家《陈书》等。由于这些著述所撰书志不明，或是未竟之作，无法细述，这里只着重说说宋史和齐史的书志编纂。

众家宋史的修撰，于宋文帝元嘉中由何承天开创。何氏年事已老，后由山谦之、苏宝生等相继修撰。孝武帝大明中，又由徐爰踵成前作。何承天、徐爰二书，均有书志，材料翔实，为后来沈约《宋书》诸志的撰写，省下了大半功力。如沈约自言：“何书自黄初（曹魏文帝时）之始，徐志肇义熙（东晋安帝时）之元。今以魏接汉，式遵何氏。”又言：“元嘉中，东海何承天受诏纂《宋书》，其志十五篇，以续马彪《汉志》，其征引该博者，即而因之。”[①] 因而何、徐二书著文，累见沈约《宋书》诸志征引，如《律历志》、《礼志》、《天文志》、《州郡志》中，征引署称“何承天曰”、“徐爰曰”可证。又沈约撰写《州郡志》还着重说到，“今以何、徐《州郡》”等书，用来“互相考覆”[②]。所以沈《书》《州郡志》征引署称“何承天志”、“徐志”、“何徐并有”，“何徐并无”、“何志有，徐志无”、“徐志新立”、“何志唯有”、“何徐并不注”等字样和著文，比比皆是，几乎充塞其书。又南齐檀超、江淹修撰《齐史》书志，也说到“《州郡》依徐爰”。以上可见，刘宋一代“佚史”，不仅撰有书志，而且是沈约《宋书》这部“正史”诸志的撰写底本。故赵翼有言：“人但知《宋书》为沈约所作，而不知大半乃徐爰作也。”[③] 章宗源《隋书经籍志考证》和姚振宗《隋书经籍志考证》均有相类的考证和评说。

南齐史的书志，在萧子显《南齐书》诸志未撰之前，也先出自于“佚史”。史称，齐高帝建元二年（480年）初置史官，江淹、檀超共掌其职，共商订立“国史条例”，并经宰相王俭等的讨论，拟撰“十志”，即《律历志》、《礼乐志》、《天文志》、《郊祀志》、《刑法志》、《艺文志》、《舆服

① 《宋书》卷三十五《州郡志序》。

② 严可均：《全齐文·檀超上表立国史条例》。

③ 《二十二史劄记·宋书多徐爰旧本》。

志》、《州郡志》、《百官志》、《食货志》①。檀超未就而卒，由江淹撰成。史载江淹“凡所著百余篇，自撰为前后集，并《齐史》十志，并行于世。”② 后来萧子显所撰《南齐书》“八志”，便是根据江淹《齐史》“十志”加以增损。此外，南齐史还有陈人许亨所撰的《齐书》（又撰《梁史》），其书亦有书志。《陈书·许亨传》云：许亨“初撰《齐书》并志五十卷，遇乱失亡”。

通过上述说明，自班、马创定书志体例以后，这一体例一直为魏晋六朝史家所重视和继承发展。众多“佚史”撰有书志，就是明证。江淹有言，“修史之难，无出于志”，这向来被视为“完史”、“良史”评价的重要内容。这些“佚史”书志，在当时就起到它的应有作用。如郦氏《水经注》、沈约《宋书》、刘昭注补《续汉书》“八志”等，都曾征引《魏略》、《魏书》和《吴书》等书志著文，不仅反映了三国时期史学的成就，而且使这一时期的朝章国典和制度，不因陈寿三国史阙志造成无书可资，或存在由后人（如沈约《宋书》）来“补阙”的问题。又如司马彪《续汉书》“八志”后，又有华峤、袁山松、谢沈等各家《后汉书》；又有王隐、虞预、谢灵运、何法盛、臧荣绪等各家《晋书》；还有何承天、徐爰等的宋史，江淹、许亨等的齐史等书志编纂，这也不存在所谓司马彪以后的史书只有纪传而无书志的问题。

这一时期众家“佚史”大量书志的出现，还给人们一个有益的启迪：就这一时期所撰写的“正史”（如范晔《后汉书》、沈约《宋书》、萧子显《南齐书》，甚至唐修《晋书》）书志与“佚史”书志的关系来说，一代书志往往先出自于“佚史”，在这个基础上才出现“正史”的书志，或者才获得较高的成就。这当是这一时期史学发展的一个重要特点。

（原载《思想战线》1987 年第 2 期）

① 严可均：《全齐文·檀超上表立国史条例》。

② 《南史》卷五十九《江淹传》。

论我国农民战争与生产力的发展

生产关系与生产力的矛盾，是人类所经社会一切矛盾的根源。在私有制社会形态中，都是以阶级对抗为基础的，阶级斗争才能集中社会的主要问题，才能揭示社会矛盾的根源和性质，社会生产只能在阶级对抗中发展。在中国封建社会里，农民起义和农民战争对于生产力发展所起到的作用，一是使生产关系从生产力阻碍者的作用，转变为生产力主要推动者的作用；二是在打击封建统治秩序的基础上，使劳动者从与生产资料分离的状态中走向结合，为生产力的发展创造条件；农民战争后新王朝的调整政策，对生产力才会起到真正的促进作用。

农民战争与生产关系的调整

我国封建社会的经济结构和阶级结构，是建立在封建土地所有制（封建国家土地所有和地主土地私有）基础上的。封建主义生产关系，就是地主阶级占有和支配农业生产的主要资料（土地），并借以对农民阶级进行经济上的剥削。地主阶级是封建生产关系的主要代表，创造物质资料的农民阶级是生产力的主要体现者。如果对此的理解深入一步，其结论便是：封建生产关系与生产力的对立统一，及其对立一面的发展，反映在阶级关系上就是地主阶级与农民阶级的对立统一，及其他们之间矛盾斗争的发展。农民战争是进行阶级斗争的最高形式，也是封建生产关系与生产力的矛盾所采取外部对抗形式的表现。所以说，封建社会农民阶级与地主阶级的矛盾斗争，最能集中社会问题，揭示出社会矛盾产生的原因和性质，从而说明："剥削者和被剥削者之间的阶级斗争，就是封建制度的基本特征。"① 因而，封建主义生产关系与生产力的矛盾，应当同地主阶级与农民阶级的矛盾联系起来，看到农民起义和农民战争在调整和解决这种矛盾，促使生产关系的变化，推动社会生产力发展的作用。

我国封建社会的农民起义和农民战争，归根结蒂，是反对和改造不适应生产力发展的生产关系。在农民战争史上，如秦汉间农民起义对于以军功地主为代表的封建势力的削弱，对于残存奴隶制的扫除；又如两汉农民起义对于土地兼并趋势的抑制，以及对于宗法地主势力和士族门阀势力的打击；再如宋代以降农民起义对于封建等级制度和土地制度的冲击；等等。这些，都反映农民起义反对不同历史时期落后或是腐朽的生产关系，为社会生产力一步步地得到继续发展，扫除障碍。诚然，农民战争不可能自觉地反对封建生产关系，但基于封建土地所有制对于农民沉重剥削和压迫的生产关系，逼迫他们进行自发的斗争，其客观效果必然如此。马克思说过："我们判断一个人不能以他对自己的看法为根据，同样，我们判断这样一个变革时代也不能以它的意识为根据；相反，这个意识必须从物质生活的矛盾中，从社会生产力和生产关系之间的现存冲突中去解释。"② 这对我们认识农民战争推动生产力的作用，是很有启发的。

封建生产关系与生产力的矛盾，暴露得最为充分不过的是土地兼并和它的发展趋势。土地兼并的过程，是农民破产、流亡，乃至丧失人身自由的过程，亦即生产力遭到破坏的过程。它贯穿在封建社会的始终，是封建王朝动荡不安、分崩离析的一种量测器，土地兼并在哪个王朝严重出现的时候，敌对阶级的矛盾便急剧激化，各种社会矛盾集结，这个王朝就面临社会危机。我国历史上大规模的农民起义和农民战争，一般都是在这种历史条件下爆发和进行的，并且由此调整土地关系，中断和抑制土地兼并无限发展的趋势。

众所周知，东汉一代"豪人之室，连栋数百，膏田满野，奴婢千群，徒附万计"③，那种土地兼并和人口掠夺状况都是前所未有的。封建土地和

① 《列宁主义问题》，人民出版社 1973 年版，第 651 页。
② 《马克思恩格斯选集》第 2 卷上，人民出版社 1972 年版，第 83 页。
③ 《后汉书·仲长统传》。

人口占有关系的发展，成为东汉社会经济发展的桎梏，阶级斗争形势也急剧变化。黄巾起义后，继之几十年的军阀混战，旧的土地和人口占有关系都被打乱，地主豪强的大部分土地，都因起义者对他们的打击或是生产者的逃亡，成为“土业无主”闲置旷耕的荒地。史载三国有钟离牧由会稽山阴迁到永兴，垦殖荒地的情况说：“（牧）少爰居永兴，躬自垦田，种稻二十余亩。临熟，县民有识认之，牧曰：‘本以田荒，故垦之耳’。”① 这种情况，《文献通考·田赋二》也作了这样的叙述：“至于汉亡，三国并立，民既死于兵革之余，未至繁息，天下皆为旷土，未及富盛而天下皆为大乱。虽当时天下之田，既不在官，然亦终不在民。以为在官，则官无人收管；以为在民，则又无簿籍契券，但随其力之所能至而耕之。”当日的统治者曾经对这种土地有过许多议论，并提出过不少处理意见。但不管如何，当时“天下比为旷土”、“随力所耕”的局面，不能不是汉末“地广而不得耕，民众而无所食”② 那种土地关系的改变。这是农民战争的胜利果实。它使劳动者得到重新与生产资料结合的机会，为社会生产力发展提供了必要的条件，也为自己成为社会经济恢复和发展的主要担当者。

在我国历史上，表现为劳动者与生产资料结合的状况，一般又只能在短期内存在。而我国汉、魏、唐、明由前代社会经济的衰退和凋敝，转向复苏、发展，或者出现所谓“开明盛世”，这都与这时期之前大规模的农民战争，对于土地和人口占有关系的调整，休戚相关。

封建生产关系与生产力的矛盾，最为显著的社会现象又莫过于社会财富的分配和占有。从这方面来说，社会财富的积累也是生产力发展的重要表现，生产力在阶级对抗中发展，社会财富也在对抗中积累和集中。

秦末农民战争带来西汉前期社会经济的繁荣，出现“都鄙廪庾皆满，而府库余财货”③ 那样的“盛世”，而西汉一代地主豪富的经济势力却正在这时急剧地发展。按司马迁所述，食邑“千户之君”，或“带郭千亩”，或“僮手指千（拥有一百个奴婢）”，或“牧马二百蹄”④ 等年收入钱二十

① 《三国志·吴志·钟离牧传》。

② 《后汉书·刘陶传》。

③ 《史记·平准书》。

④ 《史记·货殖列传》。

万以上的地主豪富，已遍布天下，而且正向着“千万”、“巨万”之家的趋势愈演愈烈。即使如此，但与东汉一代地主财富集中相较，却又小巫之于大巫。有桓帝时崔寔说：“上家累巨亿之资，户地侔封君之土，行苞苴以乱执政，养剑客以威黔首，专杀不辜号无市死之子，生死之奉多拟人主。故下户崎岖无所踌足，乃父子低首奴事富人，身率妻孥为之服役。”[①]地主阶级经济实力的增长，体现着对农民压榨的加重。那时，封建政府的财政收入的增长幅度也是惊人的。仅以租税为例，西汉宣帝时每年收入百姓赋钱四十万万，吏俸用其半，余二十万万藏于都内为禁钱。东汉政府控制的户口和垦田数字，最高纪录都未超过前朝水平（这与地主豪强隐匿土地和人口有关），但每年租税收入竟达六十多万万，超出西汉二十多万万。值得注意的是，东汉一户豪富的资财也有三十万万，又相当于政府每岁财政收入的一半。可见，劳动人民创造的物质财富，却是地主阶级所享有。当然，有着充裕的物质基础，地主阶级中的一部分人在文化上做出贡献，对于历史的发展还是有促进的。这也说明，封建社会一切都在阶级对抗中发展。

但社会财富的集中，恰又是财富不均、贫富悬殊为表现的社会生产关系的不平等。这种社会现象，对于农民群众或是起义农民，虽然无法自觉地理解到这与封建土地所有制之间的关系，但它却是农民认识现实黑暗的起点，也是农民起义初期行动的锋镝所矢。陈胜义军的“望屋而食”，西汉的“盗贼劫略，取民财物”[②]，东汉黄巾军的“劫略聚邑”，以及唐黄巢义军的“见穷民，抵金帛与之”[③] 等行动，都是对于封建生产关系不平等的朴素行动和认识的反映。由这种“劫财”行动的深入和认识的提高，起义农民提出的“均田”、“均平”，以及“等贵贱”的行动口号，就不能不触动封建生产关系的基础（即封建土地所有制）了。虽然农民的这种“均平”纲领不可能实现，但大规模农民战争过后所建立的新王朝，有如汉兴，接秦之敝，实行“轻田租”、“薄赋税”，又如明初的“均田”，以及“均徭”、“平均赋役”等政策的推行，这也不能不是封建生产关系的重大

① 《全后汉文》：崔寔《政论》。
② 《汉书·鲍宣传》。
③ 《新唐书·黄巢传》。

改善。这又说明，这种封建生产关系的重大调整，也是由农民战争实现的。

马克思曾经这样说过："为了正确地判断封建的生产，必须把它当作以对抗为基础的生产方式来考察。必须指出，财富怎样在这种对抗中形成，生产力怎样和阶级对抗同时发展。"① 所以，只要把生产关系与生产力的矛盾同农民与地主的阶级对抗联系起来，把生产力的发展同农民战争对于生产关系的调整联系起来，就不难看出农民战争在推动封建社会发展中所显示的伟大作用，也可找到中国封建社会经济波浪式发展的症结。

农民战争与上层建筑的调整

在封建生产关系与生产力矛盾的基础上，还有与之相应的上层建筑与经济基础之间的矛盾，它们之间相互关联和相互影响。不过要解决生产关系与生产力的矛盾，要有赖于上层建筑与经济基础矛盾的解决，生产力才能突破生产关系的束缚走向发展的道路。当上层建筑对于经济发展起到逆转、破坏者的作用，要转变为对于经济发展起到顺应、促进者的作用，而实现这个转变任务，也历史地落在农民起义和农民战争肩上。因而农民战争推动生产力的发展，又集中地体现在打击维护封建统治的地主政权——封建上层建筑的支柱。

封建统治主要指封建的政治压迫和经济剥削，地主阶级政权是封建经济基础的上层建筑，维护封建剥削制度的权力机关。统治阶级剥削、压迫的阶级意志，便是赖于地主政权对农民阶级的专政来实现的。因此，每当历史上农民大起义前夕，封建剥削、压迫制度难以继续维持下去的时候，统治阶级的意志与广大人民的利益就愈加显得尖锐和对立，政治上愈加强化它的统治，企图抑制农民的反抗，稳住封建统治秩序。在这种情况下，腐败黑暗的封建统治，就完全成为封建生产关系束缚生产力发展在政治上的代表。同时，只要这种黑暗统治继续存在，不仅不能松弛生产关系对于

① 《马克思恩格斯选集》第1卷上，人民出版社1972年版，第119页。

生产力的束缚，而且不断促使劳动者与生产资料的继续分离，继续摧残生产力。恩格斯在分析国家政权作用时说过："暴力（即国家权力）也是一种经济力量！"① 又说："政治权力能给经济发展造成巨大的损害，并能引起大量的人力和物资的浪费。"② 因而，打击封建统治，摧毁地主政权，改变其基础，改变封建土地占有关系，便成为农民战争解放生产力，促进社会经济发展的标志。

例如，秦汉期间，残余的大批奴隶这种落后的生产力要得到解放，取决于打击封建上层建筑——地主政权，明显地表现为两种不同情况。一是在农民起义直接打击和推翻封建地方政权下，部分奴隶加入到反抗斗争行列，或者逃出秦王朝的控制，从而摆脱奴隶地位。一是像用于非生产性的七十多万刑徒和奴隶，他们一直在秦王朝中央政府直接控制下，虎口余生，不仅得不到解放，反而被秦王朝强迫编成反动军队，用来强化封建统治，镇压解放生产力的农民起义和农民战争。

又如，西汉以降，土地兼并趋势的发展，迫使大量农民从土地上游离出来。流民大量出现，土地失耕，是封建生产力遭到严重破坏的恶果，他们已是封建统治造成的社会经济发展的消极因素，仅靠原有的封建统治是不可能把他们再化为积极因素的。如东汉末年几十万几十万的流民，在东汉王朝还能控制下，就是如此。因为东汉政府可以用"简别流民"等那样的办法，强制他们返归故土；即使回到故土，他们仍然与土地分离，生活照样挨饿受冻。然而，黄巾起义却使他们改变过来，动员和组织起来，斗垮了东汉的反动统治，使他们能够在三国时期回到土地上，重新调动了他们的生产积极性。

再如，在西晋王朝的腐朽统治下，数以百万计的流民像潮水般的涌将出来，随处觅食。其中天水、略阳等六郡流民数万家十余万口，"布在梁、益，为人佣力"。流民"为人佣力"不过是为地主雇用，干一些舂米、樵采及其他农事上的劳作，以求得生存的机会。但西晋政府还是不容他们这样持续下去，同样采取"简别流民"的对策，而且手段更为狠毒，派出官

① 《马克思恩格斯选集》第4卷下，人民出版社1972年版，第486页。括号内的注文是原有的。

② 《马克思恩格斯选集》第4卷下，人民出版社1972年版，第483页。

吏“逼遣”，勒令流民限期上道，还在津要设置关哨，搜索流民资财，迫得流民“不知所为”①。由此又可见，流民还是流民。但在这种情况下，也是通过李特领导的流民起义，结束了西晋王朝在益州的黑暗统治，才一改前貌。史称为流民反晋斗争中在益州建立起来的成汉政权，重视流民和当地居民的利益，“宽和政役”，注意发展生产，“年丰谷登”，又“兴文教，立官学”。于是，境内出现了“事少役稀，百姓富实，至乃闾门不闭，路不拾遗，狱无滞囚，刑不滥及”② 的清明景象。西蜀地区的社会经济得到继续发展。

上述三朝三例，前后对照都可以看出，或是秦王朝用于非生产性的刑徒、奴隶，或是汉晋期间出现的大量流民，还是铤而走险锋镝中求生的起义农民，从生产力的角度看，这些劳动者都在相当期间内，都与生产资料在事实上没有结合。这是封建生产关系与生产力矛盾引起，而封建的黑暗统治“政治权力”加速造成的，一再说明了只要旧的封建统治继续存在，这种局面就一直加深地存在下去，只有结束旧的封建统治才能改变过来。因而，农民战争打击封建统治，摧毁地主政权，调整封建上层建筑与经济基础的矛盾，从而推动生产力发展的重要作用，是不容置疑，应该充分肯定的。

逃亡流民和起义农民是血肉一体的两个方面，但两者行动的意义却不是一样的。流民只有走向反抗封建统治的道路，才具有起义农民那样的积极意义；农民起义是生产力的解放者，但也只有当推翻或斗垮旧的封建政权，才能使生产力得到解放。我国历史上大规模的农民起义和农民战争，应该说都是达到改造和推翻封建黑暗统治目的的。因而，打击和推翻旧的封建统治，集中体现了农民战争的作用，同时是它解放生产力的标志，其他形式出现的王朝更替（如王莽代汉、司马氏代魏等），却无法起到这种作用，也无法插上这种用农民鲜血换取得来的标志。

显而易见，农民战争对于旧的封建统治的破坏，不是它的过错，恰恰是它对于社会发展的伟大功绩。当然，在他们进行反抗斗争中会给生产上

① 《晋书·李特载记》。

② 《华阳国志·李雄志》。

或经济上带来某些损失，而在当时的历史条件下却是在所难免的，比起它的功绩又是次要的，何况战争的兴起是封建统治所造成的。为了正确评价农民战争，总结历史经验，指出它的缺点，分析其根源，这是应该的。但如果超越历史条件，用“指责”代替了“指出”，颠倒了它在历史上的作用，那就不应该了。

农民战争与统治阶级政策的调整

农民战争用革命暴力给予封建统治沉重打击，重新调整了生产关系，为社会经济打下重新恢复和发展的基础。但从全面来看，生产关系的调整主要是通过政策（和制度）来体现的，而政策的制定和实施是由统治阶级来进行的。因此，农民战争的作用必然与统治阶级调整政策发生密切联系。

在说到封建社会的动力，有同志认为无论封建王朝的前期、中期、后期，统治阶级都会“主动调整政策”，但又说：“调整的形式、性质和作用是因时因地而异的。”这一说法，是值得商榷的。既然离开统治阶级政策的“性质和作用”，来谈所谓“主动调整政策”是没有实际意义的。如果从动力的原理来检验统治阶级调整政策的“性质和作用”，那么统治阶级调整政策却要受到阶级斗争的制约，主要是受到农民起义和农民战争的影响，而农民战争后统治阶级的政策，才会起到较大的、具有整体性的促进社会经济发展的作用。

从旧王朝末期乃至农民战争期间，统治阶级是有过针对时弊和社会问题，提出过改变某些政策的建议，或者企图实现某种计划方案。例如秦王朝末期就有右丞相冯去疾、左丞相李斯、将军冯劫等，曾经向秦二世提出停止修建阿房宫，以及减省全国征戍、转运等苦役的建议。这一建议，正是李斯三人看到仅靠武力无法镇压农民起义，用来缓和人民反抗斗争的。史载他们的进谏曰：“关东群盗并起，秦发兵诛击，所杀亡甚众，然犹不止。盗多，皆以戍、漕、转、作事苦，赋税大也，请止阿房宫作者，减省四边戍、转。”结果，秦二世一听，感到自己“贵有天下”，反而责怪他们

“不为朕尽忠力”[①]，甚为恼怒，立即把他们送去治罪。冯去疾和冯劫自杀，李斯坐牢。可见秦王朝调整政策的发生和结局，都是受到阶级斗争制约的，所谓统治阶级任何时候都会“主动调整政策”是不存在的，即使像李斯三人被迫进行，也无法实现，就更谈不上起到“动力”作用了。如果说李斯等人的建议，还不足说明所谓政策“形式”的话，那么再看西汉末年的情况。西汉末年，各地农民起义已经此起彼伏了，大司马师丹辅政哀帝，企图摆脱社会危机，针对“兼并之害”[②]，提出“限田限奴婢”的主张。这一主张为哀帝接受，并责令群臣讨论，丞相孔光和大司空何武等拟了一个调整政策的方案，最后由哀帝下诏公布，规定：“吏民名田，皆无得过三十顷”；“诸名田、畜奴婢过品（越过官品等级），皆没入县官”；“贾人皆不得名田、为吏，犯者以律论”[③]。这个方案，可算是完备而切时弊的了，这个过程，可算是合乎全部封建法律秩序进行的了。但因为触动了地主贵族们的利益，结果堂堂诏令，仍然是一纸空文。下降东汉末期，情况更为不妙，连个像样的方案也拿不出来。所有这些，再次说明了旧的封建统治没有得到应有的打击和改造，统治阶级中的某些集团或人物，虽有调整政策的愿望，提出稍具积极意义的主张，也是难以付诸实施的。

这里附带说上王莽几句，他的代汉，也算个“改朝换代”，当他接过西汉政权这个烂摊子后，也曾来个神气十足的全面“改制”。这应当也是地地道道的调整政策，但他的政策却适得其反，“农商失业，食货俱废”[④]。不仅不能起到社会发展的“动力”作用，而且也导致他的统治加速覆灭。

为什么农民战争后，新王朝能够一变前貌呢？

新王朝的出现，在于它是“新”的统治。这个新的封建统治，是在农民战争推翻旧的封建统治基础之上建立起来的，虽然同是封建统治，本质相同，但却有很大差别，不能等同视之。

（一）旧的腐朽势力得到扫除，原有的生产关系、上层建筑都被打乱，

① 《通鉴·秦纪三》。
② 《汉书·食货志》。
③ 《汉书·哀帝纪》。
④ 《汉书·王莽传》。

或被破坏。一方面使新王朝在它建立前后的一段时期内，统治者重建的政治制度和经济制度，不可能立即把过去腐朽的东西（如奴隶制残余、贵族专权、贪污腐化、贿赂公行等等）全部吸收进去，继续下来；一方面也使他们在制定新的制度、政策时减少了阻力，包括统治阶级内部的反对势力。统治阶级调整政策有它新的历史条件。

（二）新的统治者调整政策有比较坚实的思想基础。这些人物和他的集团上台，有的本身就是农民起义的领袖如刘邦、朱元璋，还有西晋末年流民起义的领袖（成汉政权的建立者）李雄；有的是利用农民起义和镇压农民起义上台的，如刘秀、李渊父子；有的是参与镇压农民起义而后发展起来的，如曹操。镇压农民起义者，他们的罪责在历史上都记了账。但这些人物和他的集团，作为地主阶级，在他们的实践下，都可以从正反两方面吸取前朝灭亡的教训，多少领略到人民力量之可畏，多少懂得人心之所向。并且在他们进行的战争中，行动上就有不少表现，如废除严刑苛法，释放奴婢，以及开仓赈济等等，用来收揽人心，扩大自己的势力，而在他们的思想上也就打有适应时势的烙印。如刘秀曾说："吾理天下，亦欲以柔道行之。"① 认识到不能像前代那样过分地迫害人民。李世民鉴于农民起义覆灭隋朝的事实，一再告诫太子李治说："舟所以比人君，水所以比黎庶。水能载舟，亦能覆舟。尔方为人主，可不畏惧！"② 朱元璋也曾讲过："夫步急则蹶，弦急则绝，民急则乱。"认识到"居上之道，正当用宽"的道理。他还说过："天下初定，百姓财力俱困，譬犹初飞之鸟不可拔其羽，新植之木不可摇其根。"认为巩固自己的统治，"要在安养生息"③。

总之，统治阶级是能够接受农民战争教训的，而且这种教训是深刻的。它抑制了统治阶级的意志，缩短了与广大人民利益相对立的距离，迫使在他们统治的一段时期内，不敢恣意重复像"竭天下之资以奉其政，犹未足以僋其欲"那种广无限度的贪婪，警惕避免像"天下已坏"，"而弗自知也"④ 那种安不自度的危险。因而，新王朝实行调整政策，既有它新

① 《后汉书·光武帝纪》。
② 《贞观政要·教戒太子诸王第十一》。
③ 《明洪武实录》卷二十五、卷三十六。
④ 《汉书·贾山传》。

的历史条件，又有它适应时势的思想，也就能够顺应历史要求，顺应人民的愿望，采取诸如“轻徭薄赋”、“劝课农桑”、“省减刑罚”，以及“打击豪强”等措施，并能付诸实行，对于社会经济发展也就能起到一定的促进作用。正如列宁所说：“观念的东西转化为实在的东西，这个思想是深刻的：对于历史是很重要的。”①

这里所说，农民战争的打击与旧王朝的灭亡，以及统治阶级接受农民战争教训与总结前朝灭亡的经验，是同一事件的前因后果。强调统治阶级会“自动地”、“自愿地”调整政策的同志，不愿看到农民战争的作用，攫其所嗜，一头栽进他所认为的“主要是总结前朝灭亡经验”里去。照此说法，只可根据前朝灭亡经验，那么历史上改朝换代层出不穷，为什么许多王朝的建立，就不能出现一个社会经济繁荣的像样局面呢？而这种局面恰恰是在激烈的阶级斗争冲击下，在大规模农民战争风暴后出现，这不是引人深思吗！执其一端，只讲前朝灭亡，不讲其灭亡原因，也就是“只见树木，不见森林”的方法，是不能解释历史发展动因的。

（三）从新的统治者个人来说，他们是有所作为的。在探索农民战争与统治阶级调整政策的关系中，应该注意到这个重要事实：农民战争削弱或推翻旧的统治基础上，还得靠他和他领导的集团进行艰苦奋斗，天下是由他们最后打出来的。在当日战争环境里，不是你吃掉我，就是我吃掉你，统一天下不是容易的事，没有他个人的才干和胆识，是办不成事的。刘邦统一天下，经过多年才消灭了比他强大得多的项羽集团；刘秀窃夺农民战争果实，建国后还经过十多年消灭割据势力才获得统一；弱小的曹操，最后战胜群雄才把北方统一过来。李世民、朱元璋都经过似此的道路。新王朝能够调整政策，并能付诸实施，是和他个人的作为和才干分不开的。如果以为在改朝换代中，哪个登上皇位，所谓作为、才干、胆识就往他那里跑，就可调整政策，就可大显身手，恐怕没有这样的事。当然这是“时势造英雄”，不是农民战争造成的形势，恐怕刘邦还是个无赖，朱元璋也只有穿着“袈裟”老死终身。同样，也应该看到“英雄”的作为，否则会把农民战争的作用不切实际地夸大。

① 《列宁全集》第38卷，人民出版社1959年版，第117页。

（四）与上述相联系，新上台的帝王不是世袭的。但也不像地主阶级野心家王莽一样，搞权术，搞阴谋，爬上皇帝宝座的；也不像南朝刘宋以后的更替，在王朝内部谁掌握了军队，谁的力量就大，一旦时机到来，谁就是皇帝，更换朝号。他们上台虽然不是世袭，却与世袭皇帝一样，坐享其成，败坏无能。创业难，守成难。农民战争后新上台的帝王历经前事，必有后顾，在他们重建和稳定封建统治秩序的同时，思想作风和工作作风，乃至生活作风一般都有较为显著的变化。政治上关心前代的得失，亲自执政，还能纳谏、进贤；经济上注意“安养生息”，以“农为本”，不过分地骚扰农时；生活上提倡节俭、廉朴。所有这些，在世袭皇帝身上，一般不容易看到的。他们自身这样做，自然也影响了周围的大臣，也告诫了王朝初期的几代。因此，从历史上看，新王朝开国时期的施政方针和政策，在往后几代能够继续贯彻执行，而所谓“开明治世”在王朝前期出现，也就不是偶然的了。在中国历史上，世卿世禄制度曾经为阶级斗争所改造，延续下来的封建世袭制度仍然根深蒂固，也只有农民战争在事实上才给予其沉重打击而中断。由此一斑，也可看到农民战争促进生产关系变化，也促进了上层建筑的变化，从各个领域内给生产力发展开辟了道路。

（原载1983年云南大学历史系《史学论文集》）

黄巾起义述议

公元25年，东汉王朝在镇压绿林、赤眉起义的血泊中建立起来了。经过历时十年的农民战争，广大农民用革命的暴力摧毁了新莽①的反动统治，夺回了被地主强占去的部分土地和财物；许多曾为官家和私人服役的奴婢，也纷纷逃奔出走或参加起义，摆脱了奴隶的地位。社会生产关系得到一定程度的调整，地主阶级的封建统治秩序遭到沉重的打击。由于农民起义的推动和广大劳动人民的辛勤努力，东汉前期的社会经济，得到比较迅速的恢复和发展。

在农业方面，那时候各地先后修复和新建了许多水利灌溉工程，开辟了大量稻田。西汉以来不断泛滥成灾的黄河，公元69年（汉明帝永平十二年），在王景、王吴的主持下，经过几十万劳动人民的全力修治，以后有八百多年没有改道。用牛耕田和使用犁铧等技术，日益改进。各种全铁制的新型农具不断出现，进一步提高了耕作效率和质量。黄河中下游地区的先进技术，也逐渐向北方高原和江南一带推广。手工业又有新的创造，为了适应日益增长的对铁制农具的需要，冶铁工人在长期劳动中，不断改进技术，发明了水排②，不仅节省人工，而且功效增大，提高了产量，这就为大量制造铁农具、发展农业生产创造了更好的条件。我国“四大发明”之一的造纸术，在这时继续得到推广和提高，进一步促进了文化的传播和发展。中外经济文化的交往日益频繁，更加增进了我国人民同各国人民之间的相互了解和友好关系。东汉前期，我们的祖国经济发达，文化先

① 公元8年，西汉贵族王莽掌握大权，自称皇帝，建立新朝。

② 一种鼓风机械，即利用水的冲力转动机械，鼓动风箱，给冶铁炉不断送氧，吹燃木炭。

进，拥有五千多万人口，是当时世界上有名的文明大国之一。

东汉的劳动人民尽管用自己勤劳的双手创造了巨大的物质财富和精神财富，推动了历史的前进，但是，在少数人压迫和剥削多数人的阶级社会里，经济的发展，文化的昌盛，并不意味着广大劳动人民痛苦处境的改变。东汉一代，地主豪强势力迅猛扩张，土地兼并现象日益严重，广大农民纷纷破产，阶级矛盾迅速激化，在各地农民不断起义反抗的基础上，公元184年，终于爆发了震撼全国的、以张角为领袖的黄巾大起义。

一、黄巾起义的历史背景

（一）豪族跋扈，贫富悬殊

毛泽东同志指出："宗法封建性的土豪劣绅，不法地主阶级，是几千年专制政治的基础。"① 中国的封建社会经过几百年的发展，地主阶级势力不断增长，在各地形成豪族。刘秀（即汉光武帝，公元25～57年在位）本人和他的亲戚就是南阳郡②的大地主、大富商，跟随他镇压农民起义立了大"功"的所谓"云台二十八将"、"三十二功臣"③，大部分也是豪强地主，他们的双手都沾满了农民的鲜血。东汉王朝就是以南阳地区的豪族地主集团为核心的地主阶级政权。

刘秀一爬上皇帝的宝座，就大封亲戚、功臣为王侯。每个王侯都有大量的封地，占有千户万户的还算是少的，多的竟达四县到六县之地！至于皇族更是嚣张跋扈，比如济南王刘康不仅有自己的封国，而且后来又增加了六县封地，占有奴婢一千四百人，骏马一千二百匹，私田八万亩，过着

① 毛泽东：《湖南农民运动考察报告》，参见《毛泽东选集》，人民出版社1968年四卷合订本，第15页。

② 汉代南阳郡的辖境相当于今河南熊耳山以南叶县、内乡间和湖北大洪山以北应山、郧县间。治所在宛，即今南阳。

③ 刘秀的儿子、汉明帝刘庄为了给臣僚树立表率，在南宫云台画了邓禹等二十八人的图像，以表彰他们的"功勋"。再加上王常等四人，即三十二功臣。

穷奢极欲的生活。

除了这批勋戚贵族外，从中央到地方各级官吏都由豪族地主分子充任，其中有些人依靠征辟①、任子②等腐朽的官僚政治制度，长期保持强大的政治势力，在他们周围簇拥着大批趋炎附势、为虎作伥的门生③、故吏④，形成世袭的官僚集团，称霸一方，鱼肉百姓。

还有一些富商大贾和豪强地主，虽然没有做官，但他们在东汉政府的包庇优惠下，拥有雄厚的经济力量，大放高利贷，所以在社会上也有很大势力。

以上这些豪强地主都聚结宗族，收养宾客⑤，构成了大大小小的豪族集团。他们凭借权势，横行不法，疯狂地兼并土地、掠夺财富，迫使大批农民失去自己的耕田，沦为“流民”或豪强地主的依附农民和奴婢。当时地主的“买地铅券”上经常这样写着：“根生土着毛物（田里生长的草木和栖居的野兽），皆属某某（地主）。田中若有尸死，男即为奴，女即为婢，皆当某某（地主）给使（差役）。”地主不仅霸占了农民的土地，而且妄想强使已经死了的农民也变成他的奴婢，真是一字字、一句句活画出豪强地主贪婪凶狠的无耻嘴脸！

那时候，地主豪强都经营着占有大量土地的庄园，形成一个个“独立王国”。大庄园里以农业为主，也有手工业和畜牧业生产，依附农民是主要的劳动者，也是庄园主长期奴役压榨的对象。他们在当时被称为“徒附”，实际上是半农奴的身份，除了不能随意买卖外，没有丝毫人身自由，被紧紧地束缚在地主的土地上，劳动时还要受到地主、狗腿子的严密监视和任意凌辱。他们一年到头辛辛苦苦，要拿出全部收成的百分之六十以上给地主交租。在河南密县出土的东汉晚期画像石墓和壁画墓中的一幅“地主收租图”上，我们可以看到在一座又高又大的仓楼前，肥头胖耳的地主正坐在席上，他的面前有两名被迫前来交租的农民，一个跪着，一个站

① 公卿和州郡长官可以自己任用地主阶级知识分子为部属。

② 年俸二千石以上的大官，任满一定期限后可以保举自己的子弟当官。

③ 被大官僚荐举的地主阶级知识分子。

④ 大官僚的旧属下级官吏。

⑤ 攀附于大官僚的各种剥削阶级的没落分子。

着，席旁有租米三堆，正待狗腿子们过斗入仓。这就是一千多年前地主掠夺农民的真实写照！无孔不入的地主还乘农民之急，贱买贵卖，放债盘剥。农民遇到荒年歉收，在租债催逼下，往往要出卖自己的妻子儿女，造成家破人亡。就这样，依附农民全家的男女老幼，一代又一代，终身劳苦，活着缺食少穿，死了得不到埋葬，年年月月挣扎在饥寒交迫、贫病相煎的死亡线上。

为了保护庄园和加强对依附农民的控制，地主豪强在庄园的周围修筑了高墙、土堡和深沟，庄园的四隅则耸立着高达三四层的角楼。庄园主把青壮年依附农民强制编为家兵，加以武装，由管家、打手控制，四处巡逻，守卫庄园。每当三月青黄不接和九月秋谷登场的时节，更是要加强家兵的操练和警戒，用以对付受“春荒”、“寒冻”威逼起来造反的农民。

像这样的地主庄园遍布全国各地，许多庄园主一家就霸占了成千上万的依附农民。庄园里豪强地主对依附农民的残酷压迫和剥削，也就是整个东汉社会阶级关系的缩影。

在地主阶级的巧取豪夺下，即使暂时还保有少量土地的农民，也同样过着牛马不如的生活。东汉时，全国分为十三个州，州下辖郡、县，从中央到地方的各级政府，把一切沉重的负担都压在农民的身上。横征暴敛，层出不穷。汉和帝刘肇（公元 89～105 年在位）为他的一个皇族中山简王刘焉修坟墓，就花钱一亿，惊动了“六州十八郡”的老百姓，征调了一万多名民工；他的大舅窦宪娶老婆，“天下郡国”都有贺礼。这些财物当然都是搜括来的民脂民膏。汉桓帝刘志在位期间（公元 147～167 年），统治阶级愈加奢侈腐化了，一切费用大量增加，苛捐杂税多如牛毛，由政府直接下命征收的税额，就比过去增加了十倍。黄巾起义直接打击的对象——汉灵帝刘宏（公元 168～189 年在位）更是个爱钱如命、腐朽透顶的家伙，他带头贪污政府搜括的民财，多达几千万钱，交给心腹宦官替他保存。这样他还嫌不够，公元 178 年，干脆在西园设立“卖官所”，公开卖官，标出各级官衔的价目，如公一千万、卿五百万，现钱交易；也可以赊欠，到任后加倍交款。花钱买官的官吏，到任后当然要拼命向人民榨取，不仅捞回本钱，而且还要赢得十倍百倍之利。郡守县令，一个个都是“视民如寇仇，税之如豺虎”的贪官酷吏，他们挖空心思想出各种生财之道，如逼迫

“犯法”者交纳所谓“义钱”，美其名曰赈济贫民的“贫人储”，实际上都装入了他们自己的腰包。

东汉反动统治者不仅对汉族人民进行敲骨吸髓的压榨，而且它也是各族人民的共同敌人。东汉后期，州郡官吏和地方豪强对定居在西北一带的羌族人民的恣意虐待和剥削，激起了羌族人民的大规模反抗。东汉政府用“绝其本根，不使能殖”的残酷屠杀手段，疯狂残杀羌人。这场战争延续了五六十年，消耗军费四百亿钱，这样沉重的负担又全部转嫁到劳动人民头上。广大农民纷纷破产，到处逃亡，社会经济遭到严重破坏。与此同时，统治阶级却乘机大括民财，官僚、将军私吞军费，贪污中饱。

地主阶级把从农民身上搜括来的巨大财富，用于互相炫耀奢侈，过着荒淫糜烂的生活。据当时人记载，他们占有大片的良田和成群的牛羊；住着豪华的宅院，相连数百栋；屋子里藏着“妖童”①、美女，堆满了奇珍异宝；猪羊牛肉、名贵美酒多得吃不完，都发臭变酸了。他们死了以后，还一定要用江南出产的大楠木作棺材，全套棺椁②重达一万斤，从千里外运来木料，再让成千上万名工匠精心雕制。墓里殉葬着大量的黄金、玉石、珠宝。至于在地主头子——皇帝的宫廷里面，更是穷极奢华，荒唐怪事百出，比如刘宏养了不少狗，它们的头上都戴了官帽，身上缠着彩色丝带。仅此一例，我们就不难想象皇室的奢靡淫逸已经到了何等程度！

社会财富的伟大创造者——广大劳动人民当牛做马，痛苦不堪；而浪费破坏社会财富的渺小寄生虫——地主阶级却作威作福，纵欲无度。贫富悬殊如此鲜明，阶级对立如此尖锐，这就是东汉一代不断爆发农民起义，最终被黄巾起义所推翻的最根本的原因。

（二）政治黑暗，灾荒不断

随着地主豪族势力的日益发展，从公元1世纪末开始，东汉地主政权内部发生了激烈的争斗，外戚③和宦官两大地主集团像走马灯似地轮流专权，各谋私利，政治更趋腐朽黑暗。

---

① 供地主贵族玩弄的美貌少年。

② 棺材外面套的大棺材叫做椁。

③ 皇帝的母族和妻族。

公元89年，汉和帝刘肇即位，只有十岁，所以由窦太后临朝，实际大权被她的哥哥窦宪掌握。窦宪专横跋扈，结党营私，“父子兄弟，充满朝廷”，首先开创了外戚专权的局面。刘肇长大后，对此十分不满，就同宦官郑众等密谋，诛杀了窦氏及其党羽。宦官因帮助皇帝夺权有功，被封侯授爵，开始取得重要的政治地位。从此，在以后将近一百年的时间里，外戚和宦官的争权斗争接连不断，皇帝实际上成了这两大集团手中的傀儡。

外戚和宦官的斗争是统治阶级内部狗咬狗的斗争，无论谁掌权，都同样是维护豪族地主的根本利益，首先要满足自己和本集团的贪欲，拼命罗致党羽，排斥异己，大肆搜括，给广大人民带来无穷的灾难。

就拿从公元1世纪40年代初开始专权的外戚梁冀来说吧，他的一家前后有七个封侯，两个当大将军，三个当皇后。梁冀封国三万户，他的老婆也被封为襄城君，每年有五千万的收入。他们的亲戚死党布满朝廷和各个州郡，“威行内外”。大小官僚如果想要升迁，都得先向梁冀谢恩、送贿，他们到任后，又再疯狂搜括人民。至于梁冀本人更是贪暴成性，挥霍无度，利用政治暴力进行公开掠夺。他在当时的京师洛阳周围，强占千里民田，胁迫农民为他建造巨大的私人花园，许多人家因此而破产。他又盖了个养兔子的“兔苑”，夺去农民的土地数十里，有人误伤了苑中的一只兔子，就有十几个无辜的百姓被牵连惨遭杀害。梁冀还派出大批爪牙到各地敲诈勒索，聚敛珍宝，抢劫妇女，甚至把几千名贫苦农民强迫为奴婢，还诡称为“自卖人”，真是横行霸道，无恶不作。公元159年，汉桓帝同宦官合谋捕杀了梁氏一门，没收他的家财竟达三十多亿钱，等于那时政府全年租税收入的一半。

单超等五个宦官诛灭梁氏立了功，同一天都被封为侯，世称“五侯”①。从此朝廷大权又全部落到宦官集团手里，后来，汉灵帝刘宏就常无耻地说：“张常侍（宦官张让）是我公（父亲），赵常侍（宦官赵忠）是我母。”宦官豪强的贪婪残暴，同外戚相比，只有过之而无不及。所谓“五侯”这些人，权力大到法律由他们口里出、罪名由他们随便定的地步，

① “五侯”即“五常侍”，为单超、具瑗、唐衡、左悺、徐璜五人。

任意颠倒是非，迫害人民。他们收养子，抢美女，大兴土木，逼死人命；他们的兄弟姻戚都被安插到各州郡充任长官，大肆掠夺，甚至他们的宗族宾客也都仗势欺人，横行乡里。当时人民极其痛恨他们，叫徐璜为“徐卧虎”，叫左悺为“左回天”（指左悺的权势大得有回天之力，可以指黑为白），叫唐衡为“唐雨堕”（指唐衡残害百姓，流毒像下雨一样遍布天下）。宦官侯览公开夺人住宅三百八十一所，民田一万八千亩。他仿照皇宫修建了豪华邸宅十六区，每区都有楼阁、亭台、池塘；他还派人到处拦路抢劫，掳掠妇女，发掘坟墓。他的哥哥侯参做益州（治所在今四川广汉北）刺史①，倚势讹诈了一亿钱，金银、锦帛、珠宝堆满了三百多车。宦官豪强势力的恶性膨胀，妨碍了地主阶级内部其他集团的利益，于是，一部分官僚士大夫就同外戚联合起来攻击宦官。宦官立即进行反击，诬告他们结党“诽讪朝廷，疑乱风俗”，下令大捕“党人”，造成了东汉后期两次有名的“党锢”事件，前后被杀、流放、囚禁的达千人以上。

统治阶级内部各个派系集团之间的矛盾和倾轧，不仅把东汉后期的政治搞得乌烟瘴气、漆黑一团，而且也进一步加速了土地兼并的恶性发展和广大农民的破产过程，使东汉的封建统治出现了深刻的危机，就连地主阶级的史学家也不得不惊呼：“汉之纲纪大乱矣！”

东汉一代，各种自然灾害很多，195 年间，就有 119 年发生过旱灾、水患、虫荒和瘟疫等。由于后期政治的黑暗腐败，政府对农村水利工程的管理维修长期弃置不顾，这样就失去了抵抗灾荒的能力，给广大人民带来了更大的痛苦。公元 153 年发生蝗灾水患，一下子就遍及全国将近三分之一的郡国，被迫背井离乡的流民达数十万户。他们赤裸着身子，咀嚼野草充饥，风餐露宿，到处流浪，“死者相枕，郡县阡陌，处处有之”。公元 166 年，洛阳附近和河南发生饥荒，十分之四五的贫苦农民活活饿死，有的甚至全家都死绝了。农村一片荒芜萧条，形成“地广而不得耕，民众而无所食”，“田野空，仓库空”，民穷财尽的凄惨景象。

① 刺史原为州官名，负巡察责任。东汉灵帝时，改刺史为州牧，为一州的最高军政长官。

二、黄巾农民运动的兴起

（一）反抗黑暗统治的先驱者

封建政府的黑暗统治，豪强地主的残酷掠夺，官僚贵族的贪污腐化，激起东汉广大人民无比强烈的仇恨，全国遍地燃起了农民起义的熊熊烈火。

公元109年，青州①一带三千多名农民和渔民在张伯路的领导下，发动了武装起义。起义军纵横“滨海九郡”，使整个山东半岛迅速沸腾起来。他们抗击官兵，斩杀太守②、县令、县长③，焚烧官府寺庙，打开牢狱，解放被囚的贫苦人民。这次起义坚持了三年，虽然最后被镇压了，但从此全国各地的农民便相继投入了同封建统治阶级搏斗的火线。

公元132年，扬州④六郡农民在章河的领导下爆发起义，攻打了四十九个县城，捕杀官吏，声势浩大。从这时起到公元159年，即在外戚梁氏专权的二十多年里，各地农民暴动就达二十一次，他们从不同的部位上轮番冲击东汉王朝的统治。那时，荆州⑤地区起义频繁，少数民族爆发了反对政府强迫增加交纳“贡布”⑥ 的斗争；江夏（郡城在今湖北新洲西）农民起义军，杀死了邾县（今湖北黄冈市西北）县长。扬州、徐州⑦一带，有一支好几万人的农民军十分活跃，同官兵相抗，坚持了十多年。泰山

---

① 东汉十三州之一，辖境约当今山东东北部，治所在临淄，即今山东临淄市北。

② 一郡行政的最高长官。

③ 一万户以下的小县行政长官称县长，一万户以上的大县行政长官称县令。

④ 东汉十三州之一，辖境约当今安徽淮水和江苏长江以南以及浙江、江西、福建三省，治所在历阳，即今安徽和县。

⑤ 东汉十三州之一，辖境约当今湖北、湖南两省及河南、广东、广西、贵州的一部分，治所在汉寿，即今湖南常德市东北。

⑥ 汉初，政府命令湖南一带的少数民族成人每年交纳布四丈，小孩每年交纳布一丈，叫作“贡布”。

⑦ 东汉十三州之一，辖境约当今江苏长江以北和山东东南部地区，治所在郯，即今山东郯城西南。

（郡城在今山东泰安市东北）农民军，“屯聚历年”，多次击败来犯官兵。蓬勃发展的农民军打得地方统治者坐卧不安，封建朝廷顾此失彼，有时竟无法调动和集结兵力前来应付。

平日压在社会底层的广大农民，一旦奋起干戈，就显示出巨大的革命性，他们的斗争锋芒直指东汉朝廷，同地主政权抗衡对立。从公元139年就开始斗争的扬、徐起义军，在公元144年，又发动了新的对敌攻势。他们在范容、周生的领导下，攻占了历阳，并在这年九月击败了东汉政府派来围剿的官兵，打死了扬州刺史尹耀和九江（郡城在今安徽凤阳市西南）太守邓显，被统治阶级看做是“江、淮巨患”。另一支起义队伍由徐凤、马勉率领，“攻烧城邑”，不断取得胜利，在起义农民的拥护下，马勉称皇帝，徐凤称无上将军，在当涂山区（今安徽凤阳市西）扎营筑垒，建立根据地，定年号，设百官，并派出大将黄虎攻占了合肥（今安徽合肥市）。农民军建立了自己的政权，同洛阳的东汉王朝遥相对立，东汉朝廷大为惊慌。第二年春，汉冲帝刘炳死了，当朝的梁太后看到扬、徐二州农民反抗斗争的严重威胁，感到大势实在不好，吓得都不敢立即为皇帝发丧，怕引起更大的震动。那时，老奸巨猾、显赫一时的梁冀，往往把自己的政敌调到爆发农民起义的地方去，企图借农民军的力量来消灭异己势力，这也可以从一个侧面窥见农民斗争的巨大威力。

宦官集团专权后，政治的黑暗达到极点，再加上各种灾荒，瘟疫接踵而来，广大农民几乎无法再生存下去，所以反抗越来越激烈，几乎全国各地都闪耀着斗争的火花，农民革命运动日益走向高潮。

在伟大的人民革命斗争面前，那些平时骑在人民头上作恶多端的贪官污吏，一个个都像丧家之犬。公元162年，荆州各地的汉族和少数民族人民不断暴动，一支艾县（今江西修水西）农民军攻打长沙郡（郡城在今湖南长沙市）各县城，杀了益阳（今湖南益阳东）县令，得到群众的热烈拥护，一下子发展到一万余人，纵横驰骋，势如破竹，荆州刺史刘尚度想同起义军较量一下，结果被打得落花流水，狼狈逃窜。另一支武陵（郡城在今湖南常德）少数民族起义军，挥兵直取南郡的郡城江陵（今湖北江陵），太守李肃闻风丧胆，慌忙爬上马背就要逃跑，这时他的部下胡爽拦住马，想劝阻一下，李肃不等胡爽把话说完，就从腰间拔出佩刀气急败坏地大叫："给我滚！太守现在逃命要紧……"胡爽还想再说几句，抱着李肃的马不让他走，李肃恨得咬牙切齿，一刀就把这个不知趣的胡爽杀了，连忙夹着尾巴逃跑了。

当然，东汉政府虽然腐朽，但是为了维护其摇摇欲坠的统治，它调动了全部力量，依靠反动军队和豪强武装，对革命农民进行血腥的镇压。各地农民起义军由于过于分散，力量单薄，一次又一次地被各个击破，遭到惨重的牺牲。东汉的广大人民没有被反动派的汹汹气势所吓倒，也没有因为看到自己的鲜血而害怕，他们到处传颂着"发如韭，剪复生；头如鸡，割复鸣。吏不必可畏，小民从来不可轻！"这首歌谣生动地表现了人民群众对统治阶级的无比蔑视和不畏强暴、敢于斗争、坚韧不拔的革命乐观主义精神。斗争一次又一次地失败，起义却一次又一次地发生，此起彼伏，连绵不断，"小者吞城邑，大者连州郡"。而且越到后来次数越多，起义的规模越大，称王称帝的越来越多，所以，史书上说："当斯之时，已无天子矣！"一场全国性的革命大风暴即将来临。

（二）张角进行黄巾起义的组织活动

在全国各地农民起义蓬勃兴起的时候，有一支农民大军正在积极地酝酿着更大规模的暴动，张角就是它的杰出的组织者、领导者。

各地农民起义，削弱了封建王朝的统治基础，激发了广大农民的斗争精神，而且用战斗总结出了丰富的经验教训，这就为张角和他的战友们发动大规模的农民起义提供了极其有利的条件。

张角，河北巨鹿（今平乡市）人，是太平道①的首领。他看到多少年来各地分散的农民起义由于缺乏必要的组织和配合，不断招致失败。鉴于这个血的教训，他以巨大的毅力，对未来的大起义做了长期而周密的准备。他自称"大贤良师"，以传布太平道为名，用给人治病为手段，在农民中间秘密进行起义的组织活动，他还提出"苍天已死，黄天当立"的口号，派遣弟子到全国各地广为宣传。

原来，东汉的封建地主阶级为了维护它的反动统治，鼓吹"孔孟之

① 道教的一派，东汉中叶以后，开始在民间流行。

道"，实行愚民政策，从精神上来控制人民。他们按照自己的意志捏造出一个天上的"上帝"来，鼓吹所谓"天不变，道亦不变"、"王者承天意以从事"的反动思想。这种宣传的目的，无非是要人们相信：天是有意志的永恒存在，是万物的最高主宰，封建统治的一切秩序是天意的体现，所以是永远不能改变的；皇帝的权力是天授予的，他代表天的意志来统治人民，所以他的地位也是神圣不可侵犯的。各地的起义农民不理睬地主阶级的这套欺人邪说，从行动上否定了东汉王朝的统治权威。张角进一步从思想上揭露了这种反动宣传，提出了同地主阶级统治思想针锋相对的变革天命的主张。他认为现在政治黑暗，各种水旱灾患不断发生，人民饱受痛苦，没有活路，这都是"苍天（东汉政府）"衰败腐朽的结果，是"苍天"要"变"的征兆；被压迫的人民不应安于自己饥贫的状态，而要起来反抗，改革天命，建立自己的政权。

在农民起义前，提出明确的政治口号来作为发动群众的武器，这在我国农民革命史上还是破天荒的第一次。虽然这个口号反映了在神权思想占统治地位的封建社会里，农民不可能得到先进的革命理论作指导，只能另造一个"天命"，来树立自己的权威，同封建统治者相对抗，有其明显的局限性；而且在当时的历史条件下，"黄天当立"这种农民自己管理国家的思想要求，实际上也是不可能真正实现的。但是它毕竟是对封建皇权的一个勇敢的挑战，反映了处在水深火热之中的广大劳动人民渴望摆脱东汉封建王朝的压迫，自己当家做主的共同心愿。所以在当时得到了群众的热烈欢迎和拥护，苦难的人民把太平道和张角看做是自己的救星。青、徐、幽①、兖②、豫③、荆、冀④、扬八州的贫苦农民，克服重重困难，艰苦跋涉，从遥远的地方投奔到起义队伍中来。被争取自由太平的理想所鼓舞，不仅大批破产流民纷纷加入太平道，而且不少有一点小家当的贫苦农民，

① 东汉十三州之一，辖境约当今河北北部和辽宁一带，治所在蓟，即今北京市西南。

② 东汉十三州之一，辖境约当今山东西南部以及河南东部地区，治所在昌邑，即今山东金乡县东北。

③ 东汉十三州之一，辖境约当今淮河以北、伏牛山以东的河南东部，安徽北部地区，治所在谯，即今安徽亳州。

④ 东汉十三州之一，辖境约当今河北中、南部，山东西端及河南北端，治所在邺县，即今河北临漳市西南。

也“弃卖财产，流移奔赴”。他们怀着对地主阶级的深仇大恨和对幸福生活的无限憧憬，扶老携幼，不辞辛苦。由于贫病饥寒和路途遥远，还没有到达目的地而死在途中的农民就有好几万人。分散在各地区集结成群的太平道群众，更是“不可胜计”，连京师洛阳也有太平道的据点和组织。经过张角和他的战友们十几年的广泛宣传和努力，信奉太平道的群众发展到了几十万人。

太平道的迅速传播，根本原因在于东汉后期的黑暗统治，使广大人民渴望摆脱封建压迫，追求一个理想社会。宗教是迷信，我们现在不会相信它，但是在古代由于生产和科学水平的低下，人们的认识能力受到限制，就产生了宗教和宗教信仰。统治阶级利用宗教作为麻醉、奴役人民的工具；一部分劳动人民信仰宗教，是由于在受压迫受剥削的同时，也被剥夺了受教育的机会，只能从宗教中去寻求精神安慰。道教本身的整个思想体系是维护封建地主阶级利益的，它宣传阶级调和、社会改良，是麻醉人民的鸦片，可是在它的原始教义的某些部分中，也有一些词句揭露贵族豪强的贪婪，主张平等，向往太平，这在当时是能吸引许多横遭折磨、迫切要求改变现实的贫苦农民的。张角巧妙地利用了太平道中的某些词句和太平道在民间的影响，把它作为发动起义的理论武器和组织形式，而又突破了宗教本身的束缚，这是黄巾起义的一个重要特点，也是我国农民革命战争史上的一个杰出创举。

正是由于黄巾起义在准备阶段披上了一层宗教的外衣，所以在一定程度上也麻痹迷惑了统治阶级。很长时期内，东汉政府对太平道的发展毫不在意。只有个别嗅觉比较灵敏的官僚逐渐觉察到张角的活动对封建统治是一个潜在的威胁。公元 177 年，司徒①杨赐提出了一条绞杀农民起义的毒计，他认为张角深得民心，如果公开捕讨，会加速农民的反抗，所以只能下令州郡长官软硬兼施，“护送”各处流民返回自己的故乡，这样就能瓦解削弱太平道，孤立骨干分子，最后逮捕诛杀张角，“不劳而定”。可是还没有等这条毒计付诸实施，杨赐便因得罪了当朝的宦官被罢了官。几年以后，张角的影响更大了，归附的群众越来越多，连州郡官吏都不敢过问。

① 即丞相，封建官僚组织中的最高官职，辅佐皇帝，总理全国政务。

侍御史①刘陶看到这种情况，又急又怕，便与乐松、袁贡等联名，再次向皇帝建议，要用利诱收买和严厉镇压两手，一网打尽张角等人。他的这个罪恶主意同样也没有得到当权的宦官集团的重视。

就在东汉统治者继续过着纸醉金迷、高枕无忧的荒唐生活的时候，张角加快了组织农民大起义的步伐。他把八州几十万信道群众编为三十六个军事单位，大者万余人，小者六七千人，每个单位由一个首领统率，称为“方（将军）”，张角负责统一指挥。组织工作就绪后，张角又亲自或派人不断秘密地到京师洛阳，观察政局，联络群众，搜集情报，寻找最有利的起义时机。经过充分调查和周密考虑，张角和他的战友最后选定“甲子”年（公元184年）三月五日为全国各地同时发动起义的日期；与此相配合，又在群众中广泛宣传“苍天已死，黄天当立，岁在甲子，天下大吉”，制造起义舆论，鼓动人心；还专门派人在京师洛阳的寺庙以及各州郡官府的门上，用白土醒目地写上“甲子”两个大字，作为起义的信号和打击的目标。一切准备工作都在紧张地进行着，向东汉王朝发动总攻击的时刻就要来到了。

三、黄巾起义的战斗历程

（一）八州上空，战旗招展

公元184年的春天，惊雷震醒了大地，黄河之水，滚滚东流，两岸的人们正在加紧搬运粮草，准备刀枪，缝绣头巾，编织草鞋，迎接三月五日这个战斗时刻的到来。起义军的首领，更是忙碌辛苦，大方马元义不时来往京师，联系内应，并根据计划部署兵力，调动南方荆、扬二州数万名起义群众，把他们集中到河北邺城（今河北临漳市西南），以配合京师附近各州郡的起义军，协力攻取东汉王朝的反动统治中心——洛阳。

形势对革命人民十分有利。

① 负责督察的官员。

可是，突然风云变幻。正当大起义即将全面发动的紧要关头，革命队伍内部出了叛徒唐周，他无耻地向东汉朝廷告密，起义军的计划被泄露了。东汉政府获悉这一重要情报，大为惊惶，立即采取严酷的镇压措施：京师实行大搜索，马元义在洛阳被捕，壮烈牺牲。同太平道有联系的一千多名官兵、百姓，也都惨遭杀害。东汉政府又下紧急命令，叫州郡官吏立即逮捕张角等人。

离三月五日还差一个多月，这一不幸事变，完全打乱了起义军的预定计划。面临着这样紧张困难的形势，张角当机立断，决定提前在二月起义，先发制敌，争取主动。主意既定，便火速派人扬鞭策马，日夜兼程，驰告各方，通知他们立即准备向东汉王朝发动进攻。

经过长期准备的起义农民，早就摩拳擦掌，渴望着战斗，所以一接到张角的紧急命令就立即同时行动，横刀跃马，杀声震天，八州上空，处处飘扬着革命农民的起义战旗。我国历史上第一次事先有组织、有准备的农民大起义就这样爆发了。张角自称天公将军，他的弟弟张宝称地公将军，张梁称人公将军，统筹全局，指挥战斗。几十万起义军紧握刀枪，头上裹着黄色的头巾，所以被人们称为“黄巾军”。黄巾军的出现，使中国封建社会的历史又翻开了新的一页。

黄巾军按照自己的斗争目标，矛头直指东汉政府和整个地主阶级，他们占据州郡，焚烧官府，围攻豪强聚居的庄园，没收地主的不义之财，夺回被强占去的部分土地，其势如暴风骤雨，迅猛异常。东汉官吏不是慌忙逃窜，就是受到农民军的正义制裁，地主豪强和贵族官僚这批恶势力遭到沉重的打击。河北的革命群众活捉了皇族安平王刘续、甘陵王刘忠，响应起义；南阳（郡城在今河南南阳市）黄巾斩杀了太守褚贡；汝南（郡城在今河南平舆北）黄巾大败太守赵谦于邵陵（今河南郾城东）；广阳（郡城在今北京市南）黄巾攻杀了幽州刺史郭勋和太守刘卫。起义军的主力队伍，一支由张角亲自领导活跃在河北一带，一支由张曼成领导战斗在南阳地区，一支则由波才领导，像一把尖刀直插入东汉王朝的心脏地带颍川（郡城在今河南禹州市）附近。他们互相策应，再加上其他各路起义军，千军万马，从四面八方形成了对京师洛阳的环攻之势。

黄巾起义，鼓舞了广大被压迫的人民，“旬日之间，天下响应，京师震动”，全国各地农民纷纷投入反抗东汉统治的战斗行列，不到一个月的时间，革命洪流就席卷了长江以北直至河北的广大地区。仅在河北、河南一带就有黑山、黄龙、左校、郭大贤、于氐根、青牛角、张白骑、刘石、左髭、丈八、雷公、浮云、飞燕、白雀、杨凤、于毒、五鹿、李大目、白绕、眭固、罗市等起义队伍，星罗棋布，有的二三万人，有的规模较小，也有六七千人。这些起义军的首领都出身农民，平易近人，群众往往不叫首领的名字，而亲切地呼喊反映其特征的外号，例如“于氐根”是大胡子，“雷公”是大嗓门，“李大目”是大眼睛，“张白骑”是因为他经常骑白马，“飞燕”是说他行动轻捷。他们活动在中山（郡城在今河北定州市）、赵郡（郡城在今河北邯郸市）、上党（郡城在今山西长子西南）、河内（郡城在今河南武陟西南）等郡县的山谷地带，占据城池，攻打坞壁①，声势浩大。富有斗争传统的羌族人民以及南方的少数民族人民，这时也起兵响应，同汉族人民并肩战斗，反抗共同的敌人，把黄巾农民革命运动推向新的高潮。

（二）围绕京师洛阳的军事斗争

公元184年三月，东汉朝廷为了保住自己的老巢，急忙加强对洛阳的军事防御，首先任命外戚何进为大将军统领皇帝的亲卫队——左、右羽林军驻扎在洛阳附近的都亭，警卫京师；接着又在洛阳外围的函谷、太谷、广成、伊阙、轘辕、旋门、孟津和小平津八个险要关口，设大将防守（即“八关都尉”）。但是光防御当然还不能挽救行将覆灭的统治危机，所以东汉朝廷又急忙召开“群臣会议”，商讨镇压黄巾起义的对策。面对空前规模的农民大起义，东汉统治者意识到如果不把全部反革命势力拉在一起，动员地主阶级全部的人力物力，是不可能应付这个危局的。因此，汉灵帝在征得宦官集团的同意后，就下令“大赦天下党人”，并拿出宫中藏钱和御园马匹，发给军士，以笼络收买官兵来为他们效忠卖命；还督促各州郡赶紧修理兵器，加固城防，做好战斗准备，并要向政府推荐有作战经验的人才，听候调用。总之，东汉政府为了扑灭农民战争的熊熊烈火，煞费苦

① 地主豪强为保护庄园修建的堡垒屏障。

心，绞尽了脑汁。各地的豪强地主为了保护自己的利益，并乘机扩大自己的势力，也一面修筑坞壁，同黄巾军对抗；一面派出他们的私人武装配合政府官兵，共同向农民军进攻。

东汉政府经过一番紧张的密谋策划，终于派出大批装备精良的反动官兵，由卢植、皇甫嵩、朱儁等率领，分别向黄巾主力作重点反扑。于是一场围绕京师洛阳的战斗，便激烈地展开了。

四月，皇甫嵩、朱儁率领步兵骑兵四万多人，首先向离洛阳最近、威胁最大的颍川起义军扑来。曾经大败地方官兵的颍川黄巾，在波才的领导下，主动迎击来犯的官兵，双方在广阔的平原上摆开了阵势。战鼓齐鸣杀声起，才一交锋，黄巾军就击败了朱儁部，官兵丢盔弃甲，狼狈不堪，皇甫嵩一看形势不妙，急忙带兵退守长社（今河南长葛市东北）。起义军又乘胜前进，包围了长社，兵临城下，官兵一个个都心惊胆战，皇甫嵩也感到起义军声势浩大，战斗勇猛，只好龟缩在城里，不敢出来应战。战局对起义军十分有利，可惜他们缺乏军事经验，警惕不够，靠着草木丛生的地方扎营驻兵，这样就被狡猾的皇甫嵩钻了空子。在一个刮风的夜晚，官兵乘机纵火袭击，风助火势，起义军阵势大乱，这时，被汉灵帝派来增援的官兵也正好赶到，他们同皇甫嵩、朱儁一起继续向起义军进扑，波才黄巾军顽强奋战，终于失败，数万名起义将士被敌人血腥屠杀。波才率余部转战到阳翟（颍川郡城，在今河南禹州市）附近，又被皇甫嵩、朱儁的追兵击溃。彭脱领导的汝南黄巾军在西华（今河南西华县北）地区也遇到挫折。

颍川地区的黄巾主力被挫败后，皇甫嵩和朱儁这两个农民军的死敌又杀向其他战场去扑灭革命烈火。

起义军和官兵的生死搏斗，在南阳战场上持久地进行着。南阳地区的数万名黄巾军，在张曼成的领导下，自斩杀了太守褚贡以后，斗志昂扬，在宛城（南阳郡城，在今河南南阳市）附近同敌人激战了一百多天，连续给官兵以重大的打击。六月，新任太守秦颉倾尽全力向起义军疯狂反扑，张曼成不幸壮烈牺牲。起义军毫不气馁，又推举赵弘为领导，继续同官兵对抗。附近农民踊跃参战，起义军很快发展到了十几万人，声势复盛，不久就攻克了宛城，赶走了秦颉。东汉政府手忙脚乱，赶紧把朱儁调来，再加上荆州刺史徐璆（南阳郡属荆州）和农民军的手下败将秦颉，三股力量合在一起，纠集了一万八千名兵士，共同围攻宛城义军。起义军同仇敌忾，协力奋战，多次粉碎了官兵的进攻，从六月至八月，宛城始终岿然不动。东汉朝廷十分着急，一度想撤掉朱儁，把他召回去问罪，敌人军心动摇。黄巾军作战虽然英勇，但缺乏斗争经验，不善于利用敌人的矛盾，没有及时组织反攻，而是固守宛城，错过了主动出击歼灭敌人的大好机会。朱儁乘机积聚力量，站稳了脚跟，又在东汉政府的督责下，拼命向起义军发起疯狂反扑，赵弘在激烈的战斗中光荣牺牲。起义军经过连续的艰苦奋战，终于击退了官兵对宛城的强攻，大灭了官兵的嚣张气焰。朱儁站在城外土山上望见起义军斗志激昂，也感到可怕，惊呼“万人一心”，“其害甚矣”！他看到强攻无效，便假意解围，暗中设下埋伏，起义军不知是计，出城追击，遭到官兵的包围堵截，一万多名起义军战士在血战中英勇牺牲。此后，南阳起义军在孙夏的领导下，同官兵进行了激烈的宛城争夺战。敌兵不断增加，倾力攻打，起义军虽然英勇顽强，但是坚守孤城得不到后援，兵力消耗太大。十一月，宛城终于失陷，孙夏率领起义军向西鄂（今河南南召县东南）附近的精山转移，被朱儁追击，又牺牲了一万多人。这样，南阳地区的黄巾主力也被镇压了。

战斗的中心逐渐转移到河北战场。河北黄巾军由张角兄弟亲自领导，发动起义后，很快就攻占了广宗（今河北威县东）、下曲阳（今河北晋州市西北）等地，声势浩大。东汉政府派卢植率官兵前往镇压，起义军有力地抗击敌人。老奸巨猾的卢植眼见急攻不是办法，就驱使兵士大筑攻城的工事，制造登城的云梯，企图等待适当的战机，一举攻克广宗。就这样从三月至六月，双方相持不下。东汉政府认为卢植长期围困广宗徒劳无功，十分生气，就把他关在槛车里押回洛阳办罪，另派董卓来代替卢植。谁知董卓更不堪一击，他一上任就被张角大败于下曲阳。以后东汉官兵又继续围攻广宗，但是黄巾军誓死固守，广宗城上，起义大旗依然迎风招展。八月底，东汉政府把董卓也撤了，换上农民军的死敌皇甫嵩。

东汉朝廷的不断走马换将，显示了河北黄巾军的赫赫战果。但是这时候，全国各战场上的形势却已经发生了很大的变化。黄巾起义虽然经过长期准备，但由于叛徒告密，被迫提前举事，毕竟过于仓猝，原来有计划的部署被打乱；起义后军事上进展很快，但遇到敌人的重点进攻，各支起义军被分割在许多地区上，只能各自为战，相互得不到支援和配合，巨大的革命队伍没有能集中自己的全部力量，给予敌人致命的打击；起义军又往往为了一城一池的得失而攻坚、困守，同强敌拼消耗，没有能采取避实击虚、机动灵活的战略战术，及时转移到敌人兵力薄弱的山区建立进可攻、退可守的根据地。由于以上这些弱点引起的严重后果，随着战事的进展逐渐暴露出来。如前所述，那时南阳黄巾主力正固守宛城，同官兵长期相拒，由于没有后援，军事上逐渐处于被动；颍川黄巾主力以及汝南、陈国（治所在今河南淮阳市）黄巾相继失败；由卜巳领导的东郡（郡城在今河南濮阳西南）黄巾，在苍亭（在今山东阳谷东北）一役也被官兵镇压，卜巳被俘，英勇牺牲。各地起义队伍的相继失败，不仅削弱了整个黄巾军的力量，而且使得东汉政府能从颍川战场和其他地区抽调出更多的武装，重点转向河北，集中向张角发动猛攻，这样，河北黄巾军在军事上逐渐处于相对劣势。而在这时，张角又不幸病逝，农民军失去了自己的杰出领袖。

乌云密布，河北黄巾主力面临着特别严重的困难。但是，黄巾英雄为了捍卫自己的正义事业，临危不惧，厉兵秣马，在张梁的领导下，誓与官兵血战到底。他们“精勇”威猛，迎头痛击官兵，打得皇甫嵩紧闭营门，不敢出来。可是到了十月间，起义军由于屡获胜利就放松了警惕，麻痹大意，戒备不周，皇甫嵩乘机夜半出兵，借着黎明前最黑暗的夜色作掩护，发动了突然袭击，起义军仓猝对敌，双方展开了一场空前规模的激战，从拂晓一直杀到黄昏。最后，张梁与三万名黄巾英雄同时战死，另外五万多名黄巾英雄大义凛然，宁死不屈，舍身投河，壮烈牺牲。起义军的大批军用物资被敌人焚烧净尽，许多随军家属也被敌人俘获，惨遭杀害。十一月，张宝指挥十万起义军，在下曲阳同皇甫嵩和地方官兵又展开了顽强激烈的战斗，不幸全部牺牲。浩浩正气贯长空，耿耿丹心照日月，英雄们的鲜血不会白流，烈士的事业后继有人。古战场上黄巾战士的革命壮举，永远鼓舞人民战斗不息。

（三）接过革命的火炬

黄巾主力被血腥镇压下去以后，东汉统治阶级对广大农民进行了疯狂的阶级报复。他们把张角的棺材劈开，灭绝人性地把尸体戳烂，发泄他们对农民领袖的刻骨仇恨；他们又把在下曲阳战死的黄巾军将士的脑袋砍下来，集中到城南，堆积成山，上面用土覆盖，叫做“京观”，用来炫耀淫威，恐吓人民。他们变本加厉地剥削压迫农民，借口修建宫室，铸造铜人，下令每亩田增税十钱，单此一项，每一郡就从农民身上榨取了二三千万；他们还下令各州郡征收木材石料，运到京师洛阳，当权的宦官和地方官吏又乘机营私舞弊，大饱私囊。皇帝照旧卖官，要做官的便到西园去做交易，到任后再大肆向人民搜括。所以史书上说，当时“朝政日乱，海内虚困”。

公元184年的黄巾大起义虽然失败了，但是无止境的搜括更激起人民的愤怒，分散在各地的黄巾军余部同其他农民军联合起来，继续向摇摇欲坠的东汉王朝发起猛烈的冲击。

公元185年，在河北一带的黑山军崛起，他们同东汉朝廷和军阀割据势力进行了长期的艰苦战斗，处死了许多郡守、县令和地主豪强，给地主阶级以沉重的打击。公元186年，荆州江夏兵在赵慈的领导下发动兵变，杀死了南阳太守秦颉，这个曾经镇压南阳黄巾军和杀害张曼成的刽子手，终于得到了应得的惩罚。公元187年，荥阳（今河南荥阳市东北）黄巾军攻占中牟（今河南中牟县东南），杀了县令。各地农民的反抗斗争如火如荼。

在黄巾主力的沉重打击下，腐朽的东汉王朝已经奄奄一息，再经后继的农民起义的不断冲击，它不仅无法再扑灭农民反抗斗争的烈火，而且自己内部也分崩离析、不堪收拾了。公元189年，汉灵帝死，外戚何进把他的外甥刘辩立为皇帝（汉少帝），并拉拢世家豪族袁绍诛杀宦官头子蹇硕，准备一举消灭宦官势力，但宦官反过来把何进杀了，接着袁绍率兵进宫又尽诛宦官二千多人。在一片混乱中，凉州[①]豪族地主头子董卓趁机进兵洛阳，赶走袁绍一派势力，废少帝，另立刘协为皇帝（汉献帝），独擅朝政。这样，就引起了各地方官僚地主势力同董卓集团的尖锐冲突。早已发展起

① 东汉十三州之一，辖境约当今甘肃、宁夏等地，治所在陇县，即今甘肃张家川回族自治县。

来的各地豪强地主势力在镇压农民起义的过程中，又进一步扩张了自己的实力，成为盘踞一方的武装割据集团，他们不仅乘机摆脱东汉中央的控制，而且虎视眈眈地想要攫取最高统治权力。当时比较重要的割据势力有占据冀、青、并①州的袁绍，占据扬州的袁术，占据幽州的公孙瓒，占据江东（长江下游以南）的孙策（孙坚之子），占据荆州的刘表，占据益州②的刘焉、刘璋，先后占据徐州的陶谦、刘备、吕布等。他们互相攻伐，尔虞我诈，统治集团内部一度出现过的暂时联合又迅速破产了。勾心斗角、争权夺地的丑剧从朝廷扩大到地方，而且愈演愈烈，终于演成了一场空前激烈的军阀大混战。

大规模的封建割据战争，使人民大批地遭到屠杀，中原地区的生产受到极大的破坏。当封建军阀互相攻杀的时候，黄巾军也相应地得到了发展的机会。

公元188年以后，由于各地农民起义的不断爆发，黄巾起义又进入了一个新阶段。后期的黄巾起义军，一面抗击东汉政府的反动官兵，一面扫荡封建割据的地主武装。这时豪强地主的势力远比过去强大，所以农民军所担负的任务就更加繁重、更加艰巨、更加复杂了。

公元188年二月，活动在今山西南部的黄巾余部，在郭太的领导下重整旗鼓，在白波谷（今山西襄汾县南）发动起义，号为“白波黄巾”。四月，汝南黄巾余部在葛陂（今河南新蔡县西北）起义，攻克所在郡县，与白波黄巾遥相呼应，两支义军形成钳制洛阳的形势。十多万白波健儿直攻太原郡（郡城在今山西太原市西南），又兼程南下，所向披靡，于公元189年冬，插入河东郡（郡城在今山西夏县西北）。河东离京师洛阳仅五百里，当朝的董卓急忙派大将牛辅前往镇压，被白波黄巾击败，起义军随时可挥师进攻洛阳，东汉反动势力的老巢受到严重威胁。为董卓所把持的东汉朝廷感到大难临头，加之顾忌以袁绍为首的反对董卓的“关东兵”的压力，

① 东汉十三州之一，辖境约当今山西大部和内蒙古、河北的一部，治所在晋阳，即今山西太原市西南。

② 东汉十三州之一，辖境约当今四川折多山、怒山、哀牢山以东，甘肃武都、康县及陕西秦岭以南，湖北郧县、保康西北，贵州除东边以外地区。治所在雒，即今四川广汉市北。

于是急忙西走，迁都长安。

北方白波战旗飘飘，西南方向也硝烟弥漫。公元188年五月，马相、赵祇等在绵竹（今四川绵竹市东南）起义，自号黄巾，先杀绵竹县令，接着又攻占益州治所雒县（今四川广汉市北），杀了益州刺史郤俭，队伍扩大到一万多人，连破蜀郡（郡城在今四川成都市）、犍为（郡城在今四川彭山县东）和巴郡（郡城在重庆市北）等郡，马相称天子，起义军控制了益州大部分地区。这次起义后来被血腥镇压，益州的统治权相继落入东汉的宗室刘焉、刘璋、刘备之手。

同年十月，保持坚强实力的青、徐二州的黄巾军复起，转战各地，同东汉统治者和地方豪强割据势力展开了激烈的搏斗，在长期的战火锻炼中发展壮大。公元189年，他们进攻北海（治所在今山东昌乐县西）。北海相①孔融念念不忘"讲武"，口口声声"靖难"，却被黄巾军杀得落荒而逃，躲进昌都（今山东昌邑市西），又被起义军管亥所部包围，吓得他赶紧派人求救于平原（治所在今山东平原县南）相刘备，才总算逃脱了性命。公元191年，青州黄巾三十万人进入勃海（郡城在今河北南皮县北），准备同河北黑山军会师，虽然受到严重挫折，但折回山东后，却一直得到广大农民的拥护和支持，有的全家男女老幼都参加了起义队伍，使青州黄巾军迅速发展到一百多万人。公元192年四月，青州黄巾军攻入兖州，杀任城（治所在今山东济宁市东南）相郑遂，北上转入东平（治所在今山东东平县东）。这时，兖州刺史刘岱想发兵阻击，济北（治所在今山东长清县东南）相鲍信谏阻说："使不得啊！现在碰上的是百万黄巾，得到百姓拥护；咱们自己的士卒又无斗志，与其硬拼，不如固守，等待适当时机再想办法吧。"刘岱不听，强打精神出城迎战，一交锋就被起义军斩于马下。接着，起义军又在寿张（今山东东平县南）同曹操进行"昼夜会战"，曹军贪生怕死，畏惧不前，被精悍勇猛的黄巾军打得大败，鲍信也被杀死。公元193年三月，黑山军一部数万人由于毒率领，又攻入冀州的首府邺城，杀死郡守，俘虏了袁绍的家属。

在后期黄巾农民运动的不断冲击下，各地豪强地主受到严重的打击，

① 北海是王国，王国的行政长官称为相。

东汉政府朝不保夕，统治集团内部争夺厮杀。汉献帝刘协被一批军阀轮流劫持，经常流亡，露宿野外。地方割据势力相互竞争，要求封官拜职，到公元195年，东汉政府用来加官封爵的印章，竟供不应求了，只好用锥子在木头上马马虎虎地划几下就算数。

在军阀混战中，活动在黄河中下游的曹操逐渐占了上风。他立法很严，并提出"唯才是举"的方针，争取兖、豫一带中小地主势力的支持，在一定程度上抑制和打击了腐朽的世家大族。公元192年年底，他打败青州黄巾军，从中选拔出青壮年，改编为"青州兵"；又把黄巾编余人口及其家属迁至许县（今河南许昌市东）屯田①，为他提供了大批军粮，从此曹操的实力就大为增强，为以后他统一北方奠定了基础。公元196年，曹操把刘协带到许县，又在政治上取得了"挟天子以令诸侯"的地位，汉献帝完全成了傀儡，东汉王朝也就名存实亡了。但是黄巾军和其他农民军并没有停止活动，公元207年，一支黄巾军还斩杀了济南王刘赟。

黄巾起义坚持了二十多年，由于时代和阶级的局限，农民起义反对封建制度的斗争有自身的弱点，在战略战术上也有一些错误，终于遭到残酷镇压。这次起义虽然归于失败，实际上却推翻了东汉的黑暗统治，推动了社会经济的发展。然而这个胜利果实，又被地主阶级所篡夺。

为了争夺农民起义的胜利果实，封建军阀之间的混战不断加剧。兼并的最后结果，形成了曹操、孙权（孙策的兄弟）、刘备三个实力最为雄厚的军事集团。公元208年，曹、刘、孙三家在今湖北长江爆发了有名的"赤壁②之战"，由此确立了三家鼎足而立的局面。它们各自扩张地盘，重新组合地主阶级的力量，先后建立了魏、蜀、吴三个封建割据政权，从此，中国封建社会进入了三国时代。

黄巾大起义，是农民阶级反抗封建黑暗统治的可歌可泣的革命斗争，在我国历史上留下了光辉灿烂的一页。

黄巾英雄们用自己的英勇斗争表明，农民阶级同地主阶级的利益是永

① 利用兵士和农民垦种荒地以解决军队的给养。

② 赤壁，在今湖北武昌西赤矶山，一说在今湖北蒲圻西北赤壁山，旧说在今湖北嘉鱼。

远不能调和的。"吏不必可畏，小民从来不可轻"，表达了革命农民对自己的力量充满信心、横眉冷对封建权威的英雄气概。"苍天已死，黄天当立"的革命口号则是对天命皇权欺人之谈的针锋相对的勇敢否定，它有力地粉碎了统治阶级强套在劳动人民身上的种种精神枷锁，为波澜壮阔的农民革命运动提出了明确的斗争目标，调动了千百万群众勇气百倍地投入反封建的伟大斗争，这就给后来的农民起义提供了极其宝贵的经验。

黄巾起义的英雄们，又为埋葬东汉王朝，推动中国历史发展建立了不朽的功勋，再一次证明了"人民，只有人民，才是创造世界历史的动力"① 这一伟大真理。东汉的地主阶级掌握着国家政权，操纵着全国武装力量，州郡县各级官吏和土豪恶霸层层控制着农民，统治力量看来是够强大的了。但是当东汉后期，日益腐朽反动的统治成为社会发展的严重障碍时，黄巾大起义以摧枯拉朽之势，瓦解了东汉王朝的统治基础。由于这次起义的基本群众几乎都是苦大仇深的贫苦农民，所以行动特别迅速，斗志特别顽强，反抗特别坚决，斗争特别持久。起义军在广大地区内诛杀各级贪官污吏和大大小小的豪强地主，涤荡一切腐朽势力，在一定程度上破坏了封建统治秩序，为祖国的重新统一和社会经济的发展扫除了障碍。黄巾起义又以革命的暴力重新调整了生产关系，暂时制止了东汉后期疯狂的土地兼并趋势，使得一部分土地重新转移到农民手中，这就提高了广大农民的生产积极性，为凋敝不堪的社会经济打下了重新恢复和发展的基础，推动了历史的进程。

黄巾起义代表了东汉后期广大人民的坚强意志，发挥了人民群众的无穷智慧，是我国历史上第一次事先有组织、有准备、有目的、有纲领的农民革命战争。它无论在思想觉悟、组织领导、斗争策略各方面，比起过去历次农民起义都有显著的进步。这是我国农民通过无数次的英勇斗争，在血泊中积累起来的宝贵经验的总结。所以，黄巾起义把我国古代的农民革命提高到了一个新的阶段。

黄巾起义的正义行动，还代表了东汉各族人民的共同利益，得到各族

① 毛泽东：《论联合政府》，参见《毛泽东选集》，人民出版社1968年四卷合订本，第980页。

人民的衷心支持。起义军的斗争鼓舞着被压迫的各族人民，各族人民的响应和支援，又推动了黄巾起义的胜利发展。在反对共同敌人的战斗中，加深了我国各族人民之间的相互了解和团结战斗的深厚友谊。

总之，黄巾起义虽然失败了，但是它给我国人民留下了宝贵的精神财富，为推动我国历史的发展做出了卓越的贡献。黄巾起义农民是一千多年前刻苦耐劳、酷爱自由、富于革命传统的伟大中华民族的优秀儿女。黄巾英雄名垂千古！

（本文原是《黄巾起义》一书，1972 年由中华书局以单行本出版，1984 年修订后再版。本次收入此文集，题目加上“述议”两字，除个别地方作了些修正外，其他没再作改动。）

诸葛亮行法的历史地位

《三国志》作者陈寿说："诸葛亮之为相国也，抚百姓，示仪轨，约官职，从权制，开诚心，布公道。"蜀汉在他的治理下，"科教严明，赏罚必信，无恶不惩，无善不显，至于吏不容奸，人怀自厉，道不拾遗，强不侵弱，风化肃然也"。

这种赞誉，未免言过其实，但大体还是符合诸葛亮治理蜀汉，政治得以清明，社会秩序较为稳定这种实际情况的。

"刑不上大夫"，自古如是。诸葛亮曾把仅次于自己地位的重臣李严，革去官职，"削其爵土"，降为平民。因为李严"受恩过重，不思忠报，横造无端，危耻不办，迷罔上下，论狱弃科，导人为奸"①。诸葛亮也曾将次于将军的长水校尉廖立，加以严惩，削职流放。因为他一贯自命不凡，"坐自贵大，臧否群士"②。可见，诸葛亮行法是敢于"刑上大夫"的。不过，像诸葛亮身居相国，职高权重，革去几个下属，不算什么稀奇。比如，同时期的曹操，早年不避豪强，掌握政权后对于"大夫"犯法，也是能裁之以法的。

孔子说过："刑罚不中则民无所措手足。"东汉梁统也曾总结过去行法要领，在于"务其中也"。要做到这点，行法自然要循理，以理服人，用法伏罪。李严受罚，还力求改正错误，"常冀亮当自补"③，希望再度被起用；廖立受罚，与李严有同样想法。后来，他们两人得知诸葛亮去世的消息，都感到同是对自己的不幸，廖立垂泣痛哭，李严悲痛而死。这就是后

① 《三国志·蜀志·李严传》，及注引。
② 《三国志·蜀志·廖立传》。
③ 《三国志·蜀志·李严传》，及注引。

人说的诸葛亮“法加于人也，虽死而无怨”[1]。受罚者虽死无怨，倒是少有，说明诸葛亮行法也是“务其中也”。不过行法循理，在历史上却又不乏其人，东汉明帝也善刑理，“幽枉必达”，“断狱得情”[2]。又有陈宠者掌天下狱讼，“其所平决，无不厌服众心”[3]。

“刑罚必中”，与“赏罚必信”是相联系的。据史书记载，诸葛亮是“善无微而不赏，恶无纤而不贬”[4]。并且不论地位高低，不分亲疏贵贱。在他首次北伐时，高级将领马谡违反节度，造成街亭之失。马谡既是一员大将，又“才器过人”，并得诸葛亮的器重，于是有诸葛孔明“挥泪斩马谡”的传颂。街亭之役，副将王平显示出军旅灼见，退兵稳重，断后有功，因而受到提升，又由参军进位讨寇将军。诸葛亮认为这次出师，也是自己“授任无方”[5]，用人不当，为接受教训还上表自责，把自己的过失“露布天下”。在诸葛亮严明赏罚之下，有被诛死的曾为刘备重用的治中从事彭羕；李严也素为诸葛亮所“贵重”；廖立同样是被诸葛亮誉为“楚之良才”的。据此，“严明赏罚”，可说是诸葛亮行法的基本精神。但能够“严明赏罚”，也不是诸葛亮有独无偶，而这本来又是先秦法家们的主张。例如，战国李悝在魏行法，就是按照“食有劳而禄有功，使有能而赏必行，罚必当”[6] 的原则进行的。至于引咎自责，亦有汉武帝“下诏罪己”，曹操也曾因马伤民麦而“罪己割发”。

总之，诸葛亮行法有其精当所在，但他能做到的，他人亦然。不过虽然如此，如果了解诸葛亮行法的特点及其历史地位，这些情况的出现就不是偶然的了，他人也未必能有所及。

第一，因弊立政，审势定法。

这主要是他对于西蜀地区政治混乱，及其行法对象的认识不同。

封建法律是地主阶级用来维护封建剥削关系，是条抽打农民的鞭子。

---

① 裴度：《蜀丞相诸葛亮武侯祠堂碑名并序》。

② 《后汉书·明帝纪》。

③ 《后汉书·陈宠传》。

④ 《三国志·蜀志·诸葛亮传》，及其注引和陈寿评。

⑤ 《三国志·蜀志·诸葛亮传》，及其注引和陈寿评。

⑥ 刘尚：《说苑·理政》。

所以，过去行法的主要对象，无疑是重在平民百姓。从这一点说，封建法律是无法从根本上使社会安宁的。由于立法重在平民百姓，因此统治者向来都很重视律令刑条的轻重、疏密，立法者的思想也就被“禁錮”起来。一方面，重在严刑峻法统治人民，结果又适得其反。比如，商鞅认为：“禁奸止过，莫若重刑。”① “重刑者民不敢犯。”② 韩非也主张：“严刑重罚之可以治国。”③ 但秦始皇治国，“繁法严刑而天下振”④，终成为秦代农民起义的一大原因。又如汉武帝时，由于“征发繁数，百姓贫耗，穷民犯法，酷吏击断，奸轨不胜”⑤，于是又严密科网，由原来的汉律九章，增至三百五十九章。再如东汉，刑律科网更是繁密庞杂，不仅“开残吏妄杀之路”⑥，就是断罪执法者都感不便，于是令诸儒数十家为刑律作“章句”法解，家家又数十万言，仅所谓断罪所当由用者，就合二万六千二百七十二条，七百七十三万二千余言。但统治者仍然呼喊：“百姓有土崩之势，刑罚不足惩罚。”⑦ 可见，重在严刑峻法统治人民，用严密科网加上执法的“吹毛索疵，诋欺无限”的本身，不仅不能解决社会矛盾，反而导致阶级矛盾发展的加剧。而在另一方面，立法者又总是纠缠于律令科网的轻重、宽严，作为衡量一代政治“得”、“失”或说“政举”、“政息”的依据。如东汉初期的议者，有所谓“轻刑之作，反生大患”⑧，或谓“隆刑峻法，非明王之急务”⑨，都是在法严、法宽上溯流追源前代理政之要。总之，以往的立政定法，总是在这些固定的位子上打转转。诸葛亮治理西蜀及其行法，与上述这些却有他“反常”的认识，而知弊审势。

比如，在东汉和刘璋父子统治时期，西蜀地区的政治就很腐败，法制松弛，社会秩序极其混乱。但诸葛亮不认为这是民乱于法，也不认为加强

---

① 《商君书·赏罚》。
② 《商君书·画策》。
③ 《韩非子·奸劫弑君》。
④ 《史记·秦始皇本纪》。
⑤ 《汉书·刑法志》。
⑥ 《后汉书·光武帝纪》。
⑦ 《晋书·刑法志》。
⑧ 《后汉书·梁统传》。
⑨ 《后汉书·梁统传》。

法治于民来治理蜀乱，而认为“民殷国富”的“天府之土”，弄得不成个样子，在于为政者的“不知存恤”① 于民。他还指出造成西蜀政乱的原因，是刘璋的懦弱少断，长期“文法羁縻，互相承奉，德政不举，威刑不肃”，形成“蜀土人士，专权自恣”的局面，从而认为西蜀“所以致弊，实由于此”②。

在这里，诸葛亮显然把“不知存恤”于民，看做是西蜀政乱的结果，也就是说他没有把行法的当务之急和主要对象，放在于民。这是与他治理蜀汉，务在“闭境勤农，育养民物”③ 的根本方针是一致的。他还指出：“商鞅长于理法，不可以从教化。”④ 这就进一步说明诸葛亮立政定法，在于教化，使勤农养民“民安食足”⑤。这不能不是与过去腐儒立法在思想上的差异。

民乱始于政乱，诸葛亮认为西蜀政乱最大的祸害，是专横自恣的“蜀土人士”。所谓“蜀土人士”，就是指在益州为非作歹的地方官吏和豪族大姓。

众所周知，在封建统治史上，豪族与官僚之间是坦途相通的。豪族大姓可以通过买官爵、考试等不同途径，成为官僚权贵；官僚权贵依仗权势大肆侵占土地，成为地主豪强。因而犯法的国家官吏往往是地方上鱼肉百姓的豪强，或者就是地方豪强犯法在国家机构中的后台。但由于立法、执法重在平民百姓，他们犯法的多数却逃之夭夭。封建法律虽然也注意到“豪杰犯禁，奸吏弄法”，而设“首匿之科，著知纵之律”⑥（李贤注：“凡首匿者，为谋首，臧匿罪人；知纵谓见知故纵”）。可是，统治者注意到对他们的限制，却没有意识到这种限制的重要，更不能把他们摆到法治的重要地位上来。统一的东汉帝国最后弄得民穷财尽，仓库空，朝廷空，乃至国家四分五裂，就是外戚、宦官两大豪强集团专权跋扈的结果。诸葛亮指

① 《三国志·蜀志·诸葛亮传》，及其注引和陈寿评。
② 《三国志·蜀志·诸葛亮传》注引《蜀记》。
③ 《三国志·蜀志·杜微传》。
④ 《诸葛亮集·文集·论诸子》。
⑤ 《资治通鉴·魏纪二》。
⑥ 《后汉书·梁统传》。

出益州政乱，在于“蜀土人士，专权自恣”，也是切合西蜀实际的。

识情立政，有弊必矫，审势定法，这不是一般的法严、法宽的“因势”定法。而是诸葛亮面向“专权自恣”的“蜀土人士”，“威之以法”，并把他们摆在行法对象的重要地位上来，这是诸葛亮思想上的一大“解放”。诸葛亮治蜀，自己坐镇成都，“士大夫多挟其财势，凌侮小民，亮一切裁之以法”。对于“南中”便设置“庲降都督”，加强政治、军事的管理，派出一位很有才干的将领邓芳出任，邓芳死后，又命李恢继任。他们对当地各族人民不过重的剥削压迫，办事果断分明，对当地汉族豪吏和少数民族上层人物也有一定的约束，不许他们过于横行不法，史载邓芳在南中“轻财果毅，夷汉敬其威信”①。

正因为诸葛亮行法对象非同一般，所以当时还有很大阻力。例如有个蜀汉大臣法正，他以刘邦罢除秦朝苛法得到关中父老感恩戴德为由，劝阻诸葛亮也不要“假借威力”对付蜀土人士，而要“缓刑弛禁，以慰其望”②。法正的谏阻，正是重复以往纠缠法严、法宽衡量政治得失，那种不识为治之要的迂论。不足取。诸葛亮回答说，刘邦松弛法度“可以弘济”，在于解除秦之“政苛民怨”；当今鉴于过去长期对豪吏的放任怂恿，只顾“宠之以位”，“顺之以恩”，反而使他们不知所贵，不知所任，位高爵重反而胡作非为，抗拒政令。并直截了当地指出：“吾今威之以法”对他们进行严格限制，原因就在这里，“为治之要，于斯而著”。并斥责法正是个“知其一，未知其二”③ 者，就是说他只知宽惠是好，不知严法重要，也不懂宽惠与严法，在民在政，都是因时因势来定的道理。可见诸葛亮这样审势定法，并有弊必矫的精神，在历史上是难能可贵的。

因为诸葛亮矫枉严正，法严不苟，所以时人说诸葛亮“惜赦”。对此，诸葛亮回答得很干脆，说：“治世以大德，不以小惠……若刘景州（刘表）、季玉（刘璋）父子，岁岁赦宥，何益于治！”④

后人根据诸葛亮这样审势定法及他治蜀的成功，作了一些总结，其中

① 《华阳国志·南中志》。

② 《三国志·蜀志·诸葛亮传》，及其注引和陈寿评。

③ 《三国志·蜀志·诸葛亮传》及注引《蜀记》。

④ 《三国志·蜀志·后主传》注引。

有句楹联写道："不审势即宽严皆误"①，作为一条行法治国的经验教训。从此一斑，也反映了诸葛亮行法的历史地位非一般可比。

第二，重在职官，"赏罚必信"。

这是诸葛亮行法，重在豪吏的另一个主要方面。因为国家要靠各级官吏来治理，法治要靠各级官吏来推行。另一方面，地方豪吏也主要靠职官来督责约束，只有职官奉公守法，才能制止和打击豪吏的奸妄。诸葛亮把各级官吏置于法治之下，并摆到行法的重要地位上来，"约官制，从权制"，这是诸葛亮行法的又一特色。

在这里，诸葛亮行法的基本精神是：严明赏罚，赏罚必信。所谓"严明赏罚"，值得注意的不是指行于平民百姓之间。以往对于民间有所谓"奖励耕织"等，一般是指减免赋役，而说不上有所谓"宠之以位"、"顺之以恩"，或"限之以爵"等类爵禄、官职的增升。就是可以买爵补吏进官晋职的人，也是贵族豪富。所以，严明赏罚是诸葛亮"约官职"的一项基本措施。即用赏罚来约束官职，以赏来鼓励官吏勤于公事，忠于职守；用罚来惩治怠慢工作，违反法令，欺上瞒下等恶行尖迹的官吏。

诸葛亮贯彻这一行法精神，除依据和增损秦汉旧律，与大臣们制定《蜀科》作为一国法度外，还特为蜀汉官吏写了《八务》、《七戒》、《六恐》、《五惧》等"训厉"条文，用来告诫官吏要有所"务"而且要"务"得好，要有所"戒"、"惧"，而且要警惕，不要犯法。他还写了不少教令，如《与群下教》、《称姚伷教》和《劝将士勤攻己缺教》等，用来激发蜀汉官吏关心国家利益，督促国家政务。所有这些，都是与他约官职、修法制重在职官，紧密联系着的。而且在举能任贤时，也选拔忠实于法治的官吏充实到首脑政权机构中来，以保证施政方针和整肃吏治的贯彻执行，如原是"豪强惮（董）和严法"②的董和，就是诸葛亮的得力助手；原是"为政以安民为本，不以修饰为先"③的蒋琬，后来是诸葛亮相位的接任者；有名的外交大臣邓芝，也是由"所在清严有治绩入为尚书"④

① 赵藩题成都武侯祠联。
② 《三国志·蜀志·董和传》。
③ 《三国志·蜀志·蒋琬传》。
④ 《三国志·蜀志·邓芝传》。

的。据史书记载，诸葛亮推行法治措施也很深入，“时丞相亮治蜀，用法峻密，阴闻（何）祇游戏放纵，不勤所职，当掩往录狱，众人咸为祇惧”①。何祇是个小小郡吏（督军从事），而众人都为他不勤失职而担心。可见当时从朝官到郡县小吏都要受到法制的约束。

最能体现诸葛亮行法重在职官这一特色的，是他反对“法开二门”，在历史上第一个明确提出“宫中府中，俱为一体，陟罚臧否，不宜异同”② 的主张。在这里有必要指出，封建社会的行法本来就是“法开二门”的。比如有桓谭就谈到东汉情况，说：“又见法令决事，轻重不齐，或一事殊法，同罪异论，奸吏得因缘为市，所欲活则出生议，所欲陷则与死比，是为刑二开门也。”③ 不过，这是指封建社会一般行法，笼而统之所说的“法开二门”的传统弊病，所以不能与诸葛亮行法重在职官，反对在职官中“法开二门”的精神混同起来，而他所反对的是“宫中府中”，不能“内外异法”。

所谓“宫中府中”，是指封建朝官的内朝（宫中）官和外朝（府中）官，这是始自汉武帝为加强皇权而分设的，从此内朝权重，发展到东汉“权归内朝”（即“权归尚书”），外朝“三公”权力旁落，造成宦官、外戚专权。他们得到皇帝的宠信，“口含天宪”，张口就是法律，以我为是，其他朝官都有旦不保夕的危险，那就不仅法开“二门”而是“多门”了。这是封建专制主义的恶性产物。再者，当时“科网本密”，诸儒章句“又为偏党”④。所以在当时，诸葛亮提出“宫中府中，俱为一体”，并明确提出“若有作奸犯科及为忠善者，宜付有司论其赏罚”，“不宜偏私，使内外异法”⑤ 这一做法，是具有强烈的现实意义和针对性的。这就不仅体现了诸葛亮行法“严明赏罚”的基本精神和重在职官这一特色，同时也是对汉代以来朝中弊政的又一次的矫正。

诸葛亮行法重在职官，在政治上也产生了好的影响。由于内外同法，

① 《三国志·蜀志·何祇传》注引。
② 《三国志·蜀志·诸葛亮传》。
③ 《后汉书·桓谭传》。
④ 《晋书·刑法志》。
⑤ 《三国志·蜀志·诸葛亮传》。

善恶有分，功过分明，各级职官的为政为事有所遵循，有所警戒，有所前进。有位专任宫中事务的董允，就很勤于职守，敢于坚持诸葛亮行法的精神，“上则正色匡主，下则数责于皓”。他曾据理反对而劝阻了后主刘禅的增添妃子，宦官黄皓也受到抑制，“不敢为非”①。前举“不勤所职”的郡吏何祗，后因受到约束，警惕自己，改正前非，终成为一个“有才策功干”的人物，而被出任县令，旋又升为郡守，与杨洪、李严等名闻于世。当时蜀汉官吏，一般都能执行诸葛亮的施政方针和政策，同僚之间较能和睦共事，即使后来诸葛亮长期外出从事北伐战争，减少了对于朝廷内外变乱的挂虑，同僚们也能与诸葛亮戮力同心。所以能够出现这种情况，有位蜀汉大臣张裔就很有感受。张裔，蜀郡成都人，曾是刘璋的属下，对于刘璋的政治当有所了解，也曾因故在孙权地区住过，政治上也自有他的鉴别，而对诸葛亮行法重在职官的作用说：诸葛亮“赏不遗远，罚不阿近，爵不可以无功取，刑不可以贵势免。此贤愚之所以佥忘其身者也”②。最后一句的意思是说：这就是官吏们人人所以勤奋的原因。陈寿的父亲，也曾被诸葛亮处以刑罚，但他对于诸葛亮的行法，仍然是极其肯定的。

以上看来，诸葛亮行法重在职官，而又“赏罚必信”，所以能够“刑上大夫”，出现廖立垂泣、李严哀死，以及马谡“虽死无恨”③等现象，就不是孤立的偶然的了。对此，晋人习凿齿作了这样的评价，认为诸葛亮“可谓能用法矣，自秦、汉以来未之有也”④。这一点，是颇合诸葛亮行法的实际，因而是很有道理的。

第三，“人去政存”。

这是诸葛亮行法历史作用的又一表现。诸葛亮治蜀，运用儒法兼用的政治传统，有他自己的才具，并表现他“人治”的作用。但在一定程度上避免了历史上“其人存，则其政举；其人亡，则其政息”的命运。

诚然，在封建专制主义社会里，是没有真正“法治”的，因为起码的一个条件都没有，即人民根本没有权利可言，也没有什么民主，都是被统

① 《三国志·蜀志·董允传》。

② 《三国志·蜀志·张裔传》。

③ 《三国志·蜀志·马良传附弟谡》注引。

④ 《三国志·蜀志·李严传》及注引。

治阶级剥夺去了。但当时，还不可能有其他更高的政治制度和较理想的治理社会的准则，这就不必苛求于古人了。就是说，只要诸葛亮这样的法治，这样的行法，对于社会和人民起到有益的作用，或较之过去危害更少，就应该肯定。比如，当时的官吏（即使是少数）能够依法办事，不要节外生枝，这对无权的人民来说就很了不起；再者，如果“论狱弃科，导人为奸”者，或与豪右勾结的官吏，能得到一定的压抑或惩治，这对社会的损害至少少些、轻些。总之，诸葛亮政举法明，到底比淫刑苛政好些。但有此成就，仅有所谓个人贤才而定的“人治”又是不能取代的。所以，有其法治的成就，才避免了“人亡政息”的迅速出现。

比如，诸葛亮自随刘备入蜀，行政二十年，蜀汉得以清明，死后，由蒋琬、费祎相继执政二十年间，“承诸葛之成规，因循而不革”，使蜀汉社会仍然保持稳定的局面。这就说明，诸葛亮的“法治”比他的“人治”作用大，而这两方面的作用，又是结合在一起的。这种结合，唐代裴度说得清楚，他说：“度尝读旧史，详求往哲，或秉事君之节，无开国之才，得立身之道，无治人之求。四者备矣，兼而行之，则蜀丞相诸葛亮其人也。”① 裴说“事君”、“立身”似近一类，“开国”、“治人”似近一类，“四者备”而结合，就反映了其“人治”与“法治”的结合。

诸葛亮行法，能够一定程度上避免了“人亡政息”的历史命运，这又是因为他的“人治”也受到他的“法治”精神的约束，这也可以说是他“人治”与“法治”结合的特殊表现。比如，诸葛亮行法严格要求群下勤于吏职，而自己就很严谨，忠贞国事，“夙夜犹勤”，始终表现出坚韧、奋发的思想作风和工作作风。又如，他“约官职，从权制”，而身体力行，自己有过，能“露布天下”。再者，他贵为丞相，当身为孙吴的重臣而又是自己的哥哥诸葛瑾，奉命出使蜀汉，他仍然按邻国一般使臣礼节接待，不以行辈尊长和地位不同而有特殊。对待自己的儿子诸葛乔（从诸葛瑾过继来的），在他出师北伐艰苦的战争时期，也让诸葛乔去担任山区转运军需的工作，同其他将领子弟一样经点风霜霖雨，受点长年跋涉之苦。为此，他还特给诸葛瑾写信说：“乔本当还成都，今诸将子弟皆得传运思维，

① 裴度：《蜀丞相诸葛亮武侯祠堂碑名并序》。

宜同荣辱。”[①] 如此等等，乍看起来似乎是道德行为，但却是他行法的精神。

诸葛亮死后，蜀汉社会仍然保持稳定局面：生前，其“联吴抗曹”的方针，一直终蜀之世，蜀、吴两国的和好关系亦未断绝；对于“南中”的和抚政策，直到后来霍弋为“庲降都督”，都能做到“抚和异俗，为之立法施教，轻重允当，夷晋安之”[②]。所有这些，都与诸葛亮个人才智的作用有关，但一国的方针政策是法的灵魂，法是它的体现。试问，没有法治及其行法精神的作用而什么“联吴抗曹”与“南抚夷越”的方针政策能延续下来吗！

最后，还值得指出，据史记载，蜀汉大臣一般都比较廉洁。诸葛亮自己说过，有桑田八百，田十五顷，足够家用，自己在外不添置家财，臣死之日，也不增殖财产。对此，陈寿作了调查，写道：诸葛亮死后“如其所言”[③]。一个身居一人之下，万人之上的丞相，占有这等田桑，比之东汉豪族“膏田满野”很微薄，较之后代西晋官品占田，还赶不上七品官占田二十顷。再见其他大臣，做了二十年大官的董和，“死之日，家无儋石之财”[④]。身为尚书、大将军的邓芝，在官二十年“不治私产”，“死之日，家无余财”[⑤]。也居相位的费祎，“家不积财，儿子皆令布衣素食，出入不从车骑，无异凡人”[⑥]。就是后期的姜维，“据上将军之重，处群臣之右，宅舍弊薄，资财无余”[⑦]。史籍的记载，不可贸然轻信，但也不能漠然无视，姑不论其有几分真实，但蜀汉政治得以清明和官吏较为廉洁是存在的，也是互相联系着的，而官吏简朴廉洁的风尚，又是他行法精神和地位的重要反映。

（原载《思想战线》1981 年第 2 期）

① 《诸葛亮集·文集·论诸子》。
② 《华阳国志·南中志》。
③ 《三国志·蜀志·诸葛亮传》。
④ 《三国志·蜀志·董和传》。
⑤ 《三国志·蜀志·邓芝传》。
⑥ 《三国志·蜀志·费祎传》注引。
⑦ 《三国志·蜀志·姜维传》。

古代"王（后）"与"皇帝"称谓述议

一

"皇帝"为古代最高统治者国君（君主）的称谓，肇自秦始皇。而在此以前，三代的最高统治者的称号，先后出现的有称"后"称"王"的。由"王"演称为"皇帝"却反映了历史进程，并深刻地打上了不同社会时代内容的烙印，这值得了解和重视。

据史传载，"后"的称号，在夏国家建立过程中就已出现。《史记·夏本纪》云："帝舜荐禹于天，为嗣。""天下诸侯皆去商均而朝禹。禹于是遂即天子位，南面朝天下，国号曰夏后，姓姒氏。"这里，"夏后"即"夏王"的意思。又云夏禹传位于启，诸侯朝启曰："吾君帝禹之子也。于是启遂即天子之位，是为夏后帝启。""夏后"或"夏后氏"即"夏王"，也代表整个"夏王朝（或夏国家）"。如古书说："昔者夏后开[①]使蜚廉折金于山川，西陶铸于昆吾"[②]；"夏后氏官百"[③]；"夏后氏五十而贡"[④]；"有虞氏以燕礼"[⑤]；"有虞氏之庠也，夏后氏之序也"[⑥]；"夏后氏德衰，

---

① 《墨子·耕柱》。"后开"，即"后启"，史书避汉景帝讳，改"启"为"开"。
② 《墨子·耕柱》。折金，开发铜矿。
③ 《礼记·玉藻》。
④ 《孟子·滕文公》。
⑤ 《礼记·王制》。
⑥ 《礼记·玉藻》。

诸侯畔（叛）之”[①]，等等。所有这些都是指与整个夏王朝有关的社会经济、文化和政治的情况或事物。转入商、周王朝，以“后”为君主称号的，除一般称“后”、“我后”外，还反映出当日神权政治、神权统治的特征。商代以祖先崇拜与所谓“天神”崇拜结合，而敬奉祖先神[②]，在称谓上不时反映出商王对其先公先王的仰慕、颂扬，或祈求庇佑，流露出浓郁的神秘色彩。如曰：“呜呼！古我先后，罔不惟民之承。”[③]又如曰：“汝曷弗念我古后之闻?”[④]再如曰：“古我先后既劳乃祖乃父，汝共作我畜民。”再又曰：“失于政，陈于兹，高后丕崇降罪疾。”[⑤]此外，还有所谓“予念我神后”[⑥]，等等。

二

“后”作为君主的称谓，而对它的本义的解释，《说文》云：“后，继体君也。”继体，即继位的意思[⑦]。郭沫若先生则认为：“继体君之说实非其朔（初始）。”其本义当是氏族社会“母产子”、“母育子”的最高“尊称”，这是“母权时代之孑遗”[⑧]。本文“述议”以为郭说是也。《史记》注引《春秋正义》云：“‘后’，君也。”[⑨]由是冠于母系氏族首领的称号，随后作为父系氏族首领称号一直沿用下来。基于上述，据古书传载，下述史事（事件）的发生，都是与夏、商、周三个古老氏族部落相关联的，即

① 《史记》卷二《夏本纪》。

② 《礼记·表记》：“殷人尊神，率民以事神。”殷人天神崇拜，有上帝，日、月、风、云、雨等等都是其崇拜对象，可降祸福。在人鬼方面，有先公、先王、先妣等等，无不有灵，可降福作灾，故特礼祀之。

③ 《尚书·盘庚中》。

④ 《尚书·盘庚中》。

⑤ 《尚书·盘庚中》。

⑥ 《尚书·盘庚中》。

⑦ 《汉书》卷八十六《师丹传》：“先帝（汉武帝）暴弃天下，而陛下（汉哀帝）继体，四海皆宁。”

⑧ 郭沫若：《中国古代社会研究》，科学出版社1961年版。

⑨ 《史记》卷一《五帝本纪》。又《白虎通疏证》云：“后者，君也。”

是与在建立各自王朝过程中所处的历史背景相联系的。史称：尧举行禅让，舜即位后，便择定吉月吉日，“班瑞于群后”。此后，每隔五年都要外出巡行，那时“群后四朝”①，向天子报告自己的政绩。又称：舜时举行一次祭礼时，“于是夔行乐祖考至，群后相让，鸟兽翔舞”②。又称：商汤征灭夏朝还亳，作《汤诰》曰：“维三月，王自至于东郊。告诸侯群后：‘毋不有功于民’。”③ 又称：周代周公辅政时在《梓材》的诰辞中曰：“后式典集，庶邦丕享。”④ 从上述征引的“群后四朝”、“群后相让”、“群后德让”、“诸侯群后”等等的记述，值得指出的有如下几点：

（一）这些“群后”已不是原来“母产子”、“母育子”那种“尊称”的意义，而已经是父系氏族公社拥有相当统治权力的氏族部落首领，或是权力更大成为部落联盟的领袖⑤。古书上把“群后”等同于后来出来的“诸侯”⑥，这就意味着他们在一定范围内已握有相当的政治、军事统治权力。一言以蔽之，这些“群后”的出现，正是由氏族社会崩溃向奴隶制国家过渡的反映。

（二）基于这些作为氏族首领的“群后”各拥有相当的权势，必然加剧其彼此之间的矛盾和斗争，从而促使王权的形成和发展。据说当日作为部落联盟领袖的夏禹，凭着拥有军事实力和治水威望⑦，高高在上。史称：“昔禹致群神于会稽之山（集会），防风氏后至，禹杀而戮之。”⑧ 防风君违命迟到，就被禹杀了陈尸示众。在这里，禹俨然有似一个操持生杀予夺大权的国王了。夏禹去世，其了启继承了父位，“禅让”制被破坏，开创了世袭制度，为历史上“家天下”的开始。为了维护王权，夏启先后击灭

① 《尚书·尧典》。班瑞，颁发信圭（瑞玉）。

② 《史记》卷二《夏本纪》。又《尚书·皋陶谟》作“群后德让”。

③ 《史记》卷三《殷本纪》。

④ 《尚书·梓材》。后，指诸侯国君。式，乃。典集，常集合（会和）。

⑤ 尧、舜、禹均是我国古代传说中的部落联盟领袖。

⑥ 《国语·周语》：“诸侯春秋受职于王，以临其民。”周初分封各国国君，规定要服从王令、朝贡、服役等义务外，而在其封国内世代掌握统治大权。

⑦ 《史记·夏本纪》曰：禹治水成功“于是帝（尧）锡禹玄圭，以告成功于天下。天下于是太平治。”

⑧ 《国语》卷五《鲁语下》。群神，指诸侯国君。

了旧势力伯益和有扈氏。伯益是东夷部落首领，史称“益干启位，启杀之”①。启即王位后，其同姓有扈氏也不服，而起兵反抗。史称启亲率大军讨伐，大战于甘（河南洛阳市西②）。启在战前还作了动员令《甘誓》。最后，有扈氏被启所灭。启的征讨的胜利，给夏带来极其重要的影响：一是有扈氏被启所灭后，他的部族则被降为奴隶，从而促进了夏王朝奴隶制和私有制的发展。二是启灭有扈氏后，史曰：“天下咸朝。”③ 从而又维护和巩固了夏王权的统治。权力和武力是王权的象征。转入夏朝以后的“后”与过去氏族社会的“后”，不能相提并论，两者已有本质不同，即夏王朝与过去部落之间的关系，已是统治与被统治的关系，并不断得到加强。

（三）见于古书所载，国君以“王”为称谓起自夏朝，以后渐次代替以“后”为称。史载夏后启伐有扈氏的《甘誓》云：“王曰”；又载商汤讨伐夏桀时作《汤誓》指责云：“夏王率遏众力”④；又载汤王在《汤诰》中曰：“王自至东郊”，还曰：“‘吾甚武’，号曰‘武王’”⑤；等等。至于散见商代甲骨文所云：“王亥”、“王令”、“王卜”、“王占”、“王族”、“王大令”、“王饮”、“王寝”等等，更是比比皆是⑥。而有关周王的称谓，如“文王”、“武王”、“王曰”、“王命”等等，见于一般史书外，《诗经》和有关周代铭文也屡见不鲜。起自夏朝的“后”，为一个统一国家元首的称谓，与“王”一样拥有强大的王权和威严。正因为这样，历史使然，“后”与“王”既可作单称，也可杂用或连用。如曰：“树后王君公。”⑦ 又《诗经》曰：“王后维翰”；“王后蒸哉”⑧。还可合二“王”、三“王”为“二后”、“三后”。如《诗经》曰：“昊天有成命，二后受之”⑨；又

① 《晋书》卷五十一《束晳传》。

② 一说今陕西户县。

③ 《史记》卷二《夏本纪》。朝，诸侯朝见天子。

④ 《尚书·汤誓》。又见《史记》卷三《殷本纪》。遏众力，竭尽民力。

⑤ 《史记》卷三《殷本纪》。

⑥ 可参见翦伯赞、郑天挺主编《中国通史参考资料·古代部分》第一册，中华书局1962年版。

⑦ 《尚书·说命中》。后王，天子、国君；君公，谓诸侯。

⑧ 《诗经·大雅·文王有声》。翰，桢干、骨干；蒸，君也。蒸哉，意即（君王真得）君道呀！

⑨ 《诗经·周颂·昊天有成命》。二后，指文王、武王。

曰：“三后在天，王配于京”①。《尚书·吕刑》还将帝舜三位（伯夷、禹、稷）“开物成务之王”谓之“三后”。如曰：“三后恤功于民：伯夷降典，折民惟刑；禹平水土，主名山川；稷降播种，农殖嘉谷。”

“后”先前为氏族社会“女酋长”的“尊称”，入夏以后为三代国王的一种称号，继而又演为帝王“后妃”的称号，这可能在西周宗法制度下嫡长子世袭制形成以后。如《初学记》称：“按夏殷已前，后妃之制，其文略矣，大率皆称妃，故黄帝有四妃，帝喾四妃。周则天子立后，正嫡曰王后。”② 此后，秦称皇帝，正妻曰皇后。汉因之。至于这个天子之“后”的地位，《白虎通》则称：“后者，君也。天子妃至尊，故谓之后也。”③

三

三代国王是国家政权的最高统治者，不言而喻，当有其威严和至尊地位。而其“自称”，见于古书记载却是“多称”的。但有议者则说“商王自称‘一人’或‘予一人（余一人）’，来表示其独尊无二的特殊身份”，或说“表示其唯我独尊的地位”等等。这种说法值得商榷。这里就说说这个“自称”，以示明白。

“予”即我，一般平民百姓都可以此为自称之词。如《诗经·小雅·谷风》曰：“维予与女（你）”、“女转弃予”；又《诗经·魏风·陟岵》曰：“予季行役，夙夜无寝。”④

“予”亦为“帝舜”所自称，并沿用至三代君王。如帝舜曰：“予欲左右有民，女（指夏禹）辅之”；“予欲闻六律五声八音，女听。”⑤ 又如夏后启曰：“予誓告女（指将出征的将士）：有扈氏威侮五行”，“今予维

① 《诗经·大雅·下武》。三后，指太王、王季、文王。

② 《初学记》卷十《中宫部》，中华书局1962年版。

③ 《白虎通疏证》卷十《嫁娶》，中华书局1994年版。

④ 一作“予子行役”。季，兄弟排行第四叫“季”。行役，服役。

⑤ 《史记》卷二《夏本纪》，亦见《尚书·皋陶谟》。听，负责、处理。（意即从音乐考察得失，听取反映）你负责这工作。

共（恭）行天之罚”① 等。又如商汤曰：“予有言：人视水见形”，“予畏上帝，不敢不正”② 等。又如盘庚曰：“予念我先神后”，“今予将以汝（指将被迁移的殷民）迁，安定厥邦”③ 等。又如周武王曰：“今予发维共（恭）行天之罚。”④ 而周公旦在成王年幼时辅政七年中，所作《大诰》等文告中⑤，以“予”为王自称的也不胜枚举。总之，当日三代君王以“予”自称，极为普通，极为普遍。

“予”在“君臣”之间可互用为自称，“臣”在“君”前也可自称为“予”。如《史记·夏本纪》载：“帝（舜）曰：‘毋若丹朱傲’，‘予（舜自称）不能顺是’。”禹（当日舜尚未禅让，禹为其臣）曰：“予娶涂山癸甲，生启予不子，以故能成水土功。”又《尚书·皋陶谟》载：“帝曰：‘来！禹，汝亦昌言。’禹拜曰：‘都！帝，予何言？予思日孜孜。’”⑥ 又《尚书·立政》载：“呜呼！予（周公）旦已受人之徽言，咸告孺子王（成王）矣！”⑦ 可见，“予”在这里也仅为一般自称，别无他义，别无所示。

至于说到商王自称“予一人”，这里先行申明两点：一是在商代有两位君王即商汤和盘庚是以此为称最多的；二是就是他两位的自称也是“多称”多样的。

先说商汤的自称，他在发动灭夏的一篇动员令《汤誓》中，全篇讲话不过一百四十余字，而自称却用了四“词”共九起。其一称“予一人”的只有一起（“尔尚辅予一人”）；其二称“台小子”的一起（“非台小子敢行称乱”⑧）；其三称“予”的四起（“予惟闻汝众言”、“予畏上帝”、“予其大赉汝”、“予则孥戮汝”）；其四称“朕”的三起（“悉听朕言”、

---

① 《史记》卷二《夏本纪》，亦见《尚书·甘誓》。

② 《史记》卷三《殷本纪》，亦见《尚书·汤誓》。

③ 《尚书·盘庚中》。

④ 《史记》卷四《周本纪》，亦见《尚书·牧誓》。

⑤ 丹朱，人名，尧的儿子。傲，傲慢。顺是，意即迁就其（恶劣）行为。

⑥ 昌言，善言，意为发表高见。日思孜孜，整天考虑怎样孜孜不倦（工作）。

⑦ 尚，表示劝勉。

⑧ 台，音夷（yí），我也。《史记·殷本纪》引《索隐》：“汤，名履，《书》曰‘予小子’是也。”台小子，是汤对自己的谦称。

“今朕必胜”、“朕不食言”）等。这些都是商王在“臣民”面前混用的自称，都难捉摸出“表示其独尊无二的特殊身份”。

再说盘庚的自称，反映其迁都的《尚书·盘庚》三篇（上、中、下），从这三篇的命令和谈话中，其自称之词的记载在三代君王中是比较多的。其中仅用“予”一词就近二十起，同样只起到一般自称之外，也无特殊所示。但在其他自称之词，却有两个突出点：一是称“予一人”者多至五起（“不惕予一人”①、“听予一人作猷”②、“惟予一人有佚罚”③、“暨予一人猷同心”④、“协比谗言予一人”⑤ 等等）。在这里，连同商汤的自称观察，“予一人”同是普通如“我一人”的意义。另一个突出点是《盘庚》三篇以“我”为自称之词特多，计有十九起。如曰：“我王来，既爱宅于兹”⑥、“重我民”⑦、“古我先王，暨乃祖乃父”⑧、“古我先王，将多于前功”⑨ 等等。在这里“我”即我也，别无他说。

上述三代君主的自称，计有“予（余）”、“一人”、“予一人”、“台小子”、“朕”、“我”及“我王”等等，综其始终还必须提示几点：

（一）三代君王的自称，不只是“一人”、“予一人”，而是“多称”。而且在使用中任凭己意没有什么“定格”可循，乃至短短一两句话，就连续出现三四个不同的自称。如《尚书·盘庚下》曰：“今予其敷心腹肾肠，历告尔百姓于朕志，罔罚尔众，尔无共怒，协比谗言予一人。”⑩ 又《尚书·多士》曰：“（成）王曰：‘多士，昔朕来自奄，予大降尔四国民命。我乃明致天罚，移尔假逖，比事臣我宗多逊’。”⑪

既然是“多称”，而“一人”、“予一人”也不是商王唯一的自称。因

① 惕，惧、恐也；一说是假借字，给予的意思。
② 猷，谋划、决定。
③ 佚，过错。
④ 猷，谋。
⑤ 协，协同；比，勾结。
⑥ 我王，盘庚自称。
⑦ 此句意为重视我民。
⑧ 乃祖乃父，指前辈。
⑨ 前功，前人功劳。
⑩ 敷，布；心腹肾肠，指内心的话。
⑪ 奄，古国名；四国，管、蔡、商、奄四国；假逖，遥远的意思。逊，顺。

此在一些有关著作中只说商王的这一自称，以及只介绍商王有自称，那就不够妥当或没有必要了。

（二）“多称”中的任何一称，都不是或都不能代表（或表示）某一位君王，或某一代君王专用的自称。而作为国家最高统治者专用的自称，只有后来秦始皇自称曰“朕”，才具有其独一无二的名号，并在当日的历史条件下，意味着“朕即皇帝”、“朕即国家”这一专制主义皇权（王权）的突出特征①。而这一特征，三代君王的各种自称都不足说明。

据此，说“商王自称‘一人’或‘予一人’来表示其独尊无二的特殊身份”，就没有根据了。

（三）其实，在古书上所说的“予一人”，也就是“余一人”，也是“我一人”。而“一人”则是国君的一般自谦、谦虚之词，别无他义。《史记·夏本纪》以“予”、“余”同义而混用，如帝舜对夏禹曰：“予欲左右有民”、“余欲见古人之象”。《说文解字注》曰：“余，我也，余身也。”“《诗》、《书》用予不用余，《左传》用余不用予。”可见，在这里“予”、“余”、“我”同义，毋庸再议。至于“我一人”，先看两段话：《尚书·吕刑》曰：“尔尚敬逆天命，以我（周穆王）一人。”② 又《尚书·秦誓》曰：“邦之杌陧，曰由一人；邦之荣怀，亦尚一人之庆。”③ 这两位（王与公④）君主同用“一人”以示自己，说明“一人”并不是三代国王特有的一种称呼。予“一人”、余“一人”以及我“一人”，在这里实是“古今同义”极为普通的自谦之词，又怎么说：“表示其（商王）独尊无二（或唯我独尊）的特殊身份”？

---

① 请见下述，并见参阅拙著《文史拾趣》第二册《从“朕”谈到古代的“死称”》、《天子和儿子》，上海翻译出版公司1986年版、1988年版。

② 《吕刑》实是“穆诰”。此句意为：你们应当尊敬地对待天命，以辅助我一人。

③ 杌陧，不安；怀，安。一人，指秦穆公，他以“一人”示己。此句意为：国家的危难，是因为君主用人不当；国家的安宁，则是君主用人得当。

④ 王与公，国王与诸侯（公）不同等级。

四

三代君王是专权的，凭借其武力和实力的基础，其王权不断发展和强化。所谓“溥天之下，莫非王土；率土之滨，莫非王臣。”① 这是说全国的土地和臣民都为周天子所有。其实，在他的统治范围内，还握有诸如诸侯分封、国事决定、典兵统帅，以及官吏任命和封爵赏罚等等大权。

当日在神权政治宗教思想支配下，王也称为天子。《尚书·洪范》曰：“天子作民父母，以为天下王。”最高统治者被称为“天子”，也就是当日王权与神权结合的产物。马克思曾说：“反宗教的批判根据是：人创造了宗教，而不是宗教创造人。”②

前有所及，夏、商宗教思想“尊神”，即天神崇拜，奉“天”称为“帝”或称“上帝”，并通过占卜祈求“上帝”。如殷卜辞云：“我其祀宾，作帝降若；我勿祀宾，作帝降不若。”③ 夏、商最高统治者宣称自己是“上帝”的后裔，是上帝的子孙，他们的行为都是“上帝”意志的体现。如：夏后启伐有扈氏，在《甘誓》中说：“天用剿绝其命，令予惟恭行天之罚。”④ 又，商汤征伐夏桀，在《汤誓》中说：“夏氏有罪。予畏上帝，不敢不正（征）。”⑤ 又，盘庚对被迁殷民说：“先王有服，恪谨天命。”⑥ 周朝在建国过程中，便因袭了夏、商崇奉“天神”的宗教思想。如：武王伐纣王，《牧誓》中说：“今予发，惟恭行天之罚。”⑦

周王朝把上帝奉为人格化的至上神，以“天命不僭”⑧，宣扬“君权

① 《诗经·小雅·北山》。

② 《马克思恩格斯全集》第3卷《黑格尔法哲学批判导言》，人民出版社2002年版。

③ 引自翦伯赞、郑天挺主编《中国通史参考资料·古代部分》第一册，中华书局1962年版。宾，祭名；作，则；若，幸福的意思。

④ 剿，绝灭。

⑤ 畏上帝，怕上帝发怒的意思。

⑥ 服，法令、制度。恪谨，敬从。

⑦ 《尚书·牧誓》。

⑧ 僭，差错。

神授”，称自己为上天的儿子，叫“元子”[1]，即“天子”，受天命以君临人间。王权无限膨胀，天子唯我独尊，而这个被神化了的“皇天上帝”[2]，也就成为日后称“皇”、称“帝”名号的滥觞。

所谓“帝”，前面已有所述，他是三代君王们对“天”崇拜，而成为主宰万物、至高无上的神灵。古书上说他的神威和名号众多，诸如有“天（行天之罚、我受天命）”[3]、“昊天（昊天有成命[4]、钦若昊天）”、“皇天（其自时配皇天、皇天改大邦殷之命）”、“神天（惟典神天）”、“帝（丕灵承帝事、敕告于帝）”、“皇帝（皇帝哀矜庶戮不辜、皇帝请问下民）”、“上帝（闻于上帝、以敬事上帝）”、“天帝（王难得如见天帝）”[5]、“古帝（古帝命汤武）”[6]，等等。“帝”为万物之主宰，还有考察、监视的意思。如说：“惟天监下民典厥义”[7]、“天监在下，有命既集”[8]、“上帝临女，无二尔心”[9]、“上帝监民”、“皇矣上帝，临下有赫；监观四方，求民之莫”[10]，等等。

“皇”者，大也。而所谓“皇”是形容“帝”、“王”的。《诗经》：“皇王维辟，皇王烝哉”[11]、“於皇武王”[12]、“皇矣上帝”[13]，以及“皇天”、“皇帝”等等。

春秋时期还没有人君称“帝”称“皇”的，迨至战国中期以后有了“三皇”、“五帝”的传说，才有少许人君一度称帝，如秦、齐对峙分别称“西帝”、“东帝”。“皇”与“帝”的被联用为“皇帝”作为君主的称谓，

① 《尚书·召诰》：“有王虽小，元子哉，其丕能诚于小民。”其，他；丕，大；诚，和。
② 《尚书·召诰》。
③ 见《尚书》，以下未注明出处者，均见《尚书》各篇，这里从略。
④ 《诗经·周颂·昊天有成命》。
⑤ 《战国策》卷十六《楚策三》。
⑥ 《诗经·商颂·玄鸟》。
⑦ 典，主；义，按道理行事曰义。
⑧ 《诗经·大雅·大明》。集，迁就的意思。
⑨ 《诗经·大雅·大明》。
⑩ 《诗经·大雅·皇矣》。莫，安定。
⑪ 《诗经·大雅·文王有声》。
⑫ 《诗经·周颂·武》。
⑬ 《诗经·大雅·皇矣》。

起自秦王嬴政统一中国的当年（公元前221年）。他建立了封建专制主义中央集权的政治制度，树立了绝对皇权。这里只就其把“王”改称“皇帝”及绝对皇权，简要地说上几点看法。

（一）秦始皇混一宇内，踌躇满志，为显示其尊贵和威权，专门议改帝号，最后乃由他个人决定。史称秦王“初并天下，自以为德兼‘三皇’，功高‘五帝’，乃更号曰‘皇帝’”①。所谓“三皇”，即“天皇”、“地皇”、“泰皇（人皇）”②，这可能是与“王”字相联，即天、地、人，以一而贯三为王③，从中意味出其主宰一切的权力。他又宣布自己是这个统一国家的第一个皇帝，故称“始皇帝”。《通鉴》胡注云：“帝者，天之一名，所以名帝。”“帝号同天，名所莫如。而称皇者，以皇是美大之名，言大于帝也。”④ 秦始皇把过去传说人物的尊号混合为一，这个独一无二的名号本身，便意味着皇帝至高无上的权力。在这里，应该说从“王”到“皇帝”的历史进程中，其所出现的“王”、“帝（上帝）”到“皇帝”，都是阶级社会的产物；同时又是“神权”被“皇权”所利用而得到进一步结合，皇权的绝对化，又把政权与神权合为一体。发展到汉代，在“天人合一”、“天人感应”思想笼罩下，皇帝就是天子，天子秉承天命统治人民。正所谓：“唯天子受命于天，天下受命于天子，一国受命于君。”⑤ 又所谓：“天下乃皇天子之天下也。陛下上为皇天子，下为黎庶父母，为天牧养元元。”⑥ 这样，秦始皇把“王”改称“皇帝”，皇帝权力的绝对化及其不可侵犯的神圣化，正是其君主专制集权制度的核心。

（二）秦王政改“王”称为“皇帝”，围绕皇帝还制定了一套“尊君抑臣”的朝仪和制度、名号。其中有必要提示的，即秦始皇“自称曰‘朕’”。史称：“朕，我也。古者上下共称之，贵贱不嫌，则可以同号之

① 《资治通鉴》卷七《秦纪二》。

② 《史记》卷六《秦始皇本纪》。

③ 《说文解字注》：“王，天下所归往也。‘董仲舒曰’，法之造文者，三画而连其中谓之王，天地人也，而参通之者王也。”

④ 《资治通鉴》卷七《秦纪二》。

⑤ 董仲舒：《春秋繁露》卷十《为人者天》。

⑥ 《汉书》卷七十二《鲍宣传》。

义也。”[①] 又称：“古者君臣之间通称曰‘朕’；自秦定制，唯天子独尊之。”君主专制，全国的立法、司法、行政、监察、军事，以及官吏任免予夺等一切权力都握于皇帝一人手上，即所谓“天下之事无大小皆决于上”[②]。由是，一个“天子独尊”，一个“皆决于上”，这不就是“朕即皇帝”，皇帝就是国家，就是整个制度吗？秦专制主义中央集权还有一个以皇帝为中心的官僚机构，即以丞相（宰相）为首的“三公九卿”机构。而它本是协助皇帝行政的，而随着历史的演进，反而成了皇权集中的障碍。西汉“中朝”的出现，以及东汉的“权归尚书”都一再标志着专制皇权的加强。“历史喜欢作弄人”。皇权的高度集中的弊端却又暴露无遗。如在汉代（尤其是东汉中后期）出现的外戚擅权、宦官专政的腐败统治，酿成谁控制了皇帝，谁就等于掌握了全国的统治权力，皇帝一个个成为统治集团间争权夺利的工具：牺牲品。

（三）秦王政改“王”称“皇帝”，而后的帝位则子孙相袭为二世、三世，乃至万世，传之无穷。承继世袭制正是专制主义皇权强化的重要表现。“五帝官天下，三王家天下”，即过去禅让制到世袭制从夏代开始。“家天下”是中国古代划分氏族社会与阶级社会、国家建立的标志。世袭制度有个发展过程才到嫡长子继承制。夏代是“兄终弟及”与“父死子继”结合。商代前、中期也基本上是“兄终弟及”，至后期才为“父死子继”所代替。这种变化正显示出王权的逐步加强。商代已实行嫡庶制，正妻所生儿子才有资格继承王位。西周完备了嫡长子继承王位制度，“立適（嫡）以长不以贤，立子以贵不以长”[③]。他是西周宗法制度的核心。周王以嫡长子继承制为核心实行分封制度，被尊为宗族中的“大宗”，并为天下诸侯的“共主”，更体现其王权较之夏商更加集中和强化。但这些都是血缘关系残余被剥削阶级所沿袭。秦统一后的封建制度，帝位也是实行嫡长子继承制。因此在专制主义条件下，帝位靠血缘关系来世袭，皇帝又披上这合法的宗法外衣，而其个人的品格、才干，由不那么重视发展到被“摒弃”了。这样，与上述皇权的绝对化、神圣化相联系和相互作用，在

① 《史记》卷六《秦始皇本纪》注引。
② 《资治通鉴》卷七《秦纪二》。
③ 《春秋三传·隐公元年·公羊传》，上海古籍出版社 1987 年版。

封建统治阶级各个集团的矛盾冲突中，各自为达到控制或攫取政权的目的，往往又借助世袭制，觅寻一些小孩、婴儿，或平庸无能的来做皇帝，由是在封建帝王中往往出现极其荒淫、无能，乃至“呆痴”的皇帝，这就不足为奇了。

诚然，皇权的绝对化、神圣化同样也随着皇位世袭而世袭下来。在漫长的中国封建社会为数众多的王朝，以及为数众多的君王中，仅有少许较有其显赫功绩外，更多的可以说是少有作为“碌碌奉其位”而已。中国封建社会的发展长期停滞除经济因素外，这个皇帝制度的世袭制当也是一个重要因素。

五

简短的结语：三代君王的称谓，由“王”、“后”演称为后来的“皇帝”。其过程，一定程度打上了时代的烙印。夏朝第一个国王即称后启，后来的几个王也称“后”。

“后”的本义是氏族社会“母产子”、“母育子”的最高“尊称”，是“母权时代之孑遗”，氏族社会首领一直沿用这个称号。古书上所说“群后”、“诸侯群后”，是传说中氏族部落或部落联盟首领称号的反映。“后”成为国君的称号，其王权经过斗争得到巩固和发展。拥有最高权力和雄厚武力是王权的象征。夏代以后的“后”与氏族社会的“后”，已有本质不同，即不再是过去部落之间的关系，而是统治与被统治的关系。

国君称“后”也称“王”，随后“王”渐次代替以“后”为称。但“后”的称谓一直存在于三代，有单独为称，也与“王”连用，如称“王后”、“后王”。

大约在西周宗法制度下嫡长子世袭制形成后，作为一国至尊的“后”，又演为帝王“后妃”的称号，即天子正妻曰后（王后）。西周灭亡的导火线，便是王室内部发生王位继承问题，即由于幽王宠爱褒姒，废掉原来的申后和太子宜臼而引起的。

三代君王没有专一的自称，而是“多称”。有“予”、“予一人”、

"余"、"余一人"、"我"、"我一人"、"朕"，以及"台小子"、"予小子"等等。君王们在使用"多称"时，似乎任凭己意，往往在一两句话中就以"予"、"我"、"朕"、"予一人"一起出现。因此，有的议者在介绍有关三代君王时，仅说商王有"自称"，并说自称"一人"、"予一人"是不可取的。

"予一人"也就是"余一人"，也是"我一人"。而"一人"是国君一般自谦的话。《礼记・玉藻》云："天子曰予一人。"孔颖达疏："言我于天下之内，但只是一人而已，自谦退。"由此，所谓商王自称"一人"或"予一人"来"表示其独尊无二的特殊身份"，是没有根据的。

在当日神权政治宗教思想支配下，"王"也被称为"天子"，这是王权与神权结合的产物。商代以祖先崇拜与"天神"崇拜结合，"上帝"与他们的祖先没有严格的区别，帝与祖，鬼与神，都是其崇拜对象。周代把上帝奉为人格化的至上神，以"君权神授"为其思想基础，周王自称天之"元子"，即"天子"。这个被神化了的"皇天上帝"，成为日后人君称"皇"称"后"的滥觞。

战国中期以后，有了"三皇"、"五帝"的传说。时有少许人君一度称帝，但无定制。

秦王嬴政一统中国后，即把"王"改称为"皇帝"，这是阶级社会的产物，同时"神权"进一步被利用。皇权的高度集中，皇权的绝对化、神圣化，把政权与神权合为一体，是君主专制集权制度的核心。皇位世袭制度，把皇帝制度的一切弊端也"世袭"发展下来，这当是中国封建社会发展缓慢停滞，在政治上的一个重要原因，值得探讨、总结。

本文是根据本人所授"中国古代政治制度史"课程讲稿整理而成，不妥之处，希冀赐教。

（原载《治史心裁——罗秉英文集》，云南大学出版社 2005 年版）

试述魏晋南北朝行台与尚书台（省）的关系

行台是魏晋南北朝官制的一项新兴而特殊的制度。它的作用和影响都很大，不仅反映出当日复杂的政治生活，并在割据纷争中发挥其军事上的征伐职能，而且在局部地区短暂安定的时期内，还起到组织社会生活的作用。在当日民族矛盾上升、民族斗争剧烈的时期内，行台的出现和传播，在文化上又是民族融合方面一个不可忽视的内容。行台设置很普遍，贯穿魏晋南北朝直至唐初。我国古代金、元时期逐渐形成的，作为地方行政官府和地方行政区划的“行省制”，究其原委亦起自行台。诸此一般，对它全面的剖析、探索，于魏晋南北朝史，以及中国古代政治制度、历史地理等的研究，都是不无裨益的。但也因其内容丰富，所涉及和存在的问题也较错杂，这里篇幅所限，只是着重于行台与中央尚书台（省）的关系方面，试述己见，不妥之处，冀求教正。

一

行台是封建中央政府（封建朝廷）派驻地方的机构，在地方上代表中央并执行一定的任务。行台为何叫“台”？它与中央政府有何关系？乃至元代行省制的“行省”之称起自何时？过去虽有所议及，但所言殊异，如有把行台、台省之称，泛说始自汉代禁省，却未说明其真正的内涵；又有把“行省”之称，则断自起于南宋和金朝。出现这些异议，归结起来，都是忽视了行台的出现与尚书台（省）发展两者之间的关系。

行台的台，以及封建中央政府之所以称台，均是起自汉代的尚书台。亦即行台的台，原先是与所谓禁省（宫禁）有一定的关系，但实质是指设于宫禁中的尚书台，后来便发展为封建朝廷，即中央政府的泛称或代称。这种称谓，是两汉以来随着当日的政治和政治制度的发展变化而逐渐形成的。西汉，自武帝加强中央集权，强化君主专制，宠信内廷近臣，尤其是重用为皇帝掌管文书的尚书，出纳奏章，操持机柄，形成所谓“中朝”以后，中央的政务中心也就是逐渐移到内廷，尚书的权力也渐次凌驾于以丞相为首的“三公”之上。至东汉，光武帝继续加强皇权，为抑制权臣，“不给功臣任职”，同时又裁并了许多“中朝”官职，加强尚书台，使它更加集中了朝廷的事权。因而在中央政府中，号称“三公”的太尉、司徒、司空①的权力，再次被削弱，徒有其宰相之名而无其实，实际权力集中在尚书台。据此，尚书台权力的崛起，正如《后汉书·仲长统传》载仲长统（曾任尚书郎）所说：“光武皇帝愠世之失权，忿强臣之窃命，矫枉过直，政不任下，虽置三公，事归台阁。自此以来，三公之职，备员而已。”这里的所谓“事归台阁”，即权归尚书台，李贤注亦曰：“台阁谓尚书也。”

原来，尚书台设于宫禁之中，而设于宫禁的官署又称为“宫省”、“省中”，《后汉书·梁皇后纪》云：“帝乃御幸宣德殿，见宫省官属。”当时称台的官署，还有谒者台、御史台，这大抵因为官署都有台的建筑，遂有此“台”称。但当时尚书权重，仲长统所说的“事归台阁”并非泛指其他的台阁，亦非泛指一般的“宫省官属”，而是指尚书台。尚书的办事机关称尚书台，还可简称为尚书，或直称为“台”。如《后汉书·郎𫖮传》载郎𫖮诣阙拜章云：“书奏，帝复使对尚书。𫖮对曰……台诘𫖮曰……”可证。又尚书可直称为台，而尚书官亦可简称为“台官”②。这个尚书台的“台”，便是后来转化为泛称中央政府（封建朝廷）的台，以及“行台”、“行台省”的台。又因为汉代还没有后世的“中书省”和“门下

① 此系从西汉前期太尉、丞相、御史大夫演变而来的。

② 《后汉书》卷四十一《钟离意传》注引蔡质《汉官仪》；又《宋书》卷三十九《百官志上》。

省”，而尚书也没有以“省”称（即称尚书省），所以元代的“行省”之称，主要还是来自尚书台和行台。

说到这里，先行提示一点：尚书台长官尚书令或尚书仆射，都是由皇帝亲信充任，不时还选挑亲信重臣加上“录尚书事”的衔头，总揽尚书台事，这就无异于尚书台为皇帝自己直接掌握和总揽权纲。因此，尚书台总揽朝政，实际是专制皇权的加强；而尚书台后来发展为中央政府的代称，以及作为中央派驻地方的行台之出现，都是与当日政治和政治制度的变化发展紧密联系的。

不过，东汉“事归台阁”，尚书台虽然实际成为掌权的行政中枢，但它的排行地位并不高，仍是隶属于三公之下九卿之一的少府，还不是独立的行政机构。这种情况，随着汉魏以来君主专制权力的加强和集中，发展到三国曹魏时期便起了根本的变化：即取消了尚书台与少府的隶属关系，从少府中独立出来，成为封建中央政府的正式机构，总揽全国的行政。尚书台的独立，其地位也大大提高，相当于西汉前期的丞相府，为皇帝指定的亲信重臣“录尚书事”，或是尚书令都是宰相之职。由此三公职权被进一步侵蚀、剥夺，乃至只有优崇的尊号而已。同时，九卿的职权也大为削减、缩小，为“尚书专断”。在此期间，尚书台的组织也因权力增长而日益扩展。由是，时人对这些变化不断提出异议，如有主张“省官”，认为该把九卿并入尚书①；也有主张把被尚书侵蚀的九卿职权，退还九卿②。但不管怎样，都说明尚书台的位高权重，是名副其实的全国最高行政机构。久之，人们习惯上简称尚书台的“台”，遂转化为封建中央政府的泛称，随之作为中央派驻地方的机构——行台也相继出现。

行台出现于曹魏。因为行台与尚书台是相联系的，所以行台的出现，一开始实际即是“行尚书台”，只是其时未有其名。此间情况，如《三国志·陈泰传》云：陈泰为尚书右仆射，“转为左仆射。诸葛诞作乱寿春，司马文王（昭）率六军军丘头，泰总署行台”。《三国会要·职官上》亦云：“尚书令……掌知选举，总典纲纪，所居曰尚书台，出征则以行台

① 《晋书》卷三十九《荀勖传》。
② 《晋书》卷四十六《刘颂传》。

从。”可见，作为中央政府派驻地方机构的行台与尚书台关系之密切。还说明，有把行台出现断于东晋以后的说法是不正确的。再者，随着曹魏以后尚书台的独立，而它与中书、侍中（门下）等的所谓“三省”制度，也开始形成，但这时史无记载有所谓“行省”之称，更无所谓“行中书省”之类称。相反，到了南北朝时期，尚书的“台”称，改为“省”称，即由原来尚书台改称为尚书省后，也就出现了“行台省”、“行台尚书省”（下述）。这又说明，金、元时期出现的“行尚书省”、“行中书省”、“行御史台”、“行枢密院”等，其源当是汉魏的尚书台和“尚书台出征则以行台从”的行台。

二

以“台”泛称封建中央政府，这里就着重说说中央政府称台的情况。在魏晋人们的观念或是古籍记述中，所谓禁中、省中（禁省）、天朝、天台、朝廷等等，都是中央政府的含义，这些义同名异的称谓，都可称之为“台”。对此，《资治通鉴》胡三省注都作了解释，其注曰：“江南谓禁中为台。”① “台内即禁中。”② “晋、宋以来谓天朝为台。”③ “江左率谓朝廷为台，亦称天台。”④ 再者，改朝换代，两代王朝也可括称为“二台”，《通鉴》卷一百三十五《齐纪》高帝建元元年云：南朝刘宋禅于萧齐，萧道成“即皇帝位……二台官僚，依任摄职”，注云：“二台，谓宋台、齐台也。”既有宋台、齐台之谓，也就有梁台、陈台⑤之称。又一代专擅朝政的权臣，其幕府（霸府）政权亦称为台，如杨坚将受禅进爵隋王，便“建台设官”⑥。与上述相联系，在京师的中央政府称之为台，如果皇帝遇难出

① 《通鉴》卷一百二十四《宋纪》六，文帝元嘉二十二年。

② 《通鉴》卷一百二十《宋纪》二，文帝元嘉三年。

③ 《通鉴》卷一百二十三《宋纪》五，文帝元嘉十七年。

④ 《通鉴》卷一百四十七《梁纪》三，武帝天鉴七年。

⑤ 《建康实录》（中华书局1986年版，张忱石校点本。下同）卷十七《高祖武皇帝》、《敬皇帝》。

⑥ 《隋书》卷一《高祖纪上》。

外，或是外出征伐，或是另建新都，而对京师（或原有京师）的中央政府，则称之为“留台”。留台之名始于西晋，《晋书·惠帝纪》载：惠帝永兴元年（304 年）值八王之乱，张方劫惠帝于长安，“以征西府为营。唯仆射荀藩、司隶刘暾、太常郑球、河南尹周馥与其遗官在洛阳，为留台，承制行事，号为东西台”。京师洛阳在东名东台，长安在西名西台。胡三省云：“晋惠帝西迁长安，置留台于洛阳，主留事，于是有留台之名。”① 又永嘉乱后，愍帝即位于长安，建兴二年（314 年）荀藩死，“帝复以荀组为司空，领尚书左仆射，又兼司隶校尉，复行留台事”②。而后，南北都有留台之称，如东晋咸和年间，苏峻叛乱陷京师，逼迁成帝于石头城，苏峻“以（陆）晔吴士之望，不敢加害，使守留台”③。又前燕初都于龙城，慕容儁即皇帝位于蓟，“建台留于龙都，以玄菟太守乙逸为尚书，专委留务”④。又北魏拓跋焘始光四年（427 年）“车驾至自西城，赐留台（平城）文武生口、缯帛、马牛各有差”⑤；至孝文帝“及迁洛阳，人情恋本，多有异议”，遂以于烈“敕留台庶政，一相参委”⑥。留台亦称留都，如前燕“建留台于龙城，谓之龙都”⑦。

上述以“台”泛称封建中央政府，而所谓禁省、天台、朝廷等称之为“台”，这与尚书台（省）的关系也是极其密切的。如名为“天台”、“留台”者，只要注意到它的“主事者”或“承制行事者”，其与尚书台（省）官员的关系，便昭然若揭。如所谓天台的主事者与尚书左丞的关系：西晋惠帝时，杨济与尚书左丞傅咸书曰：“左丞总司天台，维正八座，此未易居。”⑧ 傅咸在答辛旷诗序中也说：“尚书左丞，弹八座之下，居万机之会，斯乃皇朝之司直，天台之管辖。余前为左丞，具此职之要。”⑨

---

① 《通鉴》卷一百一十《晋纪》三十二，安帝隆安二年注。
② 《晋书》卷三十五《荀勖附子藩、组传》。
③ 《晋书》卷七十七《陆晔传》。
④ 《通鉴》卷九十九《晋纪》二十一，穆帝永和八年。
⑤ 《魏书》卷四上《世祖纪》。
⑥ 《魏书》卷三十一《于烈传》。
⑦ 《通鉴》卷九十九《晋纪》，穆帝永和八年注。
⑧ 《晋书》卷四十七《傅玄附子咸传》。
⑨ 《初学记》卷十一《职官上·尚书左右仆射》注。

再如留台与尚书台（省）官员的关系，如西晋以尚书仆射荀藩、左仆射荀组前后“行弹台事”。又前燕以乙逸为尚书“专委留务”（均见上）。又494年，北魏孝文帝“发洛阳，以北海王详为尚书仆射，统留台事；李冲兼仆射，同守洛阳”①。又497年，魏发洛阳（南伐），“使吏部尚书任城王澄居守，以御史中丞李彪兼度支尚书，与仆射李冲参治留台事”②。可见，留台的主事者，都是左右仆射、左右丞，以及吏部、度支等尚书官。这就说明，尽管以“台”泛称封建中央政府后，尚书台（省）在中央政府总揽全国政务的地位，仍然得到充分的反映。

三

以“台”泛称中央政府，或谓禁中、省中为台，发展到东晋南朝各代，其所在地又有所谓“台城”之称。这主要是南方的制度。

台城即宫城。赵翼《廿二史劄记》卷八《建业有三城》云：“六朝时，建业（建康）之地有三城，中为台城，则帝居也。宫殿台省皆在焉。其西则石头城，尝宿兵以卫京师……台城之东，则有东府（城），凡宰相录尚书事兼扬州刺史者居之。”《建康实录》云，晋室东渡后，成帝咸和五年在京师建康玄武湖畔，依三国吴时苑城筑新宫，七年“新宫成，署曰建康宫”③。《读史方舆纪要》云，建康宫，“亦曰宫城，亦曰台城，亦曰苑城”④。为什么叫台城？宋人《容斋续笔》卷五说：“晋、宋间谓朝廷禁省为台，故称禁城（宫城）为台城。”台城六门，即大司马门、东华门、西华门、万春门、太阳门、承明门⑤。自此以后，南方各个朝代统治集团内部的纷争、政变，不少就直接发生于台城城内；或是台城成为来自朝廷外部威胁兵戈所矢之的。如宋文帝太子刘劭（史称元凶），便从台城东门万

① 《通鉴》卷一百三十九《齐纪》五，明帝建武元年。
② 《通鉴》卷一百四十一《齐纪》七，明帝建武四年。
③ 《建康实录》卷七《显宗成皇帝》。
④ 《读史方舆纪要》卷二十《江宁府》。
⑤ 见《建康实录》和《读史方舆纪要》。

春门径至台殿，弑其父刘义隆①；其后刘骏（即宋孝武帝）起兵讨刘劭，劭败，“走马还台城”②。又宋末萧道成得政，于台城内发动政变，诛杀后废帝刘昱③。又梁武帝时，侯景叛乱，“纵火烧（台城）大司马门、东西华诸门”④，梁武帝振作精神，“幸大司马门，城闻跸声，皆鼓噪流涕，众心粗安”，既而侯景又“引玄武湖水灌台城，阙前御街并为洪波”⑤。最后城陷，梁武帝被侯景幽于台城内净居殿，活活饿死。降至隋朝，589 年隋发兵南下灭陈，“时陈人宗室王侯在建康者百余人，陈主（叔宝）恐其有变，皆召入（台城），令屯朝堂，使豫章王叔英总督之，又阴之为备，及台城失守，相帅出降”⑥。时“隋晋王（杨）广入据台城，送后主于东宫，命斩张贵妃于青溪桥。”⑦ 因为台城即宫城，故同一史事，在同一史书或不同史书的记事中，往往也以台城、宫城互为杂用。

值得指出的是：在南朝，若有两个朝廷并存，不仅建康宫城有台城之称，另一个朝廷所在地也沿称为“台城”。如梁末侯景之乱时，建康仍为萧氏简文帝等据为梁都，而萧绎（即梁元帝）嗣位于江陵，时人则谓江陵为台城。胡三省在《通鉴》注云：“时都江陵，上台所在，故亦谓之台城。”⑧ 相反，北方“十六国”及北朝各代，虽也政权林立，却无“台城”这种称谓，这大概是因为南北之异吧！

以“台”泛称中央政府，或谓禁省、朝廷为台，有关中央的军国大事，或是文武事务，史书的记述一般都以“台”为冠，以“台”为称。一是如朝廷所在地亦称“台内”、“台下”、“台中”等，如载东晋王敦“得台中人书疏”⑨。如果外官返朝或是有事请示朝廷，则谓之诣台、启台。二是朝廷的有关命令或是悬赏之类的文告，则谓之台命、台格，如载

① 《通鉴》卷一百二十七《宋纪》九，文帝元嘉三十年。
② 《建康实录》卷十三《世祖孝武皇帝》。
③ 《通鉴》卷一百三十四《宋纪》十六，顺帝昇平元年。
④ 《通鉴》卷一百六十一《梁纪》十七，武帝太清二年。
⑤ 《建康实录》卷十七《敬皇帝》。
⑥ 《通鉴》卷一百七十七《隋纪》一，文帝开皇九年。
⑦ 《建康实录》卷二十《后主长城公叔宝》。
⑧ 《通鉴》卷一百六十五《梁纪》二十一，元帝永圣三年，及注。
⑨ 《晋书》卷三十七《闵王丞传》。

刘宋“辅国将军臧质与魏虏众书，写台格购斩（拓跋）焘封开国县侯，食邑一万户，赐绢布一万匹”①。三是朝廷官僚谓之台官，官军则谓之台军、台兵，派出去的使者则谓之台使，如晋“邵洎欲执台使王英于季龙”，匹磾正色曰：“欲捉天子使，我虽胡夷，所未闻也。”②

总之，以台泛称中央政府后，东晋南朝以台为冠，台称的名目繁多。在这些名目中，不少名目与尚书台（省）和行台也是相关的。如“台中”、“台官”便是由原先对尚书台的称谓中延续下来，或是转化而来的。如台中：《后汉书》云，药崧为“尚书郎，入直台中”，又《汉官仪》云，为服侍入直尚书郎，“女侍史洁被服，执香炉烧熏，从入台中，给使护衣服”③。再如台官：《汉官仪》曰：“凡三公、列卿、将、大夫、五校尉行复道中，遇尚书仆射、左右丞郎、御史大夫、侍御史，皆避车豫相回避。卫士传不得迕台官，台官过乃得去。”又曰：“御史中丞遇尚书丞、郎，避车执版住揖，丞、郎坐车举手礼之，车过远乃去。”如此，尚书官为台官，直至南朝仍沿此称，《宋书·百官志上》曰：“汉制：公卿御史中丞以下，遇尚书令、仆、丞、郎，皆避车豫相回避，台官过，乃得去。今尚书官上朝及下，禁断行人，犹其制也。”这些官称、官仪，既可再次了解到尚书在汉魏以后的权位，同时还启示着，朝廷泛称为台后，只要有这个台字，一般都是与尚书台、行台相关联的。

再看，以朝廷包括尚书台（省）“宫殿台省”的所在地，泛称为台，或称台城，其与行台的关系。这表现在行台的临时“营地”建置方面。前有所述，台城六门，南曰大司马门，其“门内曰云龙门，则殿前正门也”④。而南朝行台营地的建置也直署“大司马门”。如刘宋初年，少帝（刘义符）被废，朝廷以大臣傅亮为首，率行台百官至江陵，迎立刘义隆为帝（即太祖文帝），其行台的建置便是如此。史曰：“少帝废，（傅）亮率行台至江陵奉太祖。既至，立行台于江陵城南，题‘大司马门’。率行

① 《宋书》卷七十四《臧质传》。

② 《晋书》卷六十三《段匹磾传》。

③ 《后汉书》卷四十一《钟离意传》，及注引蔡质《汉官仪》。

④ 《读史方舆纪要》卷二十《江宁府》。

台百僚诣门拜表，威仪礼容甚盛。”①

四

上面介绍了尚书台的台称，演变转化为泛称封建中央政府的台，以及以台泛称中央政府后与尚书台（省）和行台的关系。这里便说说中央尚书官与行台官的关系。

说到尚书官与行台官的关系，这里需要先行说明两点：第一，汉魏南北朝期间，尚书台本身是发展的，尚书台和尚书官的设置各代王朝也有所不同。但其发展趋势，大致说来，主要官员有尚书令、左右仆射、左右丞，一般分为六曹或六部办事（如发展到南朝宋时，有吏部、祠部、度支、左民、都官、五兵，北朝设置亦大同小异；此相当于隋唐吏、户、礼、兵、刑、工六部），各有尚书主事，即所谓六部尚书，而下各有尚书郎多人。同时，南北朝时，尚书台也逐渐改称为“尚书省”（时尚书、中书、侍中即门下三省也基本形成）。第二，鉴于上述，作为中央派驻地方的机构——行台，其建置、官员，及其与中央尚书台的关系也是发展的，并有其发展的阶段性。三国两晋时期出现的行台，虽然有尚书官主事，如曹魏时诸葛诞作乱寿春，司马昭六军征伐驻兵丘头，以尚书仆射陈泰“总署行台”②；又如西晋永嘉末，洛阳陷没，豫章王司马端及尚书令和郁东奔大将军大都督苟晞，在仓垣置行台③。但由于这一时期，朝廷内外事故特多，战乱频繁，中央政府不时被倾覆或瓦解，如西晋永嘉之乱后，洛阳、长安二都接连覆灭，东晋初年王敦叛后又有苏峻之乱，二度攻入京师建康。因而，这一时期出现的行台，大多由慌乱中逃难出走京城的朝官和派驻地方上的军政长官，见机行事，临时联合组建的，其主事者也往往根据局势需要和他们的地位高下等充任。如苏峻叛乱后，地方军政长官温峤为

① 《宋书》卷四十三《傅亮传》。

② 《三国志》卷二十二《陈泰传》。

③ 《晋书》卷四十五、四十七、六十一《和峤传》、《傅祗传》、《苟晞传》。

讨苏峻所立行台，这个行台推另一军政长官陶侃为盟主，“而规略一出于峤”①。发展到南北朝时期，由于南北相对稳定，行台的设置，大多由封建中央直接组建（也有自立、自署的）。其中，北朝的行台设置更为普遍，其对外作用也得到较为充分的发挥，组织亦更具规模。这里就着重介绍北朝中央尚书官与行台官这两者的关系。

北朝北魏自道武帝拓跋珪建国（396 年）以后，终于孝武帝元修（534 年）前后所建行台，其行台的主事官一般都是尚书官。兹见于史载，摘其大略如下，以示明白。

如：

天兴元年（398 年）正月，置行台于邺：“帝至邺……及置行台，以龙骧将军日南公和跋为尚书，与左丞贾彝率郎吏及兵五千镇邺。”②

又天兴元年正月，置行台于中山：“太祖将还代郡，置中山行台，诏（卫王）仪守尚书令以镇之，远近怀附。”③

景明二年（501 年），以尚书源怀“为使节，加侍中、行台，巡行北边六镇、恒熟朔三州，赈给贫乏，兼采风俗，考论殿最，事之得失，皆先决后闻”④。

熙平元年（516 年），“以吏部尚书李平为镇东将军兼尚书仆射，为行台，节度讨峡石诸军”⑤。

神龟元年（518 年）七月，“诏以（尚书）主客郎源子恭为行台讨之”⑥。（按：后子恭有功，升为行台左丞，巡行北边。）

再者，北魏在众多行台中，还有按一定地区设置的分道行台。如有：

东道行台：孝明帝孝昌元年（522 年），安丰王元延明“兼尚书左仆射……及元法僧反，诏为东道行台、徐州大都督，节度诸军事，与都督临淮王彧、尚书李宪等讨法僧”⑦。

① 《晋书》卷六十七《温峤传》。
② 《魏书》卷二《太祖纪》。
③ 《魏书》卷十五《卫王仪传》。
④ 《魏书》卷四十一《源贺附怀传》。
⑤ 《魏书》卷九《肃宗纪》。
⑥ 《通鉴》卷一百四十八《梁纪》四，武帝天鉴十七年。
⑦ 《魏书》卷二十《安丰王元明传》。

东南道行台：孝明帝孝昌三年（527年），曹世表“还都，转尚书右丞。后加征虏将军，出行豫州刺史。值萧衍将湛僧珍陷东豫州，州民刘获、郑辩反于州界，为之内应。朝廷以原子恭代世表为州，以世表为东南道行台，率元安平……等讨之”①。

南道行台：孝明帝孝昌二年（526年），谏议大夫辛纂，会“萧衍遣将曹义宗攻新野，诏纂持节，兼尚书左丞、南台行台，率众赴援，至便破之”②。

西道行台：孝明帝正光五年（524年），“七月甲寅，诏吏部尚书元修义兼尚书仆射，为西道行台，率诸将西讨”。又“九月壬申，诏尚书左仆射、齐王萧宝寅为西道行台大都督，率征西将军、都督崔延伯等诸将西讨”③。

西北道行台：孝明帝正光三年（522年），“婆罗门帅部落叛魏，亡归哌哒。魏以平西府长史代人费穆兼尚书右丞、西道行台，将兵讨之”④。

北道行台：孝庄帝武泰元年（528年）五月，以使持节、侍中、都督中外诸军事、大将军，兼尚书令尔朱荣，“加北道大行台”⑤。尔朱荣死，“以（杨）津都督并肆等九州诸军事、骠骑大将军，兼尚书令、北道大行台”⑥。

九州行台：孝庄帝永安中（528～529年），尔朱天光为侍中，“（尔朱）荣发之后，并肆不安，诏天光以本官兼尚书仆射，为并肆云恒朔燕蔚显汾九州行台，仍行并州，委以安静之”⑦。

此外，还有关西大行台、齐州行台等等。可见以上所列举的行台，其行台官的设置都由尚书官充任。从这些行台的尚书官来说，有令，有左右仆射，有左右丞，有各部尚书（如吏部尚书），以及尚书主客郎等。其中出任行台的主事者，有的本官就是尚书官，有的本官非尚书官者，则以本

---

① 《魏书》卷七十二《曹世表传》。
② 《魏书》卷七十七《辛雄附纂传》。
③ 《魏书》卷九《肃宗纪》。
④ 《通鉴》卷一百四十九《梁纪》五，武帝晋通三年。
⑤ 《魏书》卷十《孝庄纪》。
⑥ 《魏书》卷五十八《杨津传》。
⑦ 《魏书》卷七十五《尔朱天光传》。

官加尚书官，如侍中尔朱天光则“以本官兼尚书仆射，为……九州行台”。此外，见于各个行台的尚书官员，还有行台仆射、行台左仆射、行台尚书、行台度支尚书、行台左丞、行台右丞、行台郎、“行台郎中”①、行台吏部郎、九州行台郎中、“行台都令史”② 等等。这就说明，行台的内部建置也是尚书官。

行台的设置，中经东魏、西魏和北齐，到了隋初便有更大的发展。据史记载，隋朝的行台组织及其官员，有尚书令、仆射（左右任置）各一人，主事四人，有考功（兼吏部主爵司勋）、膳部、兵部（兼职方）、驾部、库部、刑部（兼都官司门）、度支（兼仓部）、金部、工部、屯田（兼水部虞都）侍郎各一人。每行台，又置食货、农圃、武器、百工监、副各置丞、录等员，“盖随其所管之道，置于外州，以行尚书事”③。再者，前有所述，在南北朝时期，中央尚书台渐次改称为“尚书省”，因而在此期间，由过去设置的某些行台，其所在地也改为“省”称。如并州行台，北齐时改称为“并省”，《通鉴》卷一百六十七《陈纪》武帝永定元年云：北齐以“并省尚书右仆射崔暹为左仆射，上党王涣录尚书事”。注曰：“自高欢居晋阳，并州有行台尚书令、仆等官。及齐显祖受魏禅，遂以并州行台为并省。”随后，行台也逐渐改称为“行台省”、“行台尚书省”。如隋朝初年，置河北道行台尚书省于并州，以晋王广为尚书令；置河南道行台尚书省于洛州，以秦王俊为尚书令；置西南道行台尚书省于益州，以蜀王秀为尚书令。开皇八年（588 年），隋朝将分兵南下伐陈，置淮南道行台省于寿春，以晋王广为尚书令，诸军“皆受晋王节度”④。这些，再现了行台官即尚书官。这里的所谓“行台省”或“行台尚书省”，再简而言之，不就是“行省”、“行尚书省”吗？这是与曹魏时期尚书台独立后，“出征则以行台从”是一脉相承的。这又再次说明，后世元代的“行省制”，溯其源，是汉魏以来的尚书台（省）及其“行尚书省”。

① 此指尚书郎中。

② 郎以下有尚书都令史、记室令史等。

③ 《通典》卷二十二《职官》。

④ 《隋书》卷二《高祖纪下》。

五

最后说几句简短的结语。行台的台，原是汉代尚书台的简称，虽然它与当时的禁省有一定的关系，但非实质，实质是起自“事归台阁”的尚书台。曹魏以后，尚书台从少府中独立出来，成为名副其实总揽全国的最高政务机构，权重位高，组织庞大，由是尚书台的“台”遂发展转化为封建中央政府的泛称。这是当日专制君主权力的集中、加强，以及当日政治制度发展的结果。尚书台独立后，作为中央派驻地方的代表机构行台，也随之出现。

以“台”泛称封建中央政府，中央政府又有“留台”、“天台”、“台内”、“台中”等依不同情况下的称谓，朝廷官僚还谓之“台官”，官军谓之“台军”等。东晋南朝京师宫城，又谓之“台城”。这些名异义同的称谓，究其设官建制，都与尚书台（省）和尚书官相关联。除“台”这个称谓外，如“台中”、“台官”等也还是原先尚书台的“遗称”；又留台的主事者，一般都由尚书官充任。两晋之际，由于战乱，京师多次陷没，行台多由逃难朝官和地方军政长官临时组建，它与尚书台的关系受到一定的削弱，但转入南北朝后，其关系又得到发展。

行台的设置，在北朝得到最为充分的发展，踵尚书台改称尚书省后，行台也以“省”称，称之为“行台省”、“行台尚书省”，派任行台的主事者，或是行台内部的官员均是尚书官（或是兼尚书官）。其时，所谓尚书、中书、侍中（即门下）的三省制度已基本形成，而中央政府派出机关没有它称（如没有称行中书省），而只有“行台尚书省”。虽然这种“行省”还不是后世元代的“行省制”，即作为地方一级行政官府和地方行政区划，却是“行省制”的滥觞。

（原载《史学论丛》第四辑，云南大学出版社 1989 年）

魏晋南北朝时期行台述议

行台是封建中央政府派驻地方的机构，魏晋兴之，为元代行省制的滥觞。它是我国古代政治制度发展的一个重要方面，人们曾有所议及，但仍挂漏殊多，如唐杜佑就说："江左无行台。"因而，诸如行台设置是否普遍，其性质是政务机构抑或军事机构，以及其职权如何等不少问题，尚发人深省。这里以己之疑惑，发此拙议，希批评指正。

一、所谓"江左无行台"

唐杜佑《通典·职官·尚书》载文括注曰："江左无行台，唯梁末侯景为河南王大行台，承制如邓禹故事。"踵之，宋代《通志》、元代《通考》著文，均辗转相袭。其实，这是一种臆断，但迄今仍未有议者追究。

行台创置于曹魏，并贯穿整个两晋南北朝，直至唐初。其设置，北方有之，江左括南方亦有之。就南方来说，自西晋末南北分裂以后，江左行台的设置早于北方，也早于南方其他地区。所谓江左，历史上是指长江下游的东部地区，即东晋和南朝宋、齐、梁、陈以建康为中心的统治地区。史称，东晋初期，苏峻之乱，于咸和三年（328年）攻入建康台城。是时，前将军温峤与荆州刺史陶侃联合讨峻，兵至建康城西石头城，温峤等则立行台为号召。《晋书·温峤传》："峤乃立行台，布告天下，凡故吏二千石、台郎、御史以下，皆令赴台。于是至者云集。"可见，江左有行台。而在北方"十六国"中，较早建置行台的是后赵，后赵于公元331年（晋咸和六年）“以洛阳为南都，置行台”[1]。

再说南朝时期，江左亦有行台。《容斋续笔》卷五曰：“晋宋间谓朝廷禁省为台，故称禁城为台城，官军为台军，使者为台使，卿士为台官。”台城，亦即宫城。宫城有六门，南门曰“大司马门”，其内门曰云龙门，则殿前正门。据此，刘宋时不仅有行台建置，而且行台营地也一仿台城。史载宋少帝刘义符被废，朝廷以傅亮为首率行台至江陵法驾迎立刘义隆（即太祖文帝）。“既至，立行台于江陵城南，题‘大司马门’。率百僚诣门拜表，威仪礼容甚威。”[2] 迨至齐、梁，因台城官吏们动辄以行台和台使名义，鱼肉百姓，为非作歹，成为当时社会的一大公害，齐萧子良、梁贺琛都曾上疏停遣台使。其中，萧子良上疏指责台使说道：“（他们）朝辞禁门，情态即异；暮宿村县，威福便行。”“既瞻郭望境，便飞下严符，但称行台，未显所督。”[3] 这里所谓的“但称行台，未显所督”，正说明齐、梁不仅有行台，而且为数还是不少。

至于杜佑《通典》说到梁末唯有侯景为行台一事，似也是个纰漏。侯景为行台，本有些特殊。侯景早先于北魏孝昌四年（528 年）为行台，入东魏后为河南行台，后据河南叛归西魏，西魏仍以侯景为河南行台。至 547 年，侯景又叛魏归梁，梁武帝又以他为河南行台，不久侯景乱梁，幽囚迫死梁武帝，立简文帝。因此，在简文帝在位期间，还有以郭元建为北道行台，总江北诸军事，镇新秦；以元思虔、谢伯赵先后为东道行台，镇钱塘。后又以刘神茂为东道行台，而这个行台至 551 年（大宝二年）归降于在江陵的梁元帝。据此，就梁末而论，所谓唯侯景为行台也是不符史实的。

二、行台设置的普遍性、稳定性

检诸辞书，抑或是近期问世的有关著述，多将行台冠上“为专征而

① 《通鉴》卷九十四《晋纪》。
② 《宋书·傅亮传》。
③ 《南齐书·萧子良传》。

设，不常置”，或云“多因军事需要临时设置，未成定制”。这些提法也值得商榷。

应当看到，出现于魏晋南北朝三百多年间割据纷争这一历史条件下的行台，是有其发生、发展的过程的，有其广泛的传播，并由于经常设置使其具有一定或相当的稳定性。

这一时期，行台的广泛传播，经常设置，不仅表现为贯穿整个魏晋南北朝时期，而且普及社会各个不同的政治集团：一是除了汉族王朝设置外，少数民族（或胡汉结合）建立的政权，亦有不少行台设置，为当日少数民族汉化的一个内容。如前述的后赵，则从洛阳为南都置行台；又后燕于391年在蓟置行台，以长城公慕容盛录行台尚书事；至于北魏行台的建置，更是普及全境（下述）。二是封建统治集团中的“反对者”，也往往置行台以相抗衡。史称北魏征东将军刘灵助，“起兵自称燕王、开府仪同三司、大行台，声言为敬宗（庄帝）复仇，且妄述图谶，云‘刘氏当王’”①。三是各族人民起义亦建置行台组织民众。如北魏孝昌三年（527年），“齐州广川民刘均执清河太守邵怀，聚众反，自署大行台”②。又北魏末年，关陇各族人民起义军首领万俟丑奴也曾置百官，署行台。史载，530年“丑奴自将其众围岐州，遣其大行台尉迟菩萨、仆射万俟仵自武功南渡渭，攻围趣栅”；又载丑奴兵败后，“贼党皆降于魏，唯所署行台万俟道洛帅众六千逃入山中，不降”③。迨至隋末农民起义中自署行台者就更多，如窦建德、刘黑闼、辅公祏等部义军都曾署置过行台。从上述可见，当日行台建置除了封建王朝外，其他社会政治集团也是相当普遍的。

再者，行台建置的普遍性及其稳定性，还表现在一代王朝行台设置和发展等的各个方面。行台自曹魏时出现后，发展到西晋是一个高潮。值西晋政权面临倾覆之际，永嘉四年（310年）则有东海王越讨石勒，以行台自随，率甲士四万屯于项。次年，晋都洛阳为匈奴陷没后，有司徒傅祗等建行台于河阴，祗被推为“盟主”；又有司空荀藩与其弟光禄大夫荀组等建行台于密，传檄四方，推琅邪王睿为“盟主”；又有大将军苟晞于仓垣

① 《通鉴》卷一百五十五《梁纪》。

② 《魏书·肃宗纪》。

③ 《通鉴》卷一百五十四《梁纪》。

率群官尊豫章王端为皇太子，置行台。至永嘉六年，雍州刺史贾疋等奉秦王邺为皇太子，建行台于长安，后贾疋为屠各所害，众推始平太守麴允领雍州刺史，为“盟主”。上述可见，仅是二三年间就有五六个行台相继出现，这就进一步说明当日行台建置的普遍性；同时，在这些行台中，有的就具有相当的稳定性，乃至发展到一定的条件下，由地方临时机构转化为中央政权。如贾疋、麴允等奉秦王司马邺为皇太子于长安建立的行台，直至建兴元年（313 年）四月怀帝为匈奴俘杀后，秦王邺便在长安即皇帝位（是为愍帝），以麴允为尚书左仆射、录尚书事，遂使行台直接转化为中央政府，延续了西晋王朝的统治。又如永嘉五年荀藩、荀组等建置的行台，琅邪王司马睿永嘉初即镇于建康，他被推举为行台盟主后，即“承制署置官司，改易长吏”①，又遣诸将分定江东，历七八年经营，至愍帝遇难后，便在建康即皇帝位，建立了东晋政权。

行台发展到北朝时期，又走向一个高潮。北魏初期，于 398 年道武帝拓跋珪即皇帝位、定国号魏的当年，即置邺行台、中山行台等，随后陆续又有所建置。至孝明帝正光年（520～524 年）直到北魏末年（534 年）又建置了大量的分州、分道行台，计有东益州行台、东梁州行台、齐州行台、徐兖行台、徐州行台、并肆九州行台、幽平四州行台、河北行台、关西行台、东道行台、东南道行台、南道行台、西道行台、西北道行台、北道行台等等。在这些行台中，有的即置即罢，有的又罢又置，但有的则设置后一直延续到北魏结束，而入东魏、西魏，乃至到了北齐，遂成为相当稳定的行台设置。其间情况，如 524 年魏子建为东益州行台，至 529 年魏子建调返京师，由傅竖眼为行台后，只因氐蜀反，东益州刺史弃城，存在了五六年之久的行台则罢。又如魏初于 398 年所设置的邺行台，528 年复置后，直到魏末高欢拥安定王元朗入邺。此外，自孝明帝后所设置的诸道行台，一般都经历了庄帝（515～517 年）、东海王、节闵帝、废帝（安定王）、孝武帝（532～534 年）五代之久，也即终北魏末近二十年之久，其总署行台的官员也经众多人次，如西道行台前后就有元义修、元继、长孙稚、元显恭等充任。又北魏在永熙二年（533 年）三月曾下令罢诸道行

① 《通鉴》卷八十七《晋纪九》。

台，但当月又旋即陆续复置，次年北魏结束，这些行台则分别入辖于东魏、西魏建置，只是所属地域、名称有所更动。总之，终北魏一代行台的设置所及地区更为广阔，几乎遍及全境，所延续的时间更长，并更具有其相当的稳定性。

北朝时期行台的发展，其稳定性还表现在如下几个重要方面：一是有些行台辖地，已有了固定的政区，并有治所。史载，西魏大将军王思政入颍川，屯襄城，“欲以长社为行台治所”，致书于淅州刺史崔猷，猷复书曰：“襄城控带京、洛，实当今之要地……莫若顿兵襄城，为行台之所。”① 二是行台所在地出现了名为“行省”和“省”的称谓。前有所述，行台出现于曹魏时期，它是中央总揽政务的机关尚书省在地方上的派出机构，是时尚书省称尚书台，故称行尚书台和行台。至南北朝时，尚书台改称尚书省，而行台也相应称为“行尚书省”、“行台省”，乃至有的行台所在地或所辖政区直称为“省”，如邺省、并省。史载北齐于557年（天保八年）以“并省尚书左仆射崔暹为左仆射，上党王涣录尚书事”。《通鉴》胡三省注曰：“自高欢居晋阳，并州有行台尚书令、仆等官。及齐显祖（高洋）受魏禅，遂以并州行台为并省，位任亚于邺省。”② 三是行台制的发展，其组织和职能也走向规范化、制度化（详见下）。上述这些，又再次说明所谓行台“不常置”、“临时设置”的说法，都是不甚确切的。

三、关于行台的性质与职能

与上述相联系，对于其性质有所谓“为专征而设”或为“军事需要”而立的说法，这究竟是说行台是一种军事机构，抑或是政务机构，似是含混不清。这是值得讨论的。在我看来，基于行台是中央尚书省的派出机构，当是一种政务机构。但行台制度本身是发展的，因而对它的性质还要进行具体分析。其中需要揭示的一点，即行台的出现或行台制度的形成，

① 《通鉴》卷一百六十二《梁纪十八》。
② 《通鉴》卷一百六十七《陈纪》。

都是与当日三百多年割据纷争这一历史条件相联系的，这就使行台必然带上时代的烙印，蒙上浓厚的军事色彩，成为一种军务、政务合一的机构，其政务性质又是始终存在和发展的。因此，行台的设置并不是单纯是为“专征”或“军事”的需要，这可从行台的出现、发展，及其组织职能等诸多方面得到了解。

首先，可从早期行台的出现及其与尚书台（省）的关系，见其性质。尚书台产生于汉代，隶属于九卿中的少府，自曹魏时从少府中独立出来以后，即正式成为中央政府的最高政务（行政）机关，长官为尚书令、尚书仆射。承前代制度，在尚书令、仆以上，皇帝又往往指定亲信重臣兼录尚书事，总领尚书台事，职无不统，晋以后被称为“录公”，亦发展为被正式称为宰相。因而，由中央派往地方执行尚书台事的行台，自是政务性质的机构。《三国志·魏志·文帝纪》及注引《魏略》载曰：魏文帝黄初六年二月，诏以尚书令陈群为镇军大将军，随车驾董督（监督）众军，“录行尚书事”；以尚书仆射司马懿为抚军大将军，督后诸军，“录后台文书事”。三月，行幸召陵，通讨虏渠。乙巳，还许昌宫。上述是行尚书台和尚书台的关系，及其性质的最早记载。其所谓“后台”即留守许昌的尚书台，由司马懿总领；所指“录行尚书事”，即总领行尚书台事的意思，由陈群负任，其性质与后台同是政务机构，但同时又要管理军务。

其次，可从入晋以后战火纷飞下的行台性质见其职能。前有所述，西晋永嘉年间设置了不少行台，其中多为京师洛阳陷没、怀帝被俘后设置的。这些行台，都在中央尚书台不能行使职权的情况下，实际上成了一方政权，乃至直接代替了中央。如司徒傅祗被推为河阴行台“盟主”后，即“以司徒、持节、大都督诸军事传檄四方”①。又如荀晞率群官于仓桓所置之行台，则尊奉豫章王端为皇太子，史称“端承制，以晞领太子太傅、都督中外诸军、录尚书事”②。这一行台及作用，无异于重建西晋政权，只是后来荀晞和豫章王端并为石勒所攻没，而未成为事实。但到后来，由贾疋、麴允尊奉秦王邺为皇太子在长安设置的行台，随着秦王邺在长安即皇

① 《晋书·傅祗传》。

② 《晋书·荀晞传》。

帝位，遂直接成为中央政府了，而原来行台的“盟主”麴允则任为尚书左仆射、录尚书事等。再如琅琊王睿被推为行台“盟主”后，即“承制署置官司，改易长吏”等，都是政务职权方面的反映。

再次，也可从北朝行台的建置及其职能见其性质。行台建置发展到北朝是最多的，在行政职能分工等方面也日见明显，亦即不只是为了“专征”或单纯军事需要而设的。如北魏早期（统一北方前）所署置的邺行台，首先是出于“定都”这一政治目的的需要。史称道武帝拓跋珪天兴元年（398 年），至邺，“帝巡登台榭，遍览宫城，将有定都之意，乃置行台”①。又宣武帝景明四年（503 年）设置的“北边行台”，是由于北魏迁都洛阳以后，鉴于北边荒远，加以连年饥馑，百姓困弊，为了社会安定而设置的，史称尚书仆射源怀为行台，“衔命巡抚”，“赈给贫乏，兼采风俗，考论殿最”，又“便宜转运，有无通济”②。行台这种“赈给贫乏”的民政职能，正是尚书台（省）所统的职责，而这种职能在处理民族关系方面，也得到反映。史称北魏正光四年（523 年），“柔然大饥，阿那瓌帅其众入魏境，表求赈给。己亥，魏以尚书左丞元孚为行台尚书，持节抚谕柔然”③。迨至西魏、北齐，行台的政务职能更有所发展。西魏，丞相宇文泰“于行台置学，取丞郎、府佐德行明敏者充学生，悉令旦治公务，晚就讲习”④。远在北魏时，行台长官往往以东西南北诸道为名，或以州名为称，权力很大，掌一道或所统诸州之事，如前述源怀为行台，使节巡行北边六镇及恒、熟、朔三州，“事之得失，皆先决后闻”。又北齐天保年间（550～559 年），辛术为东南道行台尚书，文宣帝敕令术所统十余州凡有地方官犯法，刺史则先行上报，听命处理；刺史以下，术可“先断后表”。史称：“齐代行台兼总人事（一作兼统民事），自术始也。”⑤

最后，从行台组织和设官建置的制度化，也可见其政务职能。其组织设官的制度化主要表现为：一是行台长官的称谓，有其正式官职。魏晋

① 《北史·魏道武帝纪》。
② 《魏书·源贺传》。
③ 《通鉴》卷一百四十九《梁纪五》。
④ 《通鉴》卷一百五十八《梁纪十四》。
⑤ 《北齐书·辛术传》。

时，亦即行台出现的初期，总署行台的首长尚未有统一的正式官称，有的以中央的尚书令、仆射充任，或加“录行尚书事”称号；有的则以其他高级官员推为“盟主”。北魏时多以一地，或划东西南北诸道，或诸州为一行台区，而总署行台的首长也以此为称；同时，朝廷的任命诏敕，也以“诏加某某为某地行台”，或“诏以某某为某道（州）大行台”等为行文；朝臣的官衔或加号，也正式以行台为列，如高欢曾以侍中、丞相、都督中外诸军事、大都督、录尚书事、大行台等职同时受任。称大行台者，权位特重。二是魏晋时行台尚处于草创，特别是西晋末年在中央尚书台不能行使职权的情况下所设置的行台，其组织多由中外官组合，结构还未就范。北魏行台都由中央直接授置，其组织日臻完善，设官虽不一定每个行台都很整齐，但大致都略同于中央的尚书台，有录尚书事、尚书令、左右仆射，下有尚书、丞、郎等。北齐有邺省、并省，上党王涣、长广王湛先后受任过并省录尚书事，高阿那肱曾受任并省尚书令，崔进曾先后受任过并省左、右仆射，高元海曾受任并省吏部尚书；而常山王演则曾受任过邺省录尚书事。迨至隋代，称行台为行台尚书省，据《通典》载，其组织有令、仆（左右任置）一人，主事四人，有考功（兼吏部、主爵、司勋）、膳部、兵部（兼职方）、驾部、库部、刑部（兼都官、司门）、度支（兼仓部）、金部、工部、屯田（兼水部、虞都）侍郎各一人。又每行台置食货、农圃、武器、百工监副，各置丞（食货四人，农圃一人，武器二人，百工四人）、录事等员（食货、农圃、百工各二人，武器一人），“盖随其所管之道，置于外州，以行尚书事”。与此相适应，隋代行台官员，也有相应的“品阶”，如行台尚书令视为正二品，上总管行台仆射视为从二品，行台左、右丞视为从四品，行台诸曹侍郎视为六品，行台诸副监视为从八品，行台诸监丞视为从九品等。说到这里，有必要揭示一点，隋代行台的组织，正与隋唐中央尚书省“六部二十四司”大体相一致，也是其各部、司所统的职务及属吏。因此，从行台的组织及其设官来说，冠行台是为“专征”而设也是无法包容的。

四、简短的结语

通过上述，在地方上执行中央尚书台（省）事的行台，贯穿于整个魏晋南北朝时期，而且是一种相当普及并具有相当稳定性的建置；大量出现在黄河流域（中原）一带，江左亦有之；按其性质是一种政务机构，但行台及其制度是在长期割据纷争的这一历史条件上出现和形成的，则使它带上浓厚的军事色彩，成为一种军务、政务合一的机构，而其政务性质又始终存在并在发展；北朝时期行台建置频繁，为数众多，有东西南北诸道诸州行台，这也是与当时割据纷争局面有关，而且与当时州、郡设置混乱、繁杂，即所谓“百室之邑便立州名，三户之民空张郡目”① 这一形势紧密联系的；魏晋南北朝是三省（尚书、中书、门下）制的形成时期，与之相应的行台（省）也有一个形成和发展的过程，其组织和设官建置虽不甚严密，但日臻完备和走向制度化却是事实。

（原载 1992 年云南大学出版社《史学论文集》）

① 《北齐书·文宣帝纪》。

先秦至南北朝云南与相邻省区的关系

前　言

西南地区是远古人类的发祥地之一。云南与相邻省区的关系，在各族人民为祖国西南边疆的开发，在共同劳动生息和经济交往中，很早就已发生，尤其是与四川、贵州的关系更为密切。战国时期，由四川经云南通往印度的“蜀身毒道”，以及楚将庄蹻由黔入滇的事件出现，更促进了彼此省区关系的发展。

秦汉至三国蜀汉近五百年间，是早期云南历史上社会经济发展的一个重要时期，云南与邻近省区和周边国家的关系也有很大的发展。这一时期，在统一政权的统辖下，云南郡县的设置，是云南社会经济、政治兴盛、繁荣的一个重要表现，也是云南与内地及邻近省区政治、经济联系发展的一个重要原因。它促进了云南境内外交通的开拓，修筑了五尺道、南夷道、灵关道及博南山道等，以滇池（晋宁）为中心的通往四境的交通已初步形成，密切了与邻近省区的交通往来；它促进了滇、蜀、黔等省在历史上逐步形成一个共同的“整体”，即同属一个行政区划和经济区域，如统属于“益州刺史部（州）”管辖，以及出现所谓的“南中经济”等；它促进了西南地区的经济开发及彼此间的经济交往，以及移民垦殖、军役往返和仕宦交流等等。三国时蜀汉政权的建立，标志着政治上同从属于蜀汉的云南与四川、贵州等邻近省区的关系，在政治、经济、文化乃至军事等诸多方面，都发展到一个新的时期和得到进一步发展。其中，诸葛亮平叛南中，为蜀汉政权的巩固以及对云南与邻近省区联系的加强，起到积极的作用。蜀汉政权的巩固和稳定的政治局面，正是云南与四川、贵州彼此在民族关系、政治关系方面进一步发展的重要反映。诸葛亮在出师北伐时曾说："今南方已定，兵甲已足。"因而，诸葛亮的北伐举措，正是在蜀汉政权统属下，云、贵、川在政治、经济关系发展和巩固的基础上进行的。此外，当日云南与四川、贵州彼此间的商业贸易关系也较以前发展。在此间从事贸易活动的被称为"庲降贾子"，其足迹遍布于滇、蜀、黔古道；蜀汉政权在四川发行的"直百五铢"，在今云南、贵州都有出土；当日在成都的市场上，也出现了云南产物"橦华布"等。

但入晋以后，由于战乱纷扰，郡县破坏，致使云南初具规模的内外交通，不能继续得到完善和建设，终南北朝世全面陷于梗塞阻闭状态，并阻碍了这一时期云南社会经济和周边地区关系的发展。随着隋唐的统一，政治稳定，经济繁荣，云南内外交通以及与相邻省区的关系也得到进一步发展。

一、先秦时期

云南地处我国西南边陲，土地辽阔，面积约 39.4 万平方公里，东与贵州、广西毗邻，北与四川、西藏相连，西与缅甸为界，南与老挝、越南接壤。全省有四千多万人口，是我国民族聚居最多的一个省份，汉族是全省的主体民族，而世居的少数民族有彝族、白族、哈尼族、壮族、傣族等二十五个民族①。西南各地也多为多民族聚居的地区，在古代被统称为"西南夷"地区。

云南与这些邻近省区和周边国家，很早就发生了联系。

云南是人类发祥地之一，距今 170 万年的元谋人，是我国迄今已知的最早人类。她的出现，揭示了中国人类社会的开端。在今西南各地，也有众多古人类化石和旧石器、新石器时代等文化遗址、遗物的出现，特别是

① 云南省地理研究所主编：《云南省地理》，云南教育出版社 1990 年版。

云南丽江人、四川资阳人、广西柳江人和麒麟山人①以及贵州桐梓人②等古人类化石的出现，以及他们所具有的蒙古人种的共同特征等，都说明西南地区均是远古人类发祥的摇篮。他们同是西南各族的先民，在很早时候就为祖国西南边疆的开发，共同劳动生息。同时也说明，西南各族的先民与祖国境内远古人类在种族族源上和文化方面都有密切的联系，并促进了西南边疆的进步和发展。

（一）古代云南与巴蜀的关系

古代称云南、四川等西南地区为梁州。《尚书·禹贡篇》说："华阳、黑水惟梁州。"华阳谓华山之南，黑水指今怒江、澜沧江、金沙江等③。《禹贡篇》约成书于战国时代④，记载了传说中夏禹治水划分中国为"九州"，和各州的山川方位、土壤、物产、赋贡及水流交通等内容。它所说的梁州（含其他各州）虽还不是后世那样的行政区划，但所述内容却一定程度上反映了西南地区，及其与中原地区的政治、经济关系等情况，古代云南与这一地域的四川、贵州的联系也特别密切，而且在往后很长时间内，基本上同为一个行政区域。

据古书记载，古代云南居住着"濮人"（仆人）等许多部落，今元江在古代被称为"仆水"便是因其流经仆人居住地区而得名的。据说，他们曾向商、周王朝进贡过珠玑、玳瑁、象齿、文犀、短狗和丹砂等，并参加过周武王伐纣的战争。当日四川的"蜀人"、"巴人"等部族也有过这些活动。因而，云南仆人等部落参与商、周王朝的种种活动，可能就是经由四川北上的。古代云南与中原地区，或与四川等相邻省区的交通关系，大概就是出于类似于上述的经济和军事活动而得到开拓和发展的。诚然，西南各省区的最初交通，又当是出自早先民间或各民族间的迁徙和相互交换

① 汪宁生：《云南考古》，云南人民出版社 1980 年版。

② 周春元等编：《贵州古代史》，贵州人民出版社 1982 年版。

③ 对"黑水"，有不同说法，但多认为指今云南澜沧江、金沙江、怒江及四川雅砻江为黑水，在少数民族（彝）语中，这几条大江都有"黑水"的意思。可参见马曜《云南各族古代史略》，云南人民出版社 1977 年版。

④ 《禹贡》成书年代亦说法不一，这里取"战国说"。

而出现的。

迨至春秋战国时期，云南与西南各省区在经济、政治方面的联系，又有了新的发展。据史记载，当日四川已分立为巴国和蜀国。早先的蜀国，“东接于巴，南接于越”。至春秋时，蜀王杜宇娶朱提女为妻，并以“南中为园苑”①。这里所说的“巴”，即巴国，在今重庆市境内；“朱提”指今云南昭通市一带；“南中”则包括今云南、贵州及四川南部地区；“越”则泛指居于南中的诸多部族，古代云南、贵州一带曾为“百越”分布之地，故称“南接于越”。就是说，当日蜀之为国，其地域曾达今云南、贵州地区，而且彼此联系甚为密切。而蜀国以“南中为园苑”，当反映了早期蜀人与南中林木、畜牧、地矿，乃至与僮仆等有着种种的经济关系。至秦汉时，巴蜀商贾在南中从事这些方面的贸易活动，是相当活跃的。

值得注意的是：杜宇为蜀王时，还十分重视农业和水利建设，曾任用开明氏为相（后杜宇让位给他为蜀王，号曰丛帝），治理洪水。开明氏凿山导流，分岷江水引入沱江，使岷江畅通无患，发展了成都平原的农业生产，同时也促进了岷江水上交通的发展。

岷江位于四川中部，经成都南流至宜宾，注入长江，是沟通滇、蜀、黔三省的主要交通枢纽。即：第一，这里是由蜀入滇，或由滇入蜀的通路。蜀人可由宜宾南行，而入云南昭通，秦统一后所开“五尺道”的走向，便是由宜宾开端的。而滇人也可经宜宾乘船至成都，再北上陆行可达关中。第二，由这里又可浮江东向楚地和黔东，其间亦有二途：一是出宜宾，循长江东下，经江州（重庆市）至郢（湖北江陵），而通荆楚各地；二是为秦灭巴、蜀后，秦将司马错于公元前306年（秦昭襄王元年）伐楚的路线：出宜宾，经江州后，不再东下，而转由涪水取楚“商於之地”②，到达今黔东、湘西一带。据史记载，当日秦将司马错伐楚，率巴蜀众十万，大船万艘，米六百万斛，其中一部分兵船辎重，即是发自成都顺岷江南下的。随着巴蜀地区社会生产的发展，以及西南各省区经济文化联系的加强，岷江这条水上通路也越来越发挥出其重要作用，并成为古代西南丝

① 《华阳国志》卷三《蜀志》。

② 《华阳国志》卷一《巴志》。商於，为楚之黔中地，今湘西、黔东一带，秦时置黔中郡，汉改武陵郡。

绸之路的主要组成部分。

约在战国初期，蜀国由郫邑（郫县）徙治成都，自此以后，成都遂逐渐成为古代四川政治、经济和文化的中心。公元前316年（周慎王五年），秦灭巴国、蜀国后，以成都为中心的四川经济和交通都得到前所未有的开发。如秦在这里实行郡县制管理，置巴郡、蜀郡；移“秦民”万家入蜀，秦民来自文化较高的关中等地区；开发蜀地农、渔、盐、铁生产；筑建成都城、郫城、临邛城等，成都还筑城安置商贾。李冰为蜀守时，在治水兴利和凿崖通道等方面，又特有成就。至汉代，蜀地农田物产富实，被誉称为“天府”①。又巴蜀地区与关中、荆楚的联系也极其密切，巴蜀商贾很早就活跃在其中和滇蜀之间，当日云南与中原文化的联系也主要通过巴蜀往来。正是这样，巴蜀地区的先进，为早期云南经济开发和周边省区关系的发展，提供了良好的外部环境和条件，在往后的历史发展中，这方面的经验是值得总结的。

（二）庄蹻入滇与滇黔交通

庄蹻是由黔入滇的。古代滇黔关系也很密切。

战国时期，今贵州大部分地区为濮人所建的夜郎国统治（它于春秋末建国，后逐渐取代了原先的牂牁国），以夜郎邑（今安顺）为统治中心。其辖地除贵州外，还包括了与之相连的今四川、重庆、广西和云南的部分地区，如今天云南的漏卧（罗平）、句町（广南）等均为夜郎所控制。古代西南部族国的建立，其辖地（或其行政区域）往往是融入今邻近省区边地，多呈犬牙交错状态。正由于这样，再加上两点：一是西南地区虽民族众多，但多有同一族属的种种关系，如多为羌、濮、越三大族群，各有文化源流，在迁徙中或聚或散都有自己的联系；二是在地理形势上，虽山高川急，道路险阻，但又绵亘相结。如滇黔连接，同处云贵高原，又一衣带水，滇黔桂三省区为“盘江”贯流其中。这种种的特有状况，都是沟通和密切古代滇黔交往特殊的重要因素。

春秋战国时期，滇黔就有密切的联系。滇黔有着共同的铜鼓文化，而

① 《三国志》卷三十五《蜀书·诸葛亮传》。

云南是铜鼓文化的发源地。其中，楚雄万家坝出土的铜鼓，是迄今为止世界上最为原始的铜鼓，其年代约在春秋中期。这种最早的铜鼓特点是素面无纹，而后来有写实图像（有人物、动物等花纹）的铜鼓，即是由素面铜鼓发展而来的，如出土的江川鼓、晋宁鼓等，其年代为战国，晚者为两汉。而前者（素面铜鼓）只有在云南发现，后者不仅分布于云南江川、晋宁和昌宁等地，而且还分布于今贵州西部和广西西部等地①。铜鼓文化的传布是古代生产力提高，物质交换和交通发展的结果，它说明这一时期云南社会自身的进步，同时也说明这一时期滇黔关系和交通的发展。

发生于战国末期的楚将庄蹻入滇，是滇黔交通和云南开拓史上的大事。

当日七雄兼并不断加剧，秦、楚两国对其毗邻地区（部落或小国）的争夺更为激烈，时秦已占有巴蜀地区，并进取了楚属黔中地。楚顷襄王（前298年~前263年）时为阻止秦的继续进犯，力图振兴，便派将军庄蹻西征。由于史书对庄蹻西征入滇的记载不甚一致，后来的议者也有不同看法，这里认为：庄蹻是溯长江而上，至枳（重庆涪陵）转沿涪陵水（即延水，今乌江）而进，攻占黔中以西至且兰（古部落国，在贵州福泉、黄平一带），再西行经夜郎（贵州安顺、平坝一带），直抵滇池（云南晋宁）。后因归路被秦断绝，遂在滇自立为王。

庄蹻率楚师入滇所以取道溯江而上，实系形势使然。自西周以来，楚、巴两国相邻，在政治、军事方面的接触，以及通使互访和通婚的关系都很密切②，长江便是当日楚、巴两地往来的主要通道。又春秋时，楚国对西南黔中地濮人的用兵，亦从长江上游出师征伐，史称："楚子为舟师以伐濮。"③ 因此，庄蹻楚师当取舟楫行军和转输辎重之便，自是由郢都（湖北江陵）浮江而上；同时在时间上，其时当是楚顷襄王重新收集东部楚兵十余万众，以收回西部沿江被秦所占的十五个"城邑"④ 的机会，乘胜图取巴蜀，故其遣兵西向当有与秦争夺或巩固为楚所仰的巴东盐泉之地

① 汪宁生：《云南考古》，云南人民出版社1980年版。

② 《华阳国志》卷一《巴志》。

③ 《左传·昭公十九年》。

④ 《史记》卷四十《楚世家》。

的目的①。但当日秦楚对抗，楚弱秦强，楚师虽能进占枳地，却在上游受到秦兵的固守抗拒，无法前进，便挥师转由沿涪陵水进入黔中以西且兰、夜郎国地。这条涪陵水道，便是早先秦司马错伐楚所取之道。涪陵一地，“东接巴东，南接武陵，西接牂牁，北接巴郡”②。因而，由涪陵道（后亦称黔中道）入黔中、夜郎等地，水陆相通，并能以舟师适应庄蹻大队人马行军入滇的。这里自古就是川、楚、黔交通之咽喉，也是古代“楚贾人入滇的通道”③。

庄蹻入滇路线，也有根据《华阳国志》记载，认为庄蹻是“溯沅水，出且兰，以伐夜郎”，而入滇池的。沅水出自且兰，上流为劳沟水（今清水江）东北流，出今湖南黔阳，经长溪、沅陵、桃源、常德，至汉寿注入洞庭湖。沅水流域一带，即楚之黔中地，括有今湖南西部、贵州东部及四川东南部，为古代濮人分布的地区。楚国与这些地区很早就有往来，并领有其地④。因此，由于楚地的开拓，或对西南濮地的发展，或楚贾人进入黔中，既可向西溯长江至枳地转涪陵水南下；也可南下溯沅水西进，并可舟行。但沅水盘曲迂回，水急滩多，自常德以下可通巨船外，其他流段仅能通行小舟。但不管怎样，路是通的，特别是对于求末逐利的商贾们来说总是不避艰辛，舟运贸易于湘黔之间。而对庄蹻入滇来说，溯沅水西进也是有其道理的。不过，这两条通道要到达滇池，都得经过今贵州地区。贵州在沟通湘滇交通及传布先进的楚国文化、开发滇池方面做出了重要贡献，并成为这一时期滇黔关系的一个重要内容。

至于自夜郎（贵州）入滇的路线，亦因史无明载，后世议者亦多有不同意见，一是由“平夷路”入：认为庄蹻循长江而上，略巴、黔中以西至鳖（贵州遵义），并曾从巴符关（四川合江）、江阴（四川泸州）、新乐（四川江安）、南广（云南盐津）等处进攻蜀地，但都扼于大江，未能实现。最后，乃自平夷转入夜郎至滇池。即大致由平夷（贵州毕节）经汉阳（贵州威宁东）、郁鄢（云南宣威）至夜郎（此说以沾益为夜郎治邑）以

① 任乃强：《庄蹻入滇考》，载《华阳国志校补图注》，上海古籍出版社 1987 年版。
② 《华阳国志》卷一《巴志》。
③ 方国瑜：《中国西南历史地理考释》上册，中华书局 1987 年版。
④ 《史记》卷十《楚世家》；又《左传·昭公十九年》。

达滇池[①]。二是由“夜郎路”入（此说以安顺为夜郎治邑）：此途或循长江入涪陵水至今贵阳，或循沅江经贵州黄平、福泉至贵阳，然后再由贵阳经安顺（即夜郎）、盘县，至云南沾益达滇池[②]。此外，也有人认为庄蹻入黔后，曾运兵于牂牁江（贵州北盘江），便经今贵州兴义，入云南罗平，中经曲靖进入滇池。这些由黔入滇（或由滇出黔）的交通线，各有所据，而且从后来发展的情况看，都是存在的。其中“夜郎路”（安顺路）可能更接近庄蹻行军路线。因为庄蹻略黔中以西，曾迫降了夜郎，夜郎首邑安顺至清镇一带，地势宽平，自古为滇黔蜀贸易通道，有“黔之腹，滇之喉”之谓，庄蹻当必出此途。同时，首邑安顺径直通滇池，所经盘县、沾益等处沿线均为夜郎所属，庄蹻入滇问路、行军自当更为熟悉、方便。

庄蹻入滇以后，秦又夺去了黔中，断了其归路，他便改穿戴土著服饰，顺从当地风俗，自立为滇王，从此云南得到历史性的开拓，“滇”也就发展为云南的简称。庄蹻从楚地跋涉数千里，征服了夜郎诸国，并纳入他的统治下。进入滇池后，又“分侯支党”，扩大其滇国统治范围，并不断向西开拓，扩大了境内外的交往。当时跟随其西征的众多楚兵，转战于广大西南地区，并落籍于滇池，既扩大了楚国先进的文化和生产技术的传播，加速了当地社会的进步，同时也进一步促进了滇黔关系的发展。史称“西南诸夷，楚庄（指庄蹻）之后”[③]，又称“自滇池、夜郎以西，皆庄蹻之裔”[④]。这虽有些言过其实，但也说明庄蹻在西南的活动是历史上的重大事件，与西南地区民族融合和滇、蜀、黔各省区经济、政治、文化交往的发展都有密切的关系，并为后来秦、汉统一的中央王朝统治下云南与西南各省区间的关系发展打下了基础。

（三）早期云南与周边国家的关系

云南自古就是祖国通向东南亚的门户，“跨出一步”即可通向世界，

① 见任乃强《庄蹻入滇考》，载《华阳国志校补图注》，上海古籍出版社 1987 年版。

② 可参见方国瑜《中国西南历史地理考释》上册（中华书局 1987 年版）、尤中《中国西南民族史》（云南人民出版社 1985 年出版）。

③ 桓宽：《盐铁论·论功》。

④ 《新唐书》卷二百二十二《南蛮传》。

故很早就与周边的越南、老挝、泰国、缅甸等国家或地区发生了密切关系，并极大地促进了古代中国与这些国家或地区的友好往来和文化交流。

云南拥有众多跨向国内外著名江河的上游地带，其中今红河、湄公河、萨尔温江、伊洛瓦底江等河流的上游，即由云南流经周边的越南、老挝、泰国和缅甸等国家注入海洋①。这些河流滋润着两岸美丽富饶的土地，而且也是古代人类相与交往、迁移和文化上相互传播的天然通道。如云南现有的二十多个民族中，便有十多个民族与这些国家跨境而居，有的本是同源，有的便是由云南迁往而去的②。又云南已有多处出土了古稻谷的遗存，并证明为亚洲稻作文化的起源地之一，而同时也有人认为越南、老挝、泰国和缅甸亦是亚洲稻的起源地之一，不管怎样，这当与古代居住在云南和中国南方的“百越”族群（稻作文化的创造者）的迁移和分布是相联系的③。还有云南与这些国家在新石器文化和青铜文化（铜鼓等）方面的联系，都有强烈的反映。尔后，随着云南与这些国家的社会进步及文化交流的发展，彼此的关系和交往便逐渐见诸于史籍的记载。

在中国早期的古籍中，称今越南北方为交趾，谓其民为雒人或越雒，在其南部则有所谓“越裳国”。古籍记载，四千年前生于蜀地的颛顼曾到过交趾④。西周时，越裳国曾派遣过使者来到中国，访问了周王⑤。又前有所述，居住于云南的濮人部落，曾向商、周王朝进贡的物品“玳瑁”（海龟），当是东南半岛缅甸、越南等滨海国家的产物，或是由他国输进这些国家再输入云南的。至于如何进入云南，史无明载，但说明这时云南与这些滨海国家已有贸易往来或物质文化的交流。

降至战国后期，秦将司马错于公元前316年灭蜀，蜀王逃奔武阳（四川彭山）被杀，其王子则率兵三万退入南中，继而退入并征服了雒越所居

---

① 如流经越南的红河，其上游即元江；流经老挝、缅甸、泰国、柬埔寨和越南等国的，并有“东方多瑙河”之称的湄公河，其上游为澜沧江；流经缅甸的萨尔温江，其上游为怒江；缅甸大河伊洛瓦底江，其水系上游有独龙江、大盈河、龙川江（瑞丽江）。

② 云南社科院东南亚研究所：《云南与东南亚关系论丛》，云南人民出版社1989年版。

③ 李昆声：《云南在亚洲栽培稻起源研究中的地位》，载《云南人类起源与史前文化》，云南人民出版社1991年版。

④ 《史记》卷一《五帝本纪》。

⑤ 《后汉书》卷八十六《南蛮西南夷传》。

住的交趾，自称为安阳王，以封溪（今越南河内西北）为首府①。这是古代西南人民迁移越南规模最大的一次。据史籍记载，蜀王子所率人马可能是先退入今云南大姚、姚安一带，再经滇东进入交趾的②。由于西南人民，尤其是蜀民的大批迁往越南，中国先进的农业和手工业生产技术也不断传入越南。由是至秦汉时期，原安阳王首府所在的红河平原一带，水利灌溉、农桑生产及建筑等都有很大的发展③。

大体也是战国晚期，云南通向缅甸乃至通达印度的商路也已开辟，这为西汉武帝时进一步打通这条国际商道奠下了基础。

二、秦汉至三国时期

秦统一中国后，经两汉至三国蜀汉近五百年间（公元前221年~公元263年），是云南历史上社会经济发展的一个重要时期，与邻近省区和周边国家的关系也有很大的发展。这一时期，云南的社会生产力有了重大进步，即由铜器、铁器并用时代过渡到铁器时代。当日滇池（晋宁）、不韦（保山）等地都是产铁基地；至蜀汉时，建宁郡（治今曲靖）还设置了专门管理冶铁的机构“铁官”。这些产铁地区，同是当日云南社会经济最为发达的地区，农业和手工业、商业都出现了不同程度的兴盛和繁荣。这是秦、汉王朝经略西南边疆，诸如广置郡县，开拓境内外交通，移民垦殖，以及地方官吏积极经营等众多历史因素，在当时统一国家较为安定的环境中互相作用的结果④，同时又是云（滇）、贵（黔）、川（蜀）、桂（广西）等省区在这一时期经济、政治、文化，乃至军事上相互联系，日益密切，互相影响、促进的结果。

① 《水经注》卷三十七《叶榆水》引《交州外域记》。
② 《史记》卷十三《三代世表》注引《正义》。
③ 可参见陈修和《中越两国人民的友好关系和文化交流》，中国青年出版社1957年版。
④ 见拙作《汉魏时期云南社会经济兴盛述论》，载《思想战线》1989年第4期。

（一）云南的郡县设置及与相邻省区联系的发展

这里先行提示一点：这一时期云南郡县的设置，是云南社会政治、经济兴盛、繁荣的一个重要表现，也是云南与内地及邻近省区政治、经济联系发展的一个重要原因。

郡县设置是封建王朝的地方行政区划和实现中央对地方行政管理的制度。从行政区划来说，它是由过去所谓国、邑和乡、党、聚、遂等地方行政组织发展而来的，即如《史记》所说的商鞅变法："集小乡、邑、聚为县，置令、丞"；县上设郡，长官为大夫（后称守、太守）。这些行政区划，原是按照天然地域、户口繁衍、土地垦辟、交通开拓，以及军事上或政治上等因素而形成的。按秦汉制度是：县万户以上为令，万户以下为长，"县大率方百里，其民稠则减，稀则旷，乡、亭亦如之"①。郡县的大小官吏，都以如下的共同职责进行分工，即"掌治民，进贤劝功，决讼检奸"，"劝民农桑，振救乏绝"，以及"知民贫富，为赋多少，平其差品"，"主民收赋税"② 等等。这些制度和职责表明：云南与全国一样，其郡县的设置和行政区划的大小，以及日后或增或省的调整，都在一定程度上反映该地区政治发展和经济开发程度及其发展水平。

云南的郡县，当在秦代就有所设置。秦统一中国后，即加强边疆地区的开发，派将军常頞征调巴蜀士卒经略西南夷地区，在今四川宜宾至云南开凿了"五尺道"，并在沿途部落国地区设置了郡县和官吏进行管理。《史记·西南夷列传》曰："秦时常頞略通五尺道，诸此国颇置吏焉。十余岁，秦灭，及汉兴，皆弃此国。"这里所说的"诸此国"或"此国"当指主要在今云南的滇、在今贵州的夜郎、在今四川的邛都等部落国（或其所属的地区）。而所说的"置吏"，当指开设郡县，设官置吏③。据此，五尺道的

① 《汉书》卷十九上《百官公卿表》。

② 《后汉书》卷二十八《百官志》。

③ 《史记》卷一百一十七《司马相如列传》亦载："邛、筰、冉駹者近蜀，道亦易通，秦时尝通为郡县，至汉兴而罢。"又卷一百一十六《西南夷列传》亦称唐蒙通夜郎，喻以威德，约为"置吏"，使其子为"令"。这里将"置吏"与"设令"相联系，故与郡县设令长同。

开通及其沿途“诸国”的郡县设置，标志着云南成为统一的多民族国家的重要组成部分，加强了西南地区及其与中原政治、经济和文化的往来。发展到汉代，人们则将西南地区和巴蜀、关中地区划归为一，合称为“秦地”①，可见其关系之密切。

汉初，因经济凋敝，又忙于削平内地割据势力，无暇顾及西南边疆，曾一度下令关闭由蜀通往云南的道路，但滇蜀之间的联系仍在继续。至汉武帝时国家强盛，为适应中央集权和巩固多民族国家统一的需要，进一步加强了对西南边疆的开拓和经营，先后在西南地区开置了四个郡，即：犍为郡，治僰道（今四川宜宾），辖县12，其中在今四川7县，在今云南4县，在今贵州1县；牂牁郡，治故且兰（今贵州福泉），辖县17，其中在今贵州6县，在今云南11县；越嶲郡，治邛都（今四川西昌），辖县15，其中在今四川11县，在今云南4县；益州郡，治滇池（今云南晋宁），辖县24，其中在今云南23县，在今越南1县②。后经一百多年的经营发展，至东汉明帝（58～75年）时，在益州郡西部新开置了永昌郡，治不韦（今云南保山），辖县8，全在今云南。至此，云南等西南夷边疆地区全面置于郡县制度的统领下，纳入统一国家的版图，推动了祖国历史的发展。

此后，云南的郡县设置还有所拓展，在原有基础上进行了调整。至东汉末刘备定蜀，于建安十九年（214年），改原“犍为属国”③ 为朱提郡，治朱提（今云南昭通），辖县5，其中在今云南4县，在今贵州1县。蜀汉建兴三年（225年），诸葛亮在平定南中后，对原有郡县也进行了调整，增设兴古郡、云南郡等。

这一时期云南郡县的设置和发展，在加强西南边疆地区的开拓，使统一的多民族国家进一步得到巩固发展的同时，也有力地促进了云南与邻近省区的联系。兹简略分述如下：

第一，它促进了云南境内外交通的开拓，密切了云南与邻近省区的交

① 《汉书》卷二十八下《地理志》。

② 东汉时，曾分出益州郡六县，别置了“益州西部属国”，又在其西部设哀牢、博南二县，随后即将两者合归为一，新置了永昌郡。

③ 西汉武帝时设置犍为郡，滇东北部分地区置于其统辖之下。后又从犍为郡分出部分县设“犍为南部都尉”，不久改为“犍为属国”，刘备又把它改为朱提郡。

通往来。这里先行提示一点，即当日西南地区郡县的设置，本身就是与交通的开拓直接相联系的，或是两者相互促进的。如在云南古“滇国”地区设置的益州郡，及在古“哀牢国”地区设置的永昌郡，便是发端于西汉为寻求打通古“蜀身毒道”——从四川成都经云南滇西至印度的通道，而导致设置的。据此，在西南边疆地区全面置于郡县统治的同时，云南以滇池（晋宁）为中心的通往四境的交通也已初步形成：在今滇东北地区（今昭通一带）有通往四川、贵州的“五尺道”、“南夷道”等，并以此联系中原和荆楚地区（详下，下同）；在今滇南地区（今文山、红河一带）有可沿今右江通往两广，以及可沿今元江（红河）通往越南的通道，而且“水陆并通”①；在今滇中（今楚雄、大姚、姚安一带）和滇西（今保山、德宏）地区之间，有自今四川腹地成都南行，可径至云南边陲的“灵关道”、“博南山道”等，并由“博南山道”出境，即可通向今缅甸等海外国家。

秦汉云南境内外交通的开拓，为云南物质文明和精神文明的创造、发展，提供了一个极其重要的条件。它推动了云南郡县制的设置，及其与邻近省区在政治、经济、文化等方面联结为一体，同时也密切了与东南沿海地区的联系等，有助于打破云南闭塞落后的状态和社会经济的发展。

第二，它促进了滇、蜀、黔等省区在历史上逐渐形成一个共同的“整体”，即：同属一个行政区划和经济区域。如这一时期，在南中地区先后设置的八郡中，除在今云南境内的益州等郡②外，其余犍为、牂牁、越嶲、朱提、兴古等五郡，都与今云南有着不可分割的地缘关系，即它们所属的郡县都是跨越滇、蜀两省，或跨越滇、黔两省，乃至跨越滇、蜀、黔三省而设置的。这种现象（或情况），实是与西南地区民族结构相联系的，有如他们相互错居、交往等往往不分地界，以及在人文、生活习俗和经济物产等诸多方面的共同特点，在这一时期进一步发展的结果，换言之，即由过去彼此在经济、政治和文化上的共同特点发展的结果。因而，诸如早先以“黑水”为地界，把这些地区联系起来；在汉代将在这些地区先后开置的郡县，全都归于益州刺史部（州）管辖；至蜀汉将这些郡县，又同置于

① 《晋书》卷五十七《陶璜传》。

② 在云南境内的尚有永昌郡，及由益州郡划分出来的建宁郡、云南郡。

“庲降都督”的统治下；甚至将来往于这些地区从事商贾活动的人，通称为“庲降贾子”，或是在这些地区发展起来的强宗豪富，被称为“南中大姓”等等，这些都是开置郡县后，云南与相邻省区在政治、经济方面联系密切的重要反映，同时是彼此共同发展为同一行政区划和经济区域的反映。可以说，这是秦汉以来云南与相邻省区关系发展的重要特点。

第三，与上述相联系，促进了西南地区的经济开发，以及彼此间的经济交往。对此，这一时期内地移民进入南中垦殖所起的作用是极其突出的。

这一时期，内地人民以各种方式迁入南中，较之战国庄蹻率众入滇更具规模。据史书记载，汉通西南夷道，“作者数万人，千里负担馈粮，率十余钟致一石……悉巴蜀租赋不足以更之，乃募豪民田南夷，入粟县官，而内受钱于都内”①。这是西汉较早的移民南中垦殖，因是为了解决数万筑路民工的粮食给养，故其人数不会是少的；同时，其所说移民所及的地区为“南夷”，这当指当时的犍为、牂牁等郡所属的今贵州、云南及四川部分地区，其范围较为宽广。史书又载，西汉开置益州郡后，“汉乃募、徙死罪及奸豪实之”②。这里说的益州，即今云南。除此由封建王朝或官府所组织的移民外，尚有因内地战乱或军事（如发兵平叛）等原因而入南中垦殖的移民。汉族移民进入南中屯垦，其社会和经济的效益是多方面的：一是汉族移民直接参与南中的土地开发，扩大了其耕地面积，并带来了内地先进的生产技术，在当地得到进一步的传布和普及，推动了其农业经济的发展。二是汉族移民在封建政府的组织下，积极参与云南的交通开拓。如深入到西部边郡开凿了通往永昌地区（今保山一带）的著名的“博南山道”。三是按当时移民垦殖的规定，为“豪民”所经营的屯田，其所产谷物先行按价售给所在郡县，以供官用、军用，尔后他们凭证回到内地京师向中央大司农府库兑款取钱。因而这种屯垦实是一种早期的“商屯”，所产谷物实是一种“商品粮”。另者，这些徙入屯垦的所谓“奸豪”，当日巧于经商而又非法致富者，他们以谷物换来的货币，又不免“以币之变，

① 《史记》卷三十《平准书》。

② 《华阳国志》卷四《南中志》。

多积货逐利”①，再行转向商业贸易活动，来往于内地与西南边郡之间。所以这种“商屯”，对于云南及南中地区早期商品经济的发展，当又起到一种推波助澜的作用。此外，在移民屯垦中，还有官府组织“郡兵”从事垦田殖谷的兵屯，以屯垦戍边。这种郡兵戍卒主要是汉人，他们屯戍南中与当地人民结合，这对推动民族间的联系和民族融合，也起到十分重要的作用。

上述云南与邻近省区的郡县设置和交通开拓，以及带来彼此政治、经济、文化关系的发展，都是通过当日人口流动，诸如民族流移、汉族人民入迁，以及军役往返和仕宦调遣等为媒介，或通过他们的活动来实现的。这里有必要着重再说一下，即自秦汉以来，南中在统一政权的统属下，仕宦（含守令、府吏）的调任关系或调任活动，对于云南与四川、贵州各方面关系的发展，有其特殊的作用。

由秦开创的中央集权及其推行的郡县制度，实际上经西汉一代才真正得到巩固和发展。当时的地方行政机制及其官吏的职能，都能得到较为充分的发挥，尤其是实际而全面负责地方行政的郡太守。汉宣帝曾说：“百姓所以安其田里而无叹息愁恨之心者，政平讼理也。与我共此者，唯其良二千石（郡太守）乎!”② 南中少数民族地区开置郡县，虽晚于中原，但也在汉武帝时期就基本得到普及，下至三国蜀汉王朝，都很重视南中的郡县建设，因而自秦汉文明创造的郡县制度的作用，一般都还能得到正常的发展，不少地方官吏亦颇有著绩，为南人所重。也就是说，调任云南的地方官吏（主要是巴蜀人士），在对云南地方经济开发及与周边省区关系的发展方面，其作用是极突出的。如西汉末年，梓潼（四川梓潼）人文齐为“犍为属国都尉”（滇东北地区），所在“穿龙池，溉稻田，为民兴利”③；后迁为益州太守，又“起造陂池，开通灌溉，垦田二千余顷”，并在此基础上“率厉兵马，修障塞，降集群夷，甚得其和”④。又如东汉灵帝时，梓潼人景毅为益州太守，值丧乱后，“民夷困饿，米一斗千钱，皆离散”。

① 《史记》卷三十《平准书》。

② 《晋书》卷九十《良吏传》。

③ 《华阳国志》卷四《南中志》。

④ 《后汉书》卷八十六《西南夷列传》。

景毅至郡，悉力治理，未经几年，米价降至“一斗八钱”[①]。可见他们对地方经济开发和治理是有成效的。

再如东汉明帝时，广汉郪县（四川中江东南）人郑纯为“益州西部都尉”（滇西地区），“尚清廉，毫毛不犯”，为“夷汉歌咏”[②]。后升迁为永昌太守，在官十年，又不过重地剥削压迫各族人民，为少数民族“君长感慕”，并与他们相约，岁仅收其“邑豪”布、盐作为“常赋”而“夷俗安之”。因而，永昌郡在他的积极治理下，不仅境内民族关系得到很好的改善，而且其影响所及，与境内周边地区的民族或周边国家的友好关系，也得到很大发展。如后来有永昌郡徼外的敦忍乙国（在今缅甸）[③] 国王莫延遣使与东汉通好，献犀牛、大象，以及有掸国（缅甸）多次遣使入永昌郡与东汉通好，都是与郑纯等地方官吏的治绩分不开的。

还值得重视的，巴蜀人士出任云南地方官吏这种关系的发展，对于汉文化的传播，促进云南文化事业的发展也起到重要作用。早在西汉前期，文翁为蜀守，在成都开创了地方郡国学。此后，儒学教化也在南中地区逐渐得到传播。在当时，士大夫出身的循吏也多以推行教化为己任。史称东汉时，广汉人郑纯为永昌太守“为政清洁，化行夷貊”；广汉人冯颢为成都令“立文学”[④]，后出任越巂太守以教化为治，“政化尤多异迹”[⑤]；又梓潼人景毅为地方令时，亦“立文学，以礼让化民”，后迁为益州太守而又“恩化畅洽”[⑥]。地处今云南滇东北的朱提郡，大体因交通方便，接近今四川并受其影响的缘故，史称“其民好学”[⑦]，为当日云南文化较为先进的地区。而汉文化或儒学教化通过学校教育传播，亦是由蜀人王阜（一作“追”）出任益州太守开始的。史称：“肃宗元和中（84～86年），蜀郡王阜为太守，政化尤异……始兴起学校，渐迁其俗。”[⑧] 迨至魏晋时期，以儒

① 《华阳国志》卷十中《先贤士女总赞》。

② 《华阳国志》卷四《南中志》。

③ 可参见方国瑜《中国西南地理考释》上册，中华书局1987年版。

④ 《华阳国志》卷三《蜀志》。

⑤ 《后汉书》卷八十六《西南夷列传》。

⑥ 《华阳国志》卷十中《先贤士女总赞》。

⑦ 《华阳国志》卷四《南中志》。

⑧ 《后汉书》卷八十六《西南夷列传》。

学为政治要求和道德标准的察举制也在云南推行了。

（二）云南与四川关系的发展

秦汉三国时期，是云南与四川关系发展的一个重要阶段，在政治、经济、文化及交通联系等方面都有很大的发展和加强，并为这一时期云南社会经济、政治兴盛、繁荣的一个重要内容和原因。其中，云南与四川的交通发展，与云南社会经济的开发更为密切，并起到重要的开导的作用。

这一时期，在秦汉积极经略西南地区、设置郡县的促进下，云南与四川的交通发展，其主要通道分布于汉代益州刺史部（治四川成都）所辖的蜀郡（治成都）、犍为（治僰道，今宜宾）①、越嶲（治邛都，今西昌），以及益州（治滇池，今晋宁）、永昌（治不韦，今保山）等郡，地跨今长江上游金沙江、雅砻江、乌江和岷江等流域，有陆路，也有水路。这些地区的交通，在促进云南社会经济及其与四川关系的发展方面最为密切的，主要是这一时期开拓的五尺道、灵关道和博南山道等。

第一，五尺道的开拓与滇川关系。

五尺道地跨犍为、朱提、益州三郡，起自僰道，南下入滇，经朱提郡（今昭通），迄于益州郡味县（后由益州郡分出建宁郡，其治所为味县，今曲靖）。

犍为、朱提二郡依傍长江上游，为今滇、川、黔三省边地所会，向来是为中原，或为荆楚经由巴蜀径直入滇的要冲。前有所述，春秋时蜀王杜宇就曾涉足此间，娶朱提女为妻②。及至战国时，秦蜀郡太守李冰治水开道，便在滇川交会处僰道一带开凿山崖，修筑道路。因为这一带主要为僰族聚居的地方，故日后（秦汉）在这里设置的县被称为“僰道”③，并为著名的五尺道的开端。因而，这里的交通开拓和郡县设置在云南都是较早的，与巴蜀的联系也较为密切。

秦始皇统一全国后，为了拓展疆域和加强对西南边地的经营，即派常

---

① 其郡治，即为鳖县（贵州遵义），后移治僰道、武阳等，均在今四川境内。

② 《华阳国志》卷三《蜀志》。

③ 秦汉时郡县设置，在少数民族聚居地区所设置的县称“道”，《汉书·百官公卿表上》曰：“有蛮夷曰道。”

颁从僰道继续修筑道路，开凿了这一条经朱提入滇的通道，路宽仅五尺，故称“五尺道”。史称自僰道至朱提这段步道，山势盘纡险恶，来往于此之“三蜀之人及南中诸郡，以为至险”①。自僰道至朱提，既有步道，又有水道。水道有黑水、羊官水，可以航舟，但也“至险，难行”②。所指黑水，即符黑水，今南广河，源出云南威信东北汾关山，北流至宜宾注入长江；所指羊官水，即今横江，源出贵州威宁县西，亦北流，经今云南彝良、盐津，至宜宾入江。据此，自宜宾可溯南广河而上，然后起陆步行，再入横江至昭通。

秦开五尺道，至汉通南中广置郡县，武帝又派唐蒙征发巴蜀士卒，继续扩展五尺道，并修筑了从僰道通向今贵州的南夷道，从而以僰道为枢纽，更加强了滇、川、黔三省的联系。

西南地处云贵高原地区，受到众多河流的割切，地形破碎，并广泛分布有地质坚硬的石灰岩地层，因而在这一带开辟交通是备尝艰辛的。据史记载，秦蜀守李冰开发僰道，因崖峻峭拔不可穿凿，乃采用积薪烧石的技术方法，使岩石膨胀疏松，再浇以冷水，使岩石收缩而爆裂。直至汉晋，这一带被薪火烧过的悬崖，犹“有赤白五色”，倒映水中，使来自荆楚溯江而上的鱼群，望而生畏，“至此而止”③。而汉武帝通南中，初命僰道令修筑道路，就因技术落后，“作者数万人”④，但“费功无成，百姓愁怨”，遂受到斩首治罪。后派唐蒙修道，他“斩石”筑建“阁道”⑤，即在“险绝之处，傍凿山岩，而施版梁为阁”⑥ 修成栈道，有的道宽丈余，有的栈道凿岩竟达三四尺深。因其规模巨大，又在深岩险绝之处，故至南北朝时期史书记载：“其鋆凿之迹犹存。”⑦ 就是这样高悬峭拔的山崖，栈阁险

① 《水经注》卷三十六《若水》。“三蜀”谓益州之蜀、广汉、犍为三郡，原为古蜀国及秦蜀郡之地，故称。

② 《华阳国志》卷四《南中志》。

③ 《华阳国志》卷三《蜀志》。

④ 《史记》卷一百一十七《司马相如列传》。

⑤ 《华阳国志》卷三《蜀志》。

⑥ 《史记》卷八《高祖本纪》注。

⑦ 《水经注》卷三十三《江水》。

狭，挑物者只能“左儋”① 而行的五尺道，自秦汉以来即为关中经四川入云南，或由云南经四川至关中的一条主要交通要道，史称关中至滇、川之间，“栈道千里，无所不通”②。

朱提郡五尺道还与滇、川另一主要交通要道灵关道相通：一是可由蜀郡成都（灵关道之起点）经岷江舟航至僰道，而达朱提。二是也可由成都经汉嘉（四川雅安）沿青衣水至南安（四川乐山）入岷江至僰道，而达朱提。三是自僰道溯马湖江（金沙江下游）舟行至安上（四川屏山），然后起陆步入灵关道上之越嶲（治邛都）；也可从灵关道上的会无县（越嶲郡属，四川会理）东行，则通向五尺道上的堂狼县（朱提郡属，云南巧家、会泽）。史称：“会无县路通宁州，渡泸得堂狼县。”③ 这一通路及其渡泸（金沙江）处，即从会无县东向至金沙江左，摆渡抵堂狼而入五尺道，再南下即达味县（今曲靖）。后世议者，有的认为这正是蜀汉诸葛亮南征进入越嶲后的行军路线及其“五月渡泸”的渡口。迨至东晋时，李雄据蜀占有越嶲，遣部将李骧进攻宁州（云南），亦由此渡泸，与晋军“战于堂狼”④。但不管怎样，五尺道自北而南，与另一滇川大道灵关道，彼此是有多处相通的。

据上所述，由于朱提郡地处五尺道要冲，与四川的经济文化联系甚为密切。其中最为重要的是这里的交通开辟，使滇川关系得到进一步加强，并有力地促进了云南社会生产力的进步和社会经济的发展。

云南社会生产力的进步和经济发展，首先是铁器的输入和普及。远在秦汉以前，铁器的生产和使用，已在中原地区和巴蜀一带得到普及，并向周边地区扩展，而云南的铁器正是由巴蜀地区传布和输入的。战国时秦占有巴蜀后，即筑建成都城、临邛（邛崃）城等，重视发展手工商业生产。如在成都“营建府舍，置盐、铁、市官并长丞；修整里阛，市张列肆”⑤；

① 《华阳国志》卷四《南中志》。左担（“儋”与“担”同），即挑担者不能正身而行。

② 《史记》卷一百二十九《货殖列传》。

③ 《华阳国志》卷四《南中志》。

④ 《华阳国志》卷五《李特等传》。

⑤ 《史记》卷一百二十九《货殖列传》。

又临邛亦为四川的铁产地，也置有铁官，后世在矿山上还建有“铁祖庙祠”①。到了西汉时期，蜀地多富商，不少富商便是以冶铁“行贩卖于滇蜀之间”而致富的。如有卓氏在临邛“即铁山鼓铸，运筹策，倾滇蜀之民，富至僮千，田池射猎之乐，拟于人君”。又程郑氏居临邛，“亦冶铸，贾椎髻之民，富埒卓氏”②。此即以冶铸行贾求利于西南少数民族地区。而在今云南昭通地区汉墓出土的器物中，就有不少铜器和铁器。铁器有环首刀、剑、矛、锄等，其中的铁锄，还铸刻上“蜀郡千万”或“蜀郡成都”等字样③。这当是蜀地产物，经由五尺道输进朱提腹地的。在今靠近云南昭通地区的贵州赫章县，亦有类似器物的出土④。铁器的输入，使云南社会生产力的发展起了重大变化：由铜器，或铜铁并用时代过渡到铁器时代。据考古资料表明，云南使用铁器大致在西汉中期开始，出土器物多为铜铁合制。至西汉后期，尤其是东汉以后，出土器物多以铁器为主，过去铜铁合制器物渐次消失。与此相联系，云南的铁矿也开始得到开发。据有关史籍如《汉书》志、传的著录，对西汉时云南的郡县尚未有产铁的记载，而至东汉后有关书籍如《续汉书·郡国志》和《华阳国志》等著录，则见有滇池、不韦等地出铁的记载。这就再次说明，东汉云南不仅跨入了铁器时代，而且在自己境内也开发了产铁冶铸基地。发展到三国蜀汉时，建宁郡已设置专门管理冶铸事业的“铁官”，由大姓毛诜任“铁官令”⑤，反映了当时铁器的普及和社会需求的扩大。这些早期云南产铁的较早的郡县，既是当日滇蜀交通发达的地区，也是当日云南社会经济最为发达的地区。

铁器的输入和铁质农具的生产、使用，也大大地促进了云南农业生产力的提高。如前述文齐在朱提、益州等地“穿龙池”，“开通灌溉，垦田二千余顷（二十万亩）”，其规模和成就在云南都是前所未有的。但这种大规

① 《华阳国志》卷三《蜀志》。

② 《史记》卷一百二十九《货殖列传》；又《汉书》卷九十一《货殖列传》注引颜师古曰：“椎髻，西南夷也。”

③ 汪宁生：《云南考古》，云南人民出版社1980年版。

④ 见本文《云南与贵州关系的发展》。

⑤ 《华阳国志》卷四《南中志》。

模农田水利的开发，能够得到实现，这正是与铁质农具的使用和普及相联系的。

再者，促进了云南银矿、铜矿事业的发展。地处五尺道的朱提郡地区，矿产极其丰富，这里出产银、铝、铜等，开发很早，并名闻全国。史称其地“出善银”，银质精良，汉、魏时人们常把云南的“朱提银”与四川的“汉嘉金”[①] 相媲美。朱提银重八两为“一流”，值铜钱一千五百八十文（它银只值千文），并曾是新莽时期作为通行全国的法定货币，称为“银货”[②]。新莽王朝都于长安，长安的朱提“银货”，当也是经由五尺道入蜀而输进的。又，当日朱提郡的冶铜手工业也甚为发达，其中又以朱提堂狼所产的铜洗最为著名。堂狼铜洗，制作精巧，行销各地，后世出土不少，并被视为珍玩收藏。据后人考识，汉代铜洗多为朱提堂狼和蜀郡制作，而堂狼铜洗，“其制作样式与蜀郡所造者相类”，也受蜀郡影响[③]。

此外，云南为产盐之地，如连然（安宁）的盐业很早就得到开发，而魏晋时期朱提郡亦发展为一个盐业产地，《华阳国志·南中志》曰：南广县（云南盐津）“有盐官”。但南广产盐，在《汉书·地理志》和《续汉书·郡国志》中尚无记载[④]，而见于魏晋史籍（即《华阳国志》），说明其盐业的开发或“盐官”的设置是后起的。因而，其后起的采盐制造技术，也当是这里的交通开拓和贸易发展，由郡外民族往来或从移民中传布输入的。

第二，灵关道、博南山道的开拓与滇川关系。

（1）灵关道跨越今四川、云南所辖的蜀郡、越嶲、益州三郡，即从属今四川的蜀郡成都南下，经临邛（邛崃）、青衣（芦山），渡青衣水（青衣江）至筰都（汉源东北），渡沫水（大渡河）至邛都（越嶲郡治，四川西昌）、会无（四川会理），渡绳水（金沙江），便步入今云南境内之青蛉（大姚）、弄栋（姚安），然后折西行至叶榆（大理），便与博南山道相接。

① 汉嘉郡，括有汉嘉、徙阳、严道、旄牛四县，治汉嘉（原青衣县改置，今四川芦山）。

② 张澍：《诸葛亮集》卷二。

③ 方国瑜主编：《云南史料丛刊》第一卷《朱提堂狼铜洗概说》，云南人民出版社1990年版。

④ 南广县，汉置，隶于犍为郡；蜀汉时隶朱提郡（后主延熙年间曾在此立南广郡）。

博南山道（又称“永昌道”）即由叶榆西南行，横穿永昌郡（治不韦，保山），经博南（永平）至哀牢（腾冲），便可出掸国（缅甸），以通身毒（印度）等海外国家。此外，灵关道入今云南境内之青蛉、弄栋后，又可折东抵达滇池、味县，而联络滇东北和滇东南地区。这一贯通今四川腹地成都，径至云南边陲而达印度，长达数千里①的国际通道，历史上称之为古“蜀身毒道”。后来议者所谓的“南方陆上丝绸之路”（或“西南丝路”），即由此灵关道、博南山道和五尺道组成。

这条古道起自何时？近人根据文献资料和出土实物引证，认为远在公元前4世纪或更早以前，中国已有由西南通往印度的贸易交通路线。这虽未能提出较为确切的事件或时间，但断其在秦汉以前还是恰当的。就交通开辟的原因来说，它本身就是与经济交往或商业贸易联系在一起的，同时交通的开辟对经济开发起到先导或推动作用的。而这条滇、蜀古道，也当出于早先地区之间或民族间（各少数民族之间，或少数民族与汉族之间）相互交换和往来迁徙，尔后遂为商贾出入逐利而形成的贸易通道。这诚如班固在《汉书》中所述：“逐利之民”，不仅“蓄积余赢以稽市场，痛腾跃”，而且无隙不入，“以货赂自行，取重于乡里”②，乃至走遍更远更险的地方。如在秦汉之际，封建王朝尚未知晓在云南西南边地有个“乘象国”，名曰“滇越”（腾冲）的地方，而早就有“蜀贾间出物者或至”③于此，深入到滇越与身毒（印度）几千里间，追逐蜀布织物和邛竹之利。他们为了逐利求富，还千方百计躲避官方检查，走私贩运。如西汉建立，天下初定，以蜀郡为关，关闭了滇蜀之间的交通，但巴蜀商贾仍冒险“窃出”南中，以盐、铁、竹、木、布匹，换取“其筰马、僰僮、旄牛”④等。后来汉通西域，张骞在大夏（今阿富汗）见到西南产物“蜀布”和“邛竹杖”，正是蜀地商贾贩至身毒而又转输到大夏的。当日司马相如也谈到这一带居住的“西夷”部落和早先这里的交通情况。他说：“邛、筰、冉駹者近蜀，道亦易通，秦时尝通为郡县，至汉兴而罢。今诚复通，为置

① 《史记》卷一百一十六《西南夷列传》。
② 《汉书》卷二百四十七《食货志》、卷九十一《货殖列传》。
③ 《史记》卷一百二十三《大宛列传》，《汉书》卷六十一《张骞传》。
④ 《史记》卷一百一十六《西南夷列传》。

郡县，愈于南夷。”从上述这些，都说明这一带滇、蜀两地民间早有交通往来。正是在此基础上，汉武帝为打通蜀至身毒、大夏的道路，于元光五年（公元前130年）派遣司马相如等为使臣，出使西南夷地区并招抚了这一带邛、筰、冉駹、斯榆等部落为“内臣”，复置了十余县，拆除了这一带的边地关卡，西至沫水（大渡河）、若水（雅砻江），南至牂牁江（北盘江），打通了“灵关道”（四川越西东北、峨边西南）①，并在孙水（安宁河）上架桥，直通邛都（西昌）。这样，自秦末以来由于战乱而阻闭的古道和被废弃的郡县，重新得到恢复和更为全面的开拓。史称此道，“经旄牛中至成都，既平且近”②。旄牛，为西夷“旄牛夷”聚居之地，汉武帝时开之为县，因此道路经旄牛县（四川汉源），故又称为“旄牛道”。

与滇川古道（含滇黔古道等）的开拓相联系，在汉代其交通设施就置有“邮亭”，即古代官差传递文书和旅客歇宿的驿站，有邮置、置邮、驿亭、停传、传舍等称③。按秦汉制度，“亭”既是县下的基层行政组织（乡、亭、里），又是供过往官差和“行旅宿舍之馆所”④。在邮亭、驿传机构中，设有驿丞、驿卒进行管理。据此，《史记》载云：自成都南行的灵关道上，即有“严道邛邮”。注云：“严道（四川雅安），蜀郡之县也。县有蛮夷曰道。严道有邛莱山，有邮置，故曰：‘严道邛邮’也。”⑤至东汉后期，由于这一带“夷叟数反”，致使交通常被阻塞。蜀汉时张嶷为越嶲太守，他通过“招怀”蛮夷，悉力治郡，于是与当地“旄牛夷”一起，又开通了“旧道”，并恢复了“古亭驿”及其管理，促进了滇蜀交往的发展，也使当时蜀汉政府与南中的关系得到加强。

司马迁曾说：“汉以求大夏道，始通滇国。”因而这里有必要再次指出，这条古道的开拓，在加强滇川关系的同时，它对云南社会发展的作用，便是直接导致云南郡县的创置和发展。即在西汉武帝时，为打通蜀至

---

① 《史记》卷一百一十七《司马相如列传》。“愈于南夷”，指修复这一带交通（灵关道）较之通向今贵州的南夷道更为容易。又，“灵关道”，又作“零关道”，汉置，为越嶲郡零关道（县）。另汉嘉郡亦有灵关，今芦山西北，与前者名同而实异。

② 《三国志》卷四十三《蜀书·张嶷传》。

③ 《孟子·公孙丑上》：“德之流行，速于置邮而传命。”

④ 《后汉书·百官志》。

⑤ 《史记》卷一百一十八《淮南王列传》。

身毒、大夏的通道，先后派使者通南中，并“以兵临滇”，征服了滇王，于元封二年（公元前109年）在其统治地区开置了益州郡；随后又深入益州西部开发，至东汉又在这些地区设置了永昌郡，从而推动了云南纳入统一国家的进程，并有力地促进了益州、永昌等地的经济开发和发展。尤其是益州郡，一直为汉晋时期云南的政治、经济和文化中心。所有这些，又为当日及后来滇川关系的进一步发展，提供了更为广泛而积极的社会（在统一国家内）基础和物质基础。

（2）与灵关道相衔接的博南山道，地处于滇西的永昌郡。永昌郡为“古哀牢国”，东汉置。所及地域辽阔，东西三千里，南北四千六百里①。大致括有今云南大理州、保山市、临沧市、德宏州、普洱市和西双版纳州。永昌郡的开发，亦是与张骞通西域和汉通南中相联系的。当日汉武帝为寻求“蜀身毒道”，通“滇国”，置益州郡，并得知其郡西千余里有“乘象国”，可通身毒，为蜀地商贾经常出入的地方。因而汉王朝深入其地进行积极开发，并遣徙汉族移民进入其地，通博南山（永平西），渡澜沧水（澜沧江）和渚溪水（怒江支流枯柯河），从而开通了“博南山道”。随后又在这些地区相继设置了不韦（保山）、巂唐（保山、云龙间）、叶榆（大理）等六县，及至东汉又新置了哀牢（腾冲）、博南（永平）等县，则扩置为永昌郡，而博南山道亦称为“永昌道”。史称当日博南山道凿通后，行人为之歌曰：“汉德广，开不宾。渡博南，越兰津。渡兰沧，为他人。”② 由此，博南山道则从叶榆西行，横穿永昌郡的博南、不韦等县，然后由“滇越”（腾冲）出境，进入掸国（缅甸），再通往身毒、大夏等海外国家。

博南山道的开辟，及其与灵关道相接，贯通了滇、川这一古道，自成都南行可径直抵达云南最西边的尽头。这样，它与“五尺道”结合，更进一步促进了滇川关系和云南社会的发展，尤其是在促进永昌郡地区社会政治、经济和文化的发展方面，更为广泛和显著。首先加强了这一地区和哀牢等部族与内地的密切联系和友好往来。如在建武二十七年（51年），哀

① 《华阳国志》卷四《南中志》。

② 《华阳国志》卷四《南中志》。

牢部落首领贤栗派遣使者进诣越巂太守，表示所属“种人”（部落）二千七百多户、一万多人归附于东汉王朝。从此以后，哀牢部落则“岁来贡朝”。至永平十二年（69年），哀牢王柳貌又遣其子向汉王朝表示其所属“种人”，共七十七个王辖下的五万一千多户、五十五万余人“内属”①。东汉王朝正是在与哀牢地区的民族关系发展的基础上建立起永昌郡的，并用郡县统治形式巩固了哀牢地区与内地的经济文化联系。其次，这一古道的开拓，进一步沟通了古代云南与海外的关系。如果说，古代云南官修交通以朱提郡（滇东北）与川、黔交通“五尺道”为早，云南与巴蜀之间及与中原内地的联系密切，有助于云南闭塞状态的打破和社会经济的发展；那么，永昌郡（滇西）则是云南对外交通的开拓为先，与缅甸等海外国家的友好往来和经济文化交流尤为密切（详下）②。

再者，基于上述，受益于这一古道的开拓，永昌郡可谓尽得发挥其天时、地利、人和之优势。它地处热带、亚热带地区，矿藏丰富，“土地沃美”；周边与海外通；内与灵关道相连，径至巴蜀，巴蜀商贾频繁往返其间；又，自西汉以来，还有大批内地汉人移入等等。因而，不断受到国内外先进文化技术的影响和商品经济的刺激，其社会经济的发展更有突出而广泛的表现。史载东汉时永昌郡不韦县“出铁”③，与益州郡一样，同是云南较早受到蜀地铁器文化的影响而步入铁器时代，并为当日云南地产金、银、铜、铁、铅、锡等“六金”俱全的经济发展地区。这里农业发达，有“五谷、蚕桑”；蚕桑从内地传入，故也有较为发达的纺织业。史称其纺织业，“知染采文绣”，能织造绵绢、彩帛、文绣等丝纺织物；有梧桐木，其花柔如丝，民绩以为布，幅广五尺，洁白不受污，俗名曰“桐华布”；又有“罽旄”（毛织物）、“帛叠”（棉布）。还出产精致而为世人瞩目的“兰干细布”，“织成文章如绫锦”④。“兰干”即苎麻，用苎麻所织之

① 《后汉书》卷八十六《西南夷列传》。文曰：“贤栗等率种人诣越巂太守求内属。”越巂郡治邛都（西昌）；其西界至今云南大姚、祥云，地处灵关道，而距哀牢（永昌）地区为近，故其使径诣越巂，不诣益州。

② 并可参见拙作《魏晋时期滇蜀交通与云南经济的发展》，载中国魏晋南北朝史学会等编《古代长江上游的经济开发》，西南师范大学出版社1989年版。

③ 《后汉书·郡国志》。

④ 《后汉书》卷八十六《西南夷列传》；又《华阳国志》卷四《南中志》。

细布，便是汉代所称的“蜀布”。它曾由此远销于身毒、大夏等地，并为汉代“蜀身毒道”的出现和开拓起了重要的“信息”传递作用。又，史称“永昌出异物”①，有光珠、琥珀、水晶、琉璃、珊瑚、轲虫（海贝）、蚌珠、翡翠等等②。这些很多是来自殊方异域的舶来品，如珊瑚、轲虫、蚌珠等都是海产品。史称大秦（罗马帝国）多大贝、明珠、夜光珠、真白珠、琥珀、珊瑚，以及赤白绿黄青绀缥红紫等十种琉璃和水精（水晶）等等③。因而永昌地区所出的这些海产品，当是来自周边东南亚沿海国家，也可能是来自产于大秦而转折于安息（伊朗）、大夏、身毒和掸国（缅甸）而输入的。如琉璃，在西汉时已从西域陆道传入中国，而大秦多产各色琉璃，所以永昌所出琉璃等当也是从南方海道（南海道）输入。又，前述毛织物“罽旄”则产于印度西北，也是通过贸易输进的。再者，永昌郡不仅有巴蜀等国内商贾的频繁往来，而且还云集了不少缅甸、印度之民④，在这里从事商业贸易活动。中国的丝绸、铁器、蜀布等物资由这里输出海外，海外异域珍奇也从这里输散到中国内地。在今腾冲城西宝峰山下一处就曾出土了上千枚五铢钱⑤，这当是这里自汉代以来贸易交通开拓、商业兴盛的反映。检今史籍记载，所说的光珠、琥珀、珊瑚等海外异物，多记载于博南县下⑥，因而博南一地可能是两汉至魏晋时期永昌郡国内外物资集散之重镇。

（三）云南与贵州关系的发展

汉武帝时，先后在今云南所属的益州郡与贵州、四川相邻或交错地区，建立了犍为、牂牁等郡。这一时期，云南与贵州的关系继庄蹻入滇和秦开五尺道以来，便是伴随这些地区郡县的设置和“南夷道”的开拓而发

---

①《三国志》卷三十《魏书·乌丸鲜卑东夷列传》注引《魏略》。

②《华阳国志》卷四《南中志》。

③《三国志》卷三十《魏书·乌丸鲜卑东夷列传》注引《魏略》。

④《华阳国志》卷四《南中志》“永昌郡”条云：该地有“僄越之民”，僄越即当时统治缅甸的僄人，其国称僄国。

⑤ 可参见方国瑜《云南史料目录概说》第二册卷六《汉晋时期文物》，中华书局1984年版。

⑥《华阳国志》卷四《南中志》。

展起来的。

史书称曰："然南夷之端，见于枸酱番禺"，"发于唐蒙"①。就是说，上述这些郡县的建立和交通开拓，是从唐蒙出使西南夷而开始的。即在汉武帝建元六年（公元前135年），唐蒙被派遣至番禺（广州）劝说南粤王（辖今两广大部分）内属。唐蒙在番禺吃到四川物产枸酱，得知是由四川商贾"窃出"贩至夜郎（今贵州西部）地区，再从夜郎的牂牁江（贵州北盘江）贩至番禺。同时，他还得知南粤以"财物役属"② 夜郎的经济关系和交通往来。于是他向汉武帝建议并得到同意，以打通和利用由四川至夜郎的道路，再浮船牂牁江南下，出奇兵制服南粤。这年，唐蒙被拜为中郎将，领兵五千，及输运粮草的后勤士卒一万多人，从巴郡之符关（四川合江南）进入夜郎，用大批缯帛等财物赠给夜郎侯，"喻以威德，约为置吏，使其子为令"③。这样，唐蒙通夜郎后，为加强管理便在这一地区设置了犍为郡。与此同时，唐蒙又征发了巴蜀士卒数万人，修通了自僰道至牂牁江的道路，史称"南夷道"（亦称"夜郎道"）。至汉武帝元鼎年间（公元前116年～前111年），为进讨南粤，便派驰义侯在犍为郡征发南夷兵前往出击，但遭到且兰部落（在今贵州福泉地区）首领头兰的反对，他不愿远行而率众反叛，杀汉使和犍为太守。汉发兵镇压了其叛乱，并以"常隔滇道"④，即以经常破坏、阻隔至滇之交通要道的罪名，斩杀了头兰，随即于公元前111年在其地区设置了牂牁郡。

这些地区的郡县设立和交通开拓，密切了云贵关系，也密切了云贵川三省的关系。如犍为郡，"东接江阳（四川泸州），南接朱提，北接蜀郡，西接汉嘉（故青衣县，今四川芦山）"⑤，处于括有今云南东北、四川南部和贵州西北等三省交会之地，辖县十二⑥，治鳖县（贵州遵义），后移治

① 《史记》卷一百一十六《西南夷列传》"太史公曰"；《汉书》卷九十六《西南夷列传》"赞曰"。

② 《史记》卷一百一十六《西南夷列传》。

③ 《史记》卷一百一十六《西南夷列传》。

④ 《史记》卷一百一十六《西南夷列传》。

⑤ 《华阳国志》卷三《蜀志》。

⑥ 《汉书》卷二十八《地理志》。

南广（云南盐津）[①]、僰道、武阳（四川彭山）等。迨至东汉，则又将其郡的朱提、汉阳划出，别置“犍为属国”（长官为都尉），治朱提，所辖汉阳，即今贵州赫章及威宁、水城一带。至于牂牁郡的建立，亦地跨云贵两省。其辖地大部分属今贵州，治且兰（贵州福泉），所领十七县[②]，中有属今云南的有谈稿（富源）、漏卧（罗平）、漏江（泸西）、句町（广南）等地，都与今贵州西境相接。从这些郡县设置及其所处方位不难看出，即在云南与贵州相接，或者跨境设置的郡县，犬牙交错，声息相通，当是当日彼此省区之间经济、文化及风土人情等方面联系颇为密切的地区。特别是作为郡治所在地，既是一郡之政治中心，也是一郡之经济、文化等中心，因而在它的管辖和治理（并又经常移治，如犍为郡治）下，也有助于推动和加强跨境郡县之间的经济、文化联系，以及有助于周边地区政治环境的稳定。据此，发展到东汉和魏晋时期，这些地区则具有共同地方特点的所谓“南中政治”、“南中经济”的形成和发展，这是当日云贵川关系发展的一个重要方面。

又，“南夷道”的开拓也使云南与贵州的关系更为密切。由唐蒙征发巴蜀士卒修筑的自僰道直至牂牁江的“南夷道”（“夜郎道”），史称“南夷始置邮亭”[③]，又称“自僰道、南广有八亭，道通平夷（贵州毕节）”[④]。从这里可以看出，这条古道沿途也相应有“邮亭”的设施，即供传递文书的官差和过往商旅歇宿的馆舍。在汉代，这条古道自僰道南行至南广（云南盐津豆沙关），经朱提（昭通）或汉阳（贵州赫章、威宁、水城一带），西南行达味县（云南曲靖），再通滇池；又可经南广，走今云南彝良、镇雄，至平夷、汉阳，而南接牂牁江水道。从牂牁江即可航行至今广西、广东。因而这一地区的交通进步，亦为古代滇、黔两地社会活动和经济运行提供了便利条件。在今贵州赫章县境曾出土汉代铸有“武阳传舍”字样的铁炉，其中所说的“武阳”即曾为犍为郡治的彭山县；所说的“传舍”即如同“邮亭”旅宿之馆舍。而赫章出土的铁炉，当是产于四川，经云南

① 《华阳国志》卷三《蜀志》。
② 《汉书》卷二十八《地理志》。
③ 《史记》卷二十二《汉兴以来将相名臣年表》。
④ 《华阳国志》卷四《南中志》。

"南夷道"传入当日贵州所属的牂牁郡地的。又，这条古道设有"邮亭"的南广县，为汉唐蒙开道时所设置，据说是取其向南拓展之义而名的。它地处今云南极北，为今四川宜宾通往云南昭通，及通往当日贵州所属牂牁郡治平夷县（毕节）等地的交通枢纽。前有所述，南广的盐业开发及其"盐官"的设置是后起的，正是伴随这里交通开拓和各族人民的交往，技术传播而兴盛起来的①。在属今贵州中西部的牂牁郡境地，曾出土不少汉代铜制器物，其中仅是东汉时期的铜洗就有九十余件②，而极大部分都是出自堂狼所造③。堂狼铜洗，大致是通过南广，或朱提、汉阳等交通要地，而输入贵州的，这些也是当日云南与贵州关系密切发展的重要表现。

再是地处这条古道的南昌县（云南镇雄）④，亦是控扼云贵川之要冲。这个东汉时开置的县，发展到建安十九年（214年）刘备入蜀后在南中设置庲降都督⑤，即以南昌为其治所，并屯兵垦殖，成为当日南中一方的政治、军事中心。

此外，牂牁郡的建立和南夷道（夜郎道）的开拓，也使夜郎，及至同师（云南保山）摆脱或削除了经济上对南粤的控制，这也有利于促进今贵州与两广，及与云南保山地区的贸易交通的发展。

（四）蜀汉时期云南与邻近省区关系的加强

公元200年至280年，是我国魏、蜀（蜀汉）、吴三国鼎立的时期。而蜀汉政权的建立，标志着政治上共同从属于蜀汉的云南与四川、贵州等邻近省区的关系，无论在政治、经济、文化，乃至军事等诸多方面，都发展到一个新的时期和得到进一步加强。

（1）诸葛亮南征及其进军的交通路线。

东汉末年，刘备在赤壁之战取得部分荆州后，于公元214年（建安十

---

① 南广县产盐地当在盐津，唐代以后于此置盐泉县、盐井县等，均以盐为称。

② 可参见周春元、张祥光等编的《贵州古代史》，贵州人民出版社1982年版。

③ 可参见本文相关部分。

④ 南昌县，亦有人认为在今云南彝良及贵州赫章等。

⑤ 蜀汉时设江州、永安、汉中、庲降四都督，领重兵镇守四地。庲降都督统领南中越巂、牂牁、益州、朱提四郡。

九年）进入四川，占据成都，并自领益州牧，尽得益州地区，从而控制了今四川、云南、贵州等地。至公元221年称帝，蜀汉政权建立，其统治地区基本上是两汉以来的益州刺史部，包括牂牁、越嶲、益州、永昌等南中四郡。

公元223年（蜀汉建兴元年），刘备伐吴失败病死，南中四郡部分豪强大姓和“夷帅”雍闿、孟获、朱褒、高定元（一作高定）等乘机发动叛乱。公元225年（建兴三年），身居蜀汉丞相的诸葛亮经过积极准备，遂亲自率军南征四郡。

这年春天，南征大军从成都出发，沿岷江而下，至僰道兵分三路：一路由马忠率领，南下经南广，入贵州境，东向进讨牂牁（治且兰，贵定、黄平间）朱褒；一路由李恢率领，经平夷（贵州毕节），“案道”入益州建宁郡[①]，讨伐雍闿、孟获；一路由诸葛亮亲自率领进军越嶲。他自僰道溯马湖江至安上（四川屏山），驻军卑水（四川昭觉），击斩高定元，旋又南下会无（四川会理），“五月渡泸”，即从会无县东向至堂狼（云南巧家、会泽）渡过金沙江，而入“五尺道”南下进征益州，“七虏七赦”[②]孟获。不久，三路大军会合于滇池。秋，南中四郡叛乱遂平定。同年，诸葛亮自滇池班师北上，路经汉阳（贵州威宁一带），于十二月回到成都。

诸葛亮南征基本上是循秦汉以来所开拓的滇蜀、滇黔交通路线，并为他南征发挥了很好的作用。平叛后，南中地区也曾开凿和修整了一些交通道路。如张嶷为越嶲太守时，曾招怀“蛮夷”修复了长期被阻塞的“旄牛道”[③]。又，当蜀汉南征军队进入到南中时，则有牂牁酋帅火济（一作“济火”）“亦率其罗鬼诸部，为汉兵刊山（开山）通道，聚粮供军”[④]。这些也为蜀汉政权的巩固，以及对云南与相邻省区联系的加强都起到了积极作用。

（2）蜀汉政权的巩固与南中地区政治关系、民族关系的稳定和发展。

① 《三国志》卷四十三《蜀书·李恢传》。“案道”，案驿程进军。建宁郡，三国时由益州郡改，治味县（今曲靖）。

② 《华阳国志》卷四《南中志》。

③ 参见本文相关部分内容。

④ 《滇云历年传》卷三引《滇考》。

刘备定蜀，置庲降都督管辖和治理南中诸郡，治南昌（镇雄）；后移治平夷（毕节）。诸葛亮平定南中后，对南中诸郡进行了调整，在原来的基础上把大郡划为小郡，调整为建宁（由益州郡改称）、朱提、兴古、云南、永昌、牂牁、越嶲七郡，均隶属于庲降都督，并移治于味县（曲靖）。这些措施有利于削弱地方豪强势力，有利于中央集权，使蜀汉政府在南中的统治得到巩固和加强。

与此同时，蜀汉政府对南中的治理，极为审慎，注意“夷”汉共处的特点，改善民族关系，采取一系列较为缓和的安抚政策。一方面保留南中少数民族原有政治经济的部落组织，及其原来部落酋长的地位，而又纳入各级郡县组织和庲降都督的管理；另一方面注意选用效忠蜀汉政府，而又有政治、军事方面才能的当地人出任令守等。如被任为建宁太守的李恢，建宁人，史称他在平定南中时“军功居多”①。又如被任为云南太守的吕凯，永昌人，他在平叛中，守土“保境”，不与叛者交通，而“执忠绝域”②。因而，他们在稳定蜀汉的后方和南中地区的开发方面，都起到了积极的作用。同时，蜀汉庲降都督的设置和派任的官员，也极其重视南中地区的特点，对少数民族不轻施武力，镇抚结合，在促进南中地区与蜀汉政权统一关系方面，都有不少建树。如首任庲降都督邓方，他在南中“夷汉敬其威信”③，史书赞他维护统一，“安远强志，允休允烈，轻财果壮，当难不惑，以少御多，殊方保业”④。又如马忠为都督，他“为人宽济有度量”，“处事能断，威恩并立”⑤，而得到南中各族人民“甚垂患爱”⑥的拥护。后期的霍弋为都督，直至入晋仍委其任，都能做到“抚和异俗，为之立法施教，轻重允当，夷晋（犹如夷汉）安之”⑦。与此相联系，蜀汉政府在调整民族关系方面，还起用了南中地区或少数民族的不少上层人物，吸收到中央委以重要官职，进行笼络。如建宁爨习调任为领军将军，

① 《三国志》卷四十三《蜀书·李恢传》。
② 《三国志》卷四十三《蜀书·吕凯传》。
③ 《华阳国志》卷四《南中志》。
④ 《三国志》卷四十五《蜀书·杨戏传》。
⑤ 《三国志》卷四十三《蜀书·马忠传》。
⑥ 《华阳国志》卷四《南中志》。
⑦ 《华阳国志》卷四《南中志》。

朱提孟琰调任为辅汉将军，而降服后的孟获则被调任为御史中丞[①]。此外，诸葛亮还迁移“南中劲卒”青羌万余家到蜀地，编成一支“所当无前”的军队，号曰“飞军”[②]。

这样，经过蜀汉政府一系列措施积极治理，南中的民族关系及其与蜀汉政治上的统一关系都得到了很大的改善和发展，巩固了蜀汉政府在南中地区的统治秩序，出现了史书所谓的“纲纪粗定，夷、汉粗安”[③]的局面。而这种稳定的政治局面，也正是云南与四川、贵州彼此在民族关系和政治关系方面进一步发展的重要反映。

（3）蜀汉政权的巩固与南中社会经济和经济关系的发展。

蜀汉政府在南中的统治及其加强，也进一步打破了云南与四川、贵州彼此闭塞的状态，使南中的社会经济得到进一步的开发和发展，并加强了彼此经济文化上的联系。

蜀汉建立初期，为克服因战乱纷扰“民贫国虚”[④]的处境，就注意到“闭境勤农，育养民物”[⑤]，发展生产。在平定南中地区后，也极其重视南中经济的发展。如诸葛亮曾把内地的先进生产技术和方法，传授给少数民族地区。史载他曾“命人教打牛以代刀耕”，即派人教少数民族人民使用牛耕，以代替以前的刀耕火种，而博得“夷众咸悦”[⑥]。又如蜀汉在调整南中郡县后，以李恢为庲降都督，并移治于味县（曲靖），所在进行屯田，由于成效显著，故为味县人称之“屯下”。同时，他又从永昌郡迁濮民数千落于云南、建宁界，以实二郡[⑦]，从事农业生产。而后，史载云南郡“亦出桐华布”，“土地有稻田畜牧”[⑧]。更为突出的是，随着屯垦和先进生产技术在南中地区的推广，使不少居住在深山密林中的少数民族，“渐去

---

① 领军，为掌中央军队的军事长官之一；辅汉，将军名号，《水经注》云孟琰曾随诸葛亮北伐，为虎步监；御史中丞，为御史台（掌监察）长官。

② 《华阳国志》卷四《南中志》。

③ 《三国志》卷三十五《蜀书·诸葛亮传》注引《汉晋春秋》。

④ 《诸葛亮集·文集》卷二《教》，中华书局1960年版。

⑤ 《三国志》卷四十二《蜀书·杜微传》。

⑥ 《滇云历年传》卷三。刀耕，一作“力耕”，即以人力耕种。

⑦ 今楚雄地区。

⑧ 《华阳国志》卷四《南中志》。

山林，徙居平地，建城邑，务农桑”[①]，而逐步摆脱了过去原始落后的状态。经过这些措施，南中的农业和手工业都得到相应的发展。据史书记载，蜀汉政府还令南中各族人民，“出其金、银、丹、漆、耕牛、战马给军国之用”[②]。这是强加于南中人民的封建剥削，但也一定程度上反映了当日南中地区生产水平较前有所提高，以赋税方式转输到蜀地。

据上所述，诸葛亮在出师北伐时曾说：“今南方已定，兵甲已足。”[③]因而可以说，诸葛亮的北伐举措，正是在蜀汉政府统属下云、贵、川在政治、经济关系发展和巩固的基础上进行的。

此外，在蜀汉政府的统属下，云南与四川、贵州彼此间的商业贸易关系也较以前发展。继秦汉以来，当日内地及巴蜀之人来往于南中者仍很频繁，在这里从事商贸贩运活动的被称为“庲降贾子”[④]。他们不避阻险，足迹布于滇蜀、滇黔古道。在今云南昭通地区出土的遗物中，就有不少汉魏六朝的钱币，中有汉“五铢”、新莽“大泉五十”、“货泉”，以及蜀汉发行的“直百五铢”[⑤] 等。蜀汉的“直百五铢”，在“今黔地（贵州）多有出土”[⑥]。与此相联系，当日万商云集、“贿货山积”的成都市场上，也有云南物产“橦华布”和“桄榔面”[⑦] 等，这些当是“庲降贾子”们在密切南中经济关系所作努力的反映了。

（五）云南与周边国家的关系发展

这一时期，由于秦汉王朝对西南少数民族地区的积极经略，特别是汉通南中后设置郡县及相邻省区关系的发展，也促使了云南与境外周边东南亚国家和印度，乃至西方某些国家的交通及其关系的发展。

（1）永昌郡与掸国（缅甸）等周边国家的关系。

---

① 《诸葛亮集·故事》卷二《遗事》。

② 《华阳国志》卷四《南中志》。

③ 《三国志》卷三十五《蜀书·葛亮传》。

④ 《华阳国志》卷四《南中志》。

⑤ 可参见方国瑜《云南史料目录概说》第二册卷六《汉晋时期文物》，中华书局1984年版。

⑥ 《贵州古代史》第五章，贵州人民出版社1982年版。

⑦ 左思：《蜀都赋》；《水经注》卷三十七《叶榆水》；《文选》李善注。

地处云南西南的永昌郡，与掸国（缅甸）接壤，山水相连，有着互相往来的天然通道，为蜀地商贾“奸（一作‘间’）出物者”①而通身毒（印度）的必经之地。在当时，为人们开辟的经由今缅甸至其他海外国家的通道主要有两条：一条是出永昌郡经今缅甸北部，从伊洛瓦底江上游，越钦（一作“亲”）敦江和那加山脉抵印度、“盘越国”②等地，然后再通大夏（阿富汗）和航海通安息（伊朗）、大秦（罗马）等。张骞出使西域，在大夏市场上所见到的中国“邛竹杖”和“蜀布”，便是由这一通道输出去的。当日印度商贾大致也是沿此道陆行进入云南永昌地区进行贸易的③。再一条是由永昌郡经缅甸南部，沿伊洛瓦底江下游出海，从海上通往印度、大秦等地。东汉时，印度商贾亦多由海道经缅甸入市于永昌。此外，永昌地区与交趾（越南）也有交通联系。

永昌地区是我国西南的重要门户，它与周边地区和国家的交通发展，促进了彼此之间的友好往来和经济文化交流。据史书记载，当时掸国国王雍由调曾三次派遣使者到东汉洛阳，与中国通好，彼此交换了珍贵礼物，表达了彼此的深厚友谊。其中，在汉安帝永宁元年（129年）掸国第二次派使者来中国通好时，还带来乐队和魔术演员（“幻人”），在洛阳宫廷中作了精彩表演。魔术表演者，“能变化吐火，自支（肢）解，易牛马头。又善跳丸，数乃至千”。表演者自称是“海西”人。“海西”即大秦，其“俗多奇幻”④。当时“掸国西南通大秦”⑤，大秦和身毒、中国的海上贸易也很频繁。据此，大秦魔术演员可能是先经印度而到掸国卖艺为生，后又为掸国使者带入中国的。而大秦艺人的表演，当对我国古代杂技艺术是有很大影响的。

当日的印度是中国最早发生贸易关系的国家之一，所谓中国古代丝绸

---

① 《史记》卷一百二十三《大宛列传》。

② 《三国志》卷三十《魏书·乌丸鲜卑东夷列传》注引《魏略·西戎传》：“盘越国，一名汉越王，在天竺东南数千里，与益州相近，其人小与中国人等，蜀人贾似至焉。”又《后汉书》卷八十八《西域传》云：“天竺国，一名身毒……东至盘越国，皆身毒之地。”

③ 任乃强：《蜀布、邛竹杖入大夏考》，载《华阳国志校补图注》，上海古籍出版社1987年版。

④ 《三国志》卷三十《魏书·乌丸鲜卑东夷列传》注引《魏略·西戎传》。

⑤ 《后汉书》卷八十六《西南夷列传》。

之路“蜀身毒道”便是由这一中印贸易交通关系而得名的。秦汉期间，中国西南出产的用苎麻纺织的“蜀布”，曾由蜀人经印度商贾转运贩至大夏，并由于这种贸易关系和印度商贾经营日久，使得知其生产和制造技术，将苎麻引种到印度，故直至而今印度仍称它为“中国草”。同样，印度物产（如“罽旄”）也曾通过贸易关系输出至中国。又据四川学者研究，西汉时印度原始佛教也经缅甸传至南中流行并远达至川北地区，信奉者主要为僰族（賨、濮）与氐叟，亦有汉民，三国时蜀汉官员霍弋即其信奉者，并熟悉其“参毗之礼”①。

（2）益州郡南部与越南等周边国家的关系。

云南东南部、南部地区，在汉代主要隶属于益州郡，至蜀汉诸葛亮南征后调整郡县，从益州郡和牂牁郡划出部分县，新设置了兴古郡，辖县十一②。郡治初设于句町（云南广南），后移治于宛温（云南砚山北）。由这里通向郡外及海外国家联系的交通，主要有如下两条：

一条是在其东南与今两广和海外国家的交通联系。益州郡境内东南（蜀汉时为兴古郡），边临牂牁郡（蜀汉时统属于贵州）和交州的郁林郡（广西），地处今南盘江以南。自滇池或味县东南行，渡南盘江，经句町，至今云南富宁剥隘，行船右江，东南航，可通今广西南宁，再通广东广州。句町在汉初原为一部落大国，汉武帝时开其地为县（时隶于牂牁郡），故早与中原通③。这里是右江之源④，地势开阔平展，气候温和，故在农业方面当也得到较早的开发。这些都有利于当日商旅通道的兴起和发展。又，源出于味县（曲靖）的南盘江，从兴古郡出境，与北盘江（牂牁江）合流为红水河，东南流与郁江汇合而下，即达广州。史称：“牂牁江，江广数百里，出番禺（广州）城下。”⑤ 这就是汉唐蒙所发现的蜀枸酱经牂牁江贩入番禺的通道。在汉代，番禺便是通向东南亚各国海上交通（南海

① 任乃强校注：《华阳国志校补图注》，上海古籍出版社 1987 年版。

② 十一县：属原益州郡的有贲古、胜休、毋掇、律高四县；属原牂牁郡的有宛温、镡封、句町、漏卧、进桑、四随六县；另新置了汉兴县。

③ 《汉书》卷九十五《西南夷列传》。

④ 《汉书》卷二十八《地理志上》：“文象水东至增食入郁。”按：文象水即今剥隘之右江；增食即今南宁西北之隆安；郁，即郁水，今右江。

⑤ 《汉书》卷九十五《西南夷列传》。

道）的重要都会，为一方物资集散之地，国内商贾多往之求富，与海外的贸易关系频繁，史称其地“多异物”。当日与海外往来，船舶自合浦郡徐闻县（广东徐闻北）出发，船行五月可到都元国（在马来西亚）；又船行四月可到邑卢没国（在缅甸境内）；又船行二十余日可到湛离国（在缅甸境内），由此步行十余日可到夫甘都卢国（缅甸蒲甘城）；又由此船行二月余可到黄支国（印度建志补罗）。返航时还可到南边的已不程国（斯里兰卡），再经皮宗（在马来半岛）和日南、象林（均在越南）回番禺[①]。上述南海道航程虽未有与云南直接发生关系的记载，但其航线尤其是船泊港口，与云南的关系还是密切的。例如其船泊于湛离后，再步行至夫甘都卢（蒲甘城）这一口岸，正位于缅甸伊洛瓦底江河畔，为古代中、缅水上的交通要冲，在汉代同是中国巴蜀商贾和印度商贾出入云南永昌地区贸易之要地[②]。又如返航中所经过的日南、象林两地，均在今越南，在汉代隶于交州（由交趾改称）。

另一条是在其南部与交趾的交通联系。这里是古代云南的主要矿产区，汉武帝通南中后设置了益州郡，其所属的律高县（弥勒南部）“西石空山出锡，东南有盢町山出银、铅”[③]；又，其所属的贲古县（蒙自、个旧）“北采山出锡，西羊山出银、铝，南乌山出锡”[④]。这些矿藏在汉代已得到开发，其中贲古锡矿丰富，为古今誉为“锡都”。这里是从蜀地，或从滇池通往交州交趾郡（越南河内）的孔道，故与中原和云南腹地（滇池地区）早有交通联系。当日，由滇池南行，经今通海至元江，再达交趾。而在通海、元江一带的居民，则仰食于连然（安宁）井盐，史称连然县盐业发达，为“南中共仰”[⑤]。由此可见，当日来往于此道的商贾当是不绝于途。

由于这里与交趾彼此接壤，又有仆水流贯其间，故两地也以仆水为主要交通。仆水，有麋水等称，其上游为今云南元江，下游为今越南红河。

① 《汉书》卷二十八《地理志上》。
② 方国瑜：《中国西南历史地理考释》第二篇“专题”。
③ 《汉书》卷二十八《地理志》上。
④ 《汉书》卷二十八《地理志》上。
⑤ 《华阳国志》卷四《南中志》。

其傍水近处，有贲古、西随（屏边、金平）、进桑（又名进乘，今河口）、麊泠（今越南河内西北）等县。这条通道，自边关进桑水行可至西随，陆行至贲古；自西随顺流而下至交趾，“崇山接险，水路三千里”。这段交通，早在汉代已为兵家及滇蜀商贾所认识和利用。史载东汉马援曾上书说：“从麊泠（今越南河内）出贲古，击益州，臣所将越骆万余人……愚以行兵此道最便，盖承借水利，用为神速也。”又说：“从麊泠水道（即溯今红河而上）出进桑王国，至益州贲古县，转输通利，盖兵车资运所由矣。”① 这里“水陆并通”②，魏晋之际中原丧乱，不少人民南迁者“皆走交州，以避其难”③，或再由交州转入南中和巴蜀。此外，这里也与海外大秦国通，史载：“大秦道既从海北陆通（西域陆上交通，即西域丝绸之路），又循海而南（南海海上交通），与交趾七郡外夷比，又有水道通益州、永昌。”④

综上所述，这里自汉武帝开置郡县至蜀汉诸葛亮南征后新置兴古郡，以及交通的开拓，说明：滇蜀通道和滇蜀商旅的活动，若以滇池为中心，南下可深入到边地兴古郡各地“转输通利”，加强了边郡与内地的经济联系；兴古郡与交趾郡“水陆并通”，位于其间的贲古县既是当日锡矿等重要产地，也是当日云南南部物资集散的一方重镇，内连滇池，外连海外；兴古郡通两广，又通交趾，而在这时西方的大秦经由印度通商于南海番禺、交趾的海上贸易也日益频繁。因而凡此种种，兴古郡的建立及其社会经济，不仅是在这种地理环境和处于这种贸易交通的基础上发展起来的，同时也有利于云南与交趾等海外国家贸易交通的联系。

① 《水经注》卷三十七《叶榆水》。

② 《晋书》卷五十七《陶璜传》。

③ 《三国志》卷三十八《蜀书·许靖传》。

④ 《三国志》卷三十《魏书·乌丸鲜卑东夷列传》。“七郡”，即汉武帝置交趾刺史部，辖南海、郁林、苍梧、合浦、交趾、九真、日南七郡。

三、两晋南北朝时期云南内外交通的隔阻

西晋王朝（265～316年）建立初期，以益州（治成都）地广，遂于泰始七年（221年）把原来隶属于益州的建宁、兴古、云南、永昌四郡划分出来，别置宁州，治味县（今曲靖）。尔后，罢而复置，所领四郡增至八郡（朱提、越嶲、牂牁、益州）①。在此基础上，至南北朝宁州所领的郡县亦有所分合、增损，但云南所属的郡县大致仍沿袭秦汉以来的地域。

秦汉（含蜀汉）时期，曾是云南社会经济发展兴盛的重要阶段，云南以滇池为中心的境内外交通已基本得到开拓和形成。因而，它曾是云南社会经济发展的一个重要因素，在带动南中郡县设置、疏通汉民入滇屯垦，以及密切中原地区和相邻省区联系等方面，都起到难以估量的积极作用。但入晋以后，由于战乱纷扰，郡县破坏，致使云南初具规模的内外交通，不能继续得到完善和建设，终南北朝世全面陷于梗塞阻闭，并成为云南社会经济和周边地区关系发展迟缓的重要原因。

（一）滇蜀、滇黔交通的阻闭

云南与四川、贵州的关系，是由秦汉以来所疏通、开拓的“灵关道”、“五尺道”和“南夷道”（“夜郎道”）等来维系的。而肇于晋惠帝世（290～306年），云南与境内外的交通联系便遭到破坏。即在当日发生了建宁、朱提大姓和“夷帅”的反叛，“众数万”②。后来其反叛蔓及全州，尤以建宁（味县）、晋宁（滇池）和朱提（昭通）等郡为甚。这些地区，正是云南与四川、贵州主要交通的必经要冲，所以遭到破坏也首受其害。史称，为战乱所迫，当日“晋民（汉人）或入交州，或入永昌、牂牁，半亦为夷所困”③。时值永兴（304年）至光熙年间（304～306年），南夷校

① 《晋书》卷十四《地理志上》。按：置宁州后，设南夷府统辖，长官为校尉。晋时先后以天水李毅、永昌吕祥、广汉李毅为“南夷校尉”（其性质与庲降都督同）。

② 《华阳国志》卷四《南中志》。

③ 《华阳国志》卷四《南中志》。

尉李毅在平叛中病重（后逝世），其子钊在京任职，“自表赴难”，由洛阳出发，行至牂牁也因路塞不通，为“夷断道，不得进”[①]，只好改经交州，首尾三年，才到达宁州。又新调广汉太守魏兴王逊为南夷校尉、宁州刺史，自永嘉元年（307 年）受任，由蜀入滇，也经前后四年才到达宁州。当日仍循汉制，每州每年举秀才一人，因宁州战乱，致使这一年一度的察举秀才，也只能“遥举”[②] 进行。东晋以后，这里与内地的隔绝，更为严重。如晋安帝时，桓玄用事，改元频繁，仅在四年内就有年号隆安、元兴、大亨、义熙等。但其大亨年号颁行不足一年，而在此时，云南大姓爨氏称雄，有爨宝子任建宁太守，死后立碑，碑文则署纪“大亨四年立”[③]。由此也可见，由于交通阻塞，信息不通，连官吏们对晋中央王朝的年号都不够清楚。再者，东晋南朝时期，蜀地易主频繁，由蜀入滇诸道，更是道塞不通。

滇蜀、滇黔交通的阻闭，原先为云南经济开发所提供的良好关系和外部环境，也随之削弱和丧失。

（二）滇西边境内外交通的阻闭

这里地属云南、永昌二郡，有“灵关道”和“永昌道”在这里相接，并横贯其境。秦汉以来，汉民入滇垦殖，或内地和巴蜀有难，民人避乱南下者，亦多走云南、永昌二郡。东汉时，掸国（缅甸）国王曾三次遣使与汉通好，亦经永昌道径至洛阳。所有这些，对云南经济的开发都曾起到过积极作用。

可是，入晋以后形势使然，晋惠帝时云南东部建宁等郡大姓叛乱宁日，又值益州易主频繁[④]，因而由滇西（永昌郡）北上入蜀诸道，也为战乱所断。另一方面，永昌郡又是多事之郡，由于晋在宁州的暴虐统治，也引起边郡各族人民的不断反抗，而且愈演愈烈。如史称永康末年（300年），吕祥子为永昌太守，则“值南夷作乱，闽濮反”。闽濮，即濮人，为

① 《华阳国志》卷十一《后贤传》。

② 《华阳国志》卷四《南中志》。

③ 《爨宝子碑》，现存于云南曲靖一中。

④ 此时的益州（治成都），先后为西晋、成汉（333～347 年）、东晋、北魏等所有。

永昌地区的主要居民。这次濮人的反抗，规模不小，迫使郡治南迁于永寿（耿马），“去故郡千里”，造成了永昌郡长期“与州隔绝”[①]。迨至南朝，闽濮的反抗继续不断。据史记载，刘宋元嘉年间（424～453年），“州土扰乱，东西二境，凶竖狼暴，缅戎寇场”[②]。缅戎，亦即闽濮。因而，由于战乱，永昌“与州隔绝”，造成《宋书·州郡志》所撰“宁州”条，不载永昌郡。及至《南齐书·州郡志》“宁州”条，虽载有永昌郡，但又说：其郡“有名无民，曰空荒不立”。就是说，由于战乱，这里的郡县沿革已遭到破坏，或是说这里的郡县设置徒有其名。这样，永昌昔日与海外贸易往来也受到阻闭，限制了永昌地区的经济发展，一改过去的繁荣景象，回到传统守土的状态。

（三）滇东南和滇南边境交通的阻闭

这里为蜀汉时期的兴古郡地区[③]，在其东南与今两广、在其南部与今越南都有交通联系，而且水陆通向开阔，舟楫方便。然而，入晋以后南中叛乱迭起，兴古郡不仅难逃劫数，而且建宁郡也是个严重的动乱地区。如在晋怀帝世（307～312年）王逊为宁州刺史、南夷校尉时，爆发了全州大乱[④]。当日在宁州东南地区，先后有梁水太守爨量、董懂与益州（建宁）太守李逊等，“保兴古盘南以叛”[⑤]，控制了兴古、盘南（西平郡）等地叛晋，同时与蜀地李成政权[⑥]相通。再就是这里的郡县设置也被破坏得有名无实。如王逊统治时曾企图以分割大姓势力为目的，把大郡划为小郡，兴古郡也被一分为三[⑦]。李成政权得有南中后，又分宁州为宁州、交

① 《华阳国志》卷四《南中志》。

② 《爨龙颜碑》，现存于云南陆良县贞元堡小学。

③ 晋代又分置为梁水郡（在今红河州）、兴古郡（在今文山州）、西平郡（在今广西右江上游）等。

④ 可参见拙作《两晋南北朝时期云南内外交通的阻闭及其社会经济发展的局限》，载《史学论丛》第五辑，云南大学出版社1992年版。

⑤ 《华阳国志》卷四《南中志》。

⑥ 西晋末年四川李特起义，304年其子李雄称成都王，后称帝，国号成，都成都。后又改国号为汉，史称成汉。

⑦ 见前注。

州（按：此以兴古等地为交州，与含有两广的交州名同实异），分别由大姓霍氏、爨氏分任二州刺史，最后由此演成大姓争雄到爨氏独霸。与此同时，与兴古郡接壤的牂牁郡，亦为汉晋以来的大姓谢氏所据，犹爨氏在云南之自雄。至是兴古郡地区的内外交通也受到阻塞。

据上所述，由于入晋以后云南境内外交通全面梗塞，也带来连锁反应，即带来外部条件或外部环境的变化：一方面使云南失去了原先滇、蜀、黔三地共为一个“南中经济”区域，彼此在经济文化各方面相互促进的良好环境。其中，尤以云南与巴蜀的隔绝，各方面的联系中断，更是影响了云南经济的发展。其间，滇蜀之间经济发展水平的距离也在扩大。如巴蜀地区遭到战乱骚扰，蜀贾南行虽受阻，但可转移“东下荆州”[①]，荆楚地区商贾亦多至巴蜀，从而加强了与长江中下游地区的经济联系。史称南朝刘宋时，“远方商人多至蜀土资货”[②]。而云南边关闭锁，四出无门，有的只是与封建朝廷所谓的命官以“遥授”、“遥领”，以及对王朝“遥奉”正朔这种微弱而徒具形式的政治关系。另一方面使云南失却了原先与海外异域贸易交往的条件。这一时期，自孙吴以来，南海商运得到很大发展，西亚和南海诸国与中国的往来日益增多。史称刘宋、萧齐时来往于中国者“有十余国，始为之传”，而到萧梁时期“其航海岁至，逾于前代”[③]。又称当日大秦（东罗马帝国）、天竺（印度）商船，“特艰斯路，而商货所资，或出交部，泛海陵波，因风远至”，“故舟舶继路”[④]。而云南在此时期，由于南中祸乱相扰，交通破坏，自掸国（缅甸）入永昌，或自交趾（越南）入兴古、益州的对外商道，则难以维持和继续。因而，巴蜀或荆楚商贾必就舟行、陆行之便，求富逐利，也多转移取道或来往于南海（广东）地区了。交往对生产力发展起到重大作用的，马克思、恩格斯在《德意志意识形态》一书中说：“某一个地方创造出来的生产力，特别是发明，在往后发展中是否失传，取决于交往扩展的情况。”[⑤] 从中可以得

① 《资治通鉴》卷八十五《晋纪》七，惠帝太安二年。
② 《宋书》卷四《刘粹传》。
③ 《梁书》卷五十四《诸夷传·南海诸国序》。
④ 《宋书》卷九十七《夷蛮传》“史臣曰”。
⑤ 马克思、恩格斯：《德意志意识形态》，人民出版社1964年版，第51页。

到启示，这一时期云南内外交通阻闭，内外缺乏交流，这不能不阻滞云南社会经济的继续发展。随着隋唐统一，云南内外交通以及与相邻省区的关系和社会经济又走向它的新发展。

（原载《治史心裁——罗秉英文集》，云南大学出版社2005年版）

汉魏时期云南社会经济兴盛述论

汉通南中至魏晋之际，云南社会经济的发展，曾是历史上的繁荣时期。那时，由于滇蜀、滇黔贸易交通的开拓和封建王朝在云南的设治，以及南中地方官吏的积极经营，云南的农业、手工业、商业等各方面都有很大程度的发展。本文仅就这些情况，谈谈自己的看法，不妥之处，冀求教正。

一、滇蜀、滇黔贸易交通的开拓与云南的设治

这是当时云南社会经济兴盛的一个重要表现。其间，贸易交通的开拓和延伸，在当时的经济发展中却又起到先导的重要作用。汉晋时期，云南以滇池（今晋宁）为中心通往四境的交通已基本形成。在它的东北朱提（今昭通）地区，有通往巴蜀（今四川）、牂牁（今贵州）的五尺道和南夷道，以此联系中原和荆楚各地。在它的南部兴古郡（今滇南）地区，一可沿今右江通往两广；一可沿今元江（其下游称红河）通往交趾（在今越南），“水陆并通”①。在它的西北、西南之云南郡和永昌郡，更有贯通今四川腹地成都径至云南边陲的“蜀身毒道”。这条“蜀身毒道”，在国内由灵关道和博南山道组成。灵关道由成都南行，经越嶲（今四川西昌）、会无（今四川会理），渡泸（今金沙江）至青蛉（今大姚）、弄栋（今姚安），由此折西，抵叶榆（今大理），接博南山道；折东即达滇池，而联络

① 《晋书》卷五十七《陶璜传》。

滇东北、滇东南。这样，滇池又可通过成都北上，与关中发生联系。博南山道（亦称永昌道），则从叶榆西行，横穿永昌郡（今保山市等），便可出掸国（今缅甸），以通身毒（今印度）、大夏（今阿富汗）、大秦（今罗马）等海外国家。此外，永昌地区与交趾，同师（今保山、云龙间）与夜郎（今贵州安顺）乃至南粤（今两广）等，都有贸易交通。可见，当时云南境内外已有较为完整的交通联系，这种联系，既密切了云南与中原内地的往来，推动云南与中原经济文化联结为一体，同时也密切了与海外的关系，有助于云南商品经济的发展。

交通的开拓，在经济发展中起到先导的作用，因其本身是与商业贸易联系在一起的。就滇蜀、滇黔的相互交通来说，当是出于早先民间或各民族间（各少数民族之间，或少数民族与汉族之间）的迁徙，和相与交换，尔后遂为商贾逐利形成大大小小的贸易通道，诚如史书所说："逐利之民"，不仅"蓄积余赢以稽市场，痛腾跃"①，而且无隙不入，"以货赂自行，取重于乡里"②，乃至更远更险的地方。如近在秦汉之际，封建王朝还未知晓的云南边地"滇越"（今腾冲），而早有"蜀贾奸出物者或至"于此③，深入到滇越与身毒几千里间，追逐蜀布织物之利。甚至，为了逐利求富，他们还千方百计躲避官方检查。如汉初以蜀郡为关，关闭封锁滇蜀的贸易交通，巴蜀之民仍是冒险"窃出"南中，"取其筰马、僰僮、旄牛"④。所有这些，说明滇蜀、滇黔之间，民间早有交通往来，后来封建王朝便是在此基础上开拓的。从这一点说，后来秦汉王朝对南中的经营，先前的民间交往在其经济开发中，当是起到先导的作用。但民间贸易通道的开辟，说到底，又是农工商业兴起和发展的必然，因而秦汉（尤其是汉代）积极经营南中，贸易交通才又获得更为全面的开拓，更为有效地促进了云南经济的开发和发展。从这一点说，贸易交通与经济发展又是互为因果、互为作用的。

贸易交通的开拓，在云南经济发展中占有其先导的特殊地位，还表现

---

① 《汉书》卷二十四《食货志》。

② 《汉书》卷九十一《货殖列传》。

③ 《史记》卷一百二十三《大宛列传》。

④ 《汉书》卷九十五《西南夷列传》。

为直接带动当时云南的郡县设置。

一如犍为郡（括蜀汉时的朱提郡）、牂牁郡的设置，便是以开“夜郎道”为发端的。汉武帝时，曾遣唐蒙劝说南粤（今两广）内属，唐蒙在番禺（今广州）吃到蜀产枸酱，得知是由蜀地商贾“窃出”贩至夜郎，再从夜郎的牂牁江（今北盘江）贩至番禺。于是，他向汉武帝建议并得到同意，以打通和利用由蜀至夜郎的道路，再浮船牂牁江南下，出奇兵以制服南粤。唐蒙领兵进入夜郎，用缯帛赠给夜郎侯等，“喻以威德，约为置吏”①。唐蒙通夜郎后，为加强对这一带地区的管理，即在今滇、川、黔三省交会之地设置了犍为郡，辖县十一，中有南广、朱提、堂狼等五县在今云南境内（今昭通市）。唐蒙又发巴蜀士卒，修筑了从僰道（今四川宜宾）至牂牁江的道路，沿途设置了邮驿。这条道路，史称“夜郎道”（亦称“南夷道”）。后来，西汉进讨南粤，遣使驰义侯利用犍为发南夷兵，一同出击，但有且兰部落首领兰头，率众反叛，杀汉使和犍为太守。汉发兵镇压了叛乱，并以兰头“常隔滇道”，即以经常破坏阻隔至滇的交通之罪名，予以诛斩。于是当年便在其地设置了牂牁郡，辖县十七，中有谈稿（今富源）、漏江（今泸西）、句町（今广南）等七县在今云南境内。从上述可见，犍为郡和牂牁郡的设置，都是与滇蜀、滇黔通道的开拓有着直接联系的。这种联系，用司马迁、班固的话说，即：“南夷之端，是枸酱番禺”，“发于唐蒙”②。

又如，在古“滇国”地益州郡的设置，更是发端于贸易交通，即为了打通蜀至身毒、大夏的道路，如史书所说：“汉以求大夏道，始通滇国。”③ 这是汉通西域后，张骞在大夏见到西南物产“蜀布”和“邛竹杖”，系由蜀地商贾贩至身毒而又转输到大夏的；并了解到打通从蜀地通往身毒的道路，还可以发展汉与西域诸国的关系，以牵制匈奴。当时，汉武帝得到张骞的这一建议，即先后派遣使者四出，谋寻这条“蜀身毒道”。尔后，几经波折，直至西汉“以兵临滇”，滇王投降，才“请置吏入朝”。这样，汉就在滇王统治地区设置了益州郡，辖县二十四，均在今云南境

① 《史记》卷一百一十六《西南夷列传》。

② 分别见《汉书·西南夷列传》、《史记·西南夷列传》。

③ 《史记》卷一百二十三《大宛列传》。

内，郡治设于滇池县（今晋宁）。可见，益州郡的设置也与滇蜀交通的开拓，有着不可分割的关系。从此，益州郡社会经济的开发走向了新的阶段。

再如，在古“哀牢国”地永昌郡的设置，与益州郡一样，同是出于谋寻“蜀身毒道”。当汉通滇国置益州郡时，虽未打通“蜀身毒道”，但了解到益州郡西“千余里有乘象国，名曰滇越（今腾冲）”①，为蜀贾贩运蜀布经常出没的地方。汉便深入其地进行积极开发，并开凿了通往其地的“博南山道”②。随后在这一地区设置了不韦（今保山）、叶榆（今大理）、云南（今祥云）等六县，隶属于益州郡“西部属国”。至东汉明帝时期，又在其地设置了哀牢（今腾冲）、博南（今永平）二县，并把原有不韦等六县划出，合归为一，设置了永昌郡，辖县八，均在今云南滇西一带地区。

总之，南中先后出现的越巂、犍为、益州、永昌等郡（均隶属于益州刺史部），都是随着汉通南中，以及五尺道、南夷道、灵关道和博南山道等主要贸易交通的开拓而设置的。这一结合，则推动了今云南境地纳入统一国家的进程，在郡县的统辖下，成为统一的多民族国家的重要组成部分。从此，云南的闭塞、落后的状态有了较大的改变，滇蜀、滇黔贸易交通和社会经济也得到进一步的开拓和发展，而走向它的繁荣时期。

二、云南郡县设置和地方官吏对云南的开发

云南郡县的设置，也是云南社会经济兴盛的一个重要表现，同是其经济兴盛的一个重要原因。郡县设置是封建王朝地方行政区划和实现中央对地方进行行政管理的方法。从行政区划来说，它是过去所谓国、邑和乡、党、聚、遂等发展而来的，如《史记·商君列传》所说：“集小乡邑聚为县，置令、丞。”县上设郡。这些区划，原是按照天然地域，以域内户口

① 《史记》卷一百二十三《大宛列传》。
② 《华阳国志》卷四《南中志》。

繁衍、土地垦辟、交通开拓等因素，以及政治或军事上的需要而形成的。按秦汉制度，“县大率方百里，其民稠则减，稀则旷，乡、亭亦如之”①。郡县的大小长官，都以如下的共同职责进行分工，即“皆掌治民，进贤劝功，决讼检奸”，“劝民农桑，振救乏绝”，以及“知民贫富，为赋多少”，而“主民收赋税”② 等等。也就是说，郡县的设置和行政区划的大小，以及日后或增或省的调整，都在一定程度上反映该地区的经济开发程度和发展水平。郡县设置本身就是当日社会政治和经济发展的产物，反过来，又起到促进该地区经济开发的作用。在云南广开郡县后，其作用也是极其明显的：

其一，云南开置郡县后，境内的主要交通不仅得到继续拓展，而且那时的官府还重视道路的畅通和交通设施，如置邮亭、凿崖架桥和拆除边地关卡等等。“西南夷”地区的邮亭，远在秦时就有了设置，《史记》云：自成都南行的灵关道上，有“严道邛邮”，注云：“严道（四川雅安）有邛莱山，有邮置，故曰‘严道邛邮’也。”③ 秦汉之际，大抵由于战乱，这一带的郡县和交通，都出现了废弃和阻闭的现象。后经汉司马相如奉命出使“西夷”，招抚了这一带的邛、筰、冉駹、斯榆等夷人部落为“内臣”，复置了十余县④和原有的邮亭，并“除边关”，“桥孙水（今安宁河），以通邛都（今四川西昌）”⑤，从而维护和保障了这一滇蜀主要贸易交通。至汉魏之际，“叟夷数反”，这一通道又被阻塞。蜀汉张嶷为越嶲太守，通过“招怀”蛮夷，悉力治郡，又打通了旧道，恢复了“古亭驿”⑥，使当时蜀汉政府与南中的关系得到加强，也促进了滇蜀经济交往的进一步发展。又犍为郡设置后，随即发动凿修了南夷道，次年（前129年）则置邮亭。史称：“自僰道、南广（今云南盐津）有八亭，道通平夷（今贵州毕节）。”⑦ 按秦汉制度，“亭”既是县下的基层行政组织，又可供过往官

① 《汉书》卷十九《百官公卿表》。
② 《后汉书》卷二十八《百官志》（即《续汉书·百官志》）。
③ 《史记》卷一百一十八《淮南衡山王列传》。
④ 见《史记·西南夷列传》，又见《史记》卷一百一十七《司马相如列传》。
⑤ 同上注。
⑥ 《三国志》卷四十三《蜀志·张嶷传》。
⑦ 《华阳国志》卷四《南中志》。

差和“行旅宿舍之馆所”①。在今贵州赫章县境内，曾出土汉代铸有“武阳传舍”字样的铁炉。所谓“传舍”，与亭驿、邮亭、亭传同。铁炉铁器的输入，这对云贵地区生产力的提高，曾又起到重要作用（下述）。可见，当时南中交通在设施和畅通等各方面，在郡县设置后及其管理的加强，都是有所发展的。

其二，南中郡县的设置，有利于封建王朝的经营和开发，如移民垦殖政策在南中的推行等。史称：汉通南中，“乃募豪民田南夷，入粟县官，而内受钱于都内”②；又称：开置益州郡后，“汉乃募、徙死罪及奸豪实之”③。这种迁徙、招募汉族人口入南中屯垦的措施，其社会、经济效益是多方面的：一是汉族移民直接参与云南土地的开发，扩大了耕地面积，汉族先进的生产经验和技术在云南得到进一步的传布和普及，推动了云南农业经济的发展。二是汉族移民在封建王朝的组织下，深入到云南西部边郡，开凿了通往永昌地区的博南山道，沟通了滇蜀贸易的主要交通，以及通往缅甸、印度的海外交通，当时行人为之歌曰：“汉德广，开不宾。渡博南，越兰津。渡兰沧，为他人。”④ 从而活跃了云南与内地和海外的经济文化联系，以及商业贸易往来。三是按当时移民屯垦的规定，为“豪民”所募集的移民屯田，其所产谷物先按价售给所在郡县，以供官用、军用，而后他们回到内地京师府库兑现钱币。因而，这种屯垦实是一种“商屯”，所产谷物实是一种“商品粮”。再者，徙入的所谓“奸豪”，当是巧于经营而又非法致富者，他们以谷物换来的钱币，又不免“以币之变，多积货逐利”⑤，来往于内地与边郡，从事贸易活动。因而，这种“商屯”对于云南早期商品经济的发展，当也起到一种推波助澜的作用。

其三，南中所在官吏，对于地方的开发和经济、政治环境的治理，亦起到应有的积极作用。言及于此，有必要说明一点：由秦开创的中央集权及其推行的郡县制度，实际上经西汉一代才真正得到巩固和发展。当时的

① 《后汉书》卷二十八《百官志》（即《续汉书·百官志》）。
② 《史记》卷三十《平准书》。
③ 《华阳国志》卷四《南中志》。
④ 《华阳国志》卷四《南中志》。
⑤ 《史记》卷三十《平准书》。

地方行政机制及其官吏的职能，都能得到较为充分的发挥，尤其是实际负责地方行政的郡太守。汉宣帝曾说：“百姓所以安其田里而无叹息愁恨之心者，政平讼理也。与我共此者，唯其良二千石（郡守）乎!”① 云南开置郡县，虽晚于中原，但也在汉武帝时期就基本得到普及，下及三国蜀汉王朝都还重视南中的郡县建设，因而其郡县制的积极作用，一般都还能得到正常的发挥，不少地方官吏亦颇有治绩，为南人所重。也就是说，地方官吏的这一积极作用，在促使云南社会经济发展的诸多因素中，更占有重要地位。他们的治绩，主要表现在：

一是在生产和经济环境治理方面，重视兴修水利，发展农业生产，安置屯戍和安定人民生活等。西汉末，文齐为“犍为属国”（蜀汉时为朱提郡）都尉，所在“穿龙池，溉稻田，为民兴利”②；后迁为益州太守，又“造起陂池，开通溉灌，垦田二千余顷（二十万亩）”③，“民咸赖之”④。东汉灵帝时，景毅为益州太守，值丧乱后，“民夷困饿，米一斗千钱，皆离散”。景毅至郡，即行治理，“恩化畅洽”，未经几年，米价降至“一斗八钱”⑤。这些说明，他们对地方经济开发和治理是有成效的。

二是在社会秩序和政治环境治理方面，注意民族地区“夷”汉共处的特点，镇抚结合，抑制汉“夷”豪族豪帅的不法行为，改善民族关系等。如东汉初张翕为越嶲太守，在郡十七年，由于“政化清平，得夷人和”，为“夷人爱慕”，后招引郡外徼“大羊”夷等八种，三万余户，十余万口，“慕义内属”⑥。又如东汉末的董和，他在为县令时以法整顿社会秩序，“防遏逾潜，为之轨制，所在皆移风变善，畏而不犯”，邻近诸县豪强闻之，都惧怕董和的“严法”。后董和迁任益州太守，“具清约如前，与蛮夷从事，务推诚心”，深得“南人爱而信之”⑦。又自蜀汉以来，为加强南中的治理，别置庲降都督（管理少数民族的军政长官，多兼太守），在邓

① 《汉书》卷九十《良吏传》。
② 《华阳国志》卷四《南中志》。
③ 《后汉书》卷八十六《西南夷列传》。
④ 《华阳国志》卷十《先贤士女总赞》。
⑤ 《华阳国志》卷十《先贤士女总赞》。
⑥ 《后汉书》卷八十六《西南夷列传》。
⑦ 《三国志》卷三十九《蜀书·董和传》。

方、李恢、马忠、霍弋等为都督期间，在对少数民族人民不轻施武力、以法立教等方面，都有所建树。史称首任都督邓方“轻财果毅，夷汉敬其威信”①。后期霍弋为都督，直至入晋仍委其任，都能做到“抚和异俗，为之立法施教，轻重允当，夷汉安之”②。所有这些，都有助于民族融合，以及为云南经济发展提供了较为安定的社会秩序和政治环境。

三是在“为政清洁”、廉仁方面，也有突出的表现。东汉明帝时，郑纯为益州“西部属国”都尉，“尚清廉，毫毛不犯”，为“夷汉歌咏”③。后朝廷即委郑纯为永昌太守。他在官十年，又不过重地剥削压迫各族人民，廉洁是从，“化行夷貊”，为其“君长感慕”，因而他与所在哀牢夷相约，岁收其“邑豪”布、盐作为“常赋”，亦得“夷俗安之”④。东汉末，刘庞为牂牁太守，“初乘一马之官，布衣疏食，俭以为教，居郡九年，乘之而还”⑤。此外，吴霸、陈立、张亮则、费诗、马忠等为太守，史载亦“皆著勋烈”⑥。

诚然，南中官吏并不都是有所作为的，诸如为官庸碌者、为官逐富者，乃至奸浊者均有之。这对南中社会当不会起到好的作用，但在汉魏时期，封建朝廷对这些官吏还是有所约束的。如东汉安帝时，由于“郡县赋敛烦数”，激起越嶲、益州、永昌诸夷的反叛，益州刺史遣从事杨竦镇抚后，则“举劾奸、贪长吏”，“侵犯蛮夷者九十人，黄绶六十人”，皆绳之以“减死”⑦ 罪处置。在当时，即使有的官员勤于政务，但对南中治理不得其法者，也有被调离的。如张翼为庲降都督，因持法过严，“不得殊俗和”，不能很好尊重少数民族地区的习俗，朝廷则另派马忠接替其任，而张翼自知要被撤换，亦不以“绌退之故废公家之务”⑧。这些情况，也说

① 《华阳国志》卷四《南中志》。
② 《华阳国志》卷四《南中志》。
③ 《华阳国志》卷四《南中志》。
④ 《后汉书》卷八十六《西南夷列传》。
⑤ 《华阳国志》卷十《先贤士女总赞》。
⑥ 《华阳国志》卷四《南中志》。
⑦ 《华阳国志》卷四《南中志》。按：县丞、尉级的郡县长官为长吏，年俸四百石至二百石的官吏佩黄绶。
⑧ 《华阳国志》卷四《南中志》。

明当时南中郡县的设置及其官吏的积极作用，还是正常的。如果这与入晋以后南中官吏治理的情况，即：或是政治不理，或是理而过猛，而在生产上无有多少问津和建树的情况相较，则大相径庭了。这也就是云南经济入晋以后得不到正常发展，而走向迟缓衰退的一个重要因素了。

三、铁器的输入和云南社会经济的发展

汉魏时期，云南社会经济的开发、发展，其重要一点，首先表现为铁器的输入和冶铁工业在云南境内的兴起，社会生产力提高，逐步改变了过去铜器和铜铁并用状况。这是十分值得重视的。

前有所述，汉魏时期云南社会经济的发展和繁荣，当是汉通南中，滇蜀内外贸易交通开拓，移民垦殖，以及地方官吏积极经营等诸多因素，在这一时期得到自然的优化组合的结果。但还必须注意到：同时又是滇、蜀、黔（西南三省）在这一时期经济、政治、文化的相互联系，日益密切，而互相影响、促进的结果。其中值得注意的有两点：一是滇、蜀、黔同处西南，虽高原、盆地相间，但有着天然通道联系，在民族结构、错杂而居、交往方面，往往不分地界；在生活习俗、经济产物等许多方面，也有共同之处。并在当时的历史条件下，形成一个共同的“整体”：同是一个行政区域（益州刺史部）和经济区域。据考古发掘，约在春秋时期，云南已有独特的青铜文化，并又曾受到中原地区青铜文化的影响，而云南的青铜器也在境外四川、贵州一些地区有所出土①，这又说明滇、蜀、黔很早就有经济文化交往。迨至汉魏以来所谓的“南中地区”，彼此在政治、经济、文化各方面的联系，以及相互影响、互相促进的关系就更密切了。二是虽然如此，但滇、蜀、黔彼此间各方面的发展又是不平衡的。其中巴蜀（今四川、重庆）先进，郡县设置先于南中，经济开发和交通开拓也先于南中，各方面都起到先行的作用。如早在秦统一前后，这里就设置了蜀国（蜀郡）、巴郡，其间还移秦民万家入蜀，开发农、渔、盐、铁生产，

① 参见汪宁生《云南考古》，云南人民出版社 1980 年版。

筑建成都城、郫城和临邛城，设置盐官、铁官和管理市场的市官，发展商业，成都还筑有少城，专门安置商贾。在治水兴利（如都江堰）和凿崖通道（如五尺道）方面，又特有成就。至汉代，其农田产物之富实，获取天下誉称为“天府”①。又巴蜀地区与关中、荆楚的联系也极其密切，巴蜀商贾也很早就活跃其中和滇蜀之间，当时云南与中原文化的联系也主要是通过巴蜀往来。正是这样，巴蜀的先进，为云南经济开发提供了有利的外部条件（按：西晋末南北分裂以后，这些条件逐渐消失），并带动了云南经济的发展。云南铁器的输入和冶铁工业的兴起，便是在滇、蜀、黔共为一个政治、经济区域这一历史条件下出现的。

与上述相联系，我国铁器的生产和使用，在汉代中原和巴蜀地区已得到普及，并向周围和边地拓展，而云南使用的铁器，正是从巴蜀地区输进的。史称西汉时期蜀地多富商，不少富商便以冶铁“行贩卖于滇蜀之间”而致富。如卓氏在临邛，“即铁山鼓铸，运筹策，倾滇蜀之民，富至僮千人，田池射猎之乐，拟于人君”；又程郑氏居临邛，“亦冶铸，贾椎髻之民，富埒卓氏”②。所谓“椎髻”，即西南夷。而在今昭通市汉墓出土的铁器，中有铁锄，刻铸有“蜀郡”或“蜀郡成都”等字样，这当是蜀地产物经由五尺道输进的。又前述，在今贵州赫章县也出土有汉代刻铸“武阳传舍”的铁炉。武阳在今四川彭山，傍岷江，在汉代置有铁官。因而武阳铁炉也当经由岷江，再走五尺道入云南境输进的。铁器的输入，使云南社会生产力的发展起了重大变化：由铜器、铜铁并用时代过渡到铁器时代。据考古资料表明，云南使用铁器大致在西汉中期开始，出土器物多为铜铁合制。至西汉后期，尤其是东汉以后，出土器物多以铁器为主，过去铜铁合制器物渐次消失。又据有关史籍记载，西汉时云南还没有产铁的著录，即没有铁矿的开发，至东汉后的《续汉书·郡国志》、《华阳国志》等的记载，云南滇池、不韦等地都“出铁”了。这就再次说明，东汉时云南不仅跨入了铁器时代，而且在自己的境内开发了产铁冶铸基地。发展到魏晋，建宁郡又设置了专门管理冶铁的“铁官”，反映了当时铁器的普及和

① 《水经注》卷三十七《叶榆水》。按：蜀地称为“天府”，初见于汉末诸葛亮《隆中对》，见《三国志》卷三十五《蜀志·诸葛亮传》。

② 《史记》卷一百二十九《货殖列传》；《汉书》卷九十一《货殖列传》。

社会的需求。这些产铁地区，也是当时云南社会经济最为发达的地区。

其次，铁器的使用和普及，又促进了金属冶矿技术的提高，扩大了矿藏的开采和利用。这也是这一时期云南社会经济发展的一个重要表现。以东汉（或西汉后期，下同）为限，在此以前，云南境内已有金、银、铜、铅、锡等的开采。银产地有朱提、律高（今通海、曲溪）、贲古（今蒙自、个旧）；铜产地有朱提、堂狼（今巧家、会泽、东川）、俞元（今澄江）等；铅锡产地有律高、贲古等。其后，朱提银在王莽时期得到大量开采，用来作为通行全国的法定货币。其银质地精美，与铜钱的比值高于它银的百分之四五十①。东汉以后，铜矿工业有更大发展，朱提、堂狼两地产铜最盛，大批铜器产品远销各地，著称全国。后来陆续出土的朱提堂狼铜洗，被世人视为珍玩收藏。魏晋时，云南冶铜技术发展到一个高峰，朱提已能够生产“白铜”。白铜是铜镍的合金。镍在西方于18世纪后才被发现和用来制作白铜，而云南于3～4世纪已能制作，这在全国和世界上都是一个新的成就和发明创造。据史书记载，当时冶炉也颇具规模，在蒙山（今昭通）“有烧炉四所，高一丈，广一丈五尺”②。后人认为，其冶炉的大小已接近清代云南的冶炉水平了。此外，其他地区的金属矿产也得到进一步的开采，而且除原有产地外，还新开发了双柏（今双柏、易门）银矿和梁水郡振山（今华宁、开远）铜矿等。冶铜等矿产品的增长，促进了云南商品经济的发展。

再者，这一时期云南社会经济的兴盛，还表现在农业生产力的提高，以及各个经济领域和地区经济的全面发展。在农业方面：如朱提地区的“穿龙池，溉稻田”和滇池地区的农田水利开发，能垦田二十万亩，都赖于铁质农具的使用，其规模和成就都是前所未有的。又过去处于游牧地区的叶榆（今大理）等洱海地区的夷人，“随畜迁徙”③，人无定居。自汉通南中和汉族移民入垦后，夷人渐与汉民相习，从事农耕，于是这一带土地出现了“稻田”④。至魏晋时期，夷人则有所谓居于平坝从事生产的“下

① 《汉书》卷二十四《食货志》及颜师古注。
② 《南齐书》卷三十七《刘悛传》。
③ 《后汉书》卷八十六《西南夷列传》。
④ 《华阳国志》卷四《南中志》。

方夷”和仍居山上生活的“上方夷”。其地西南的永昌地区，有“五谷、蚕桑”，农业更为发达。在纺织业方面：永昌地区最为发达。这里从内地输入蚕桑，“知染采文绣”，能织造绵绢、彩帛、文绣等丝织品。又出桐华布，即用木棉（今攀枝花）织成的布。还出产为世人瞩目的兰干细布，“织成文如绫锦”①，精致非常。它是用苎麻织成的细布，即汉代所称之“蜀布”，曾远销印度、阿富汗等地。在盐业方面：连然（今安宁）盐产很早就得到开发，并设有盐官管理。东汉以后，摩沙夷地（在今宁蒗）、姑复（今永胜）与川南的定筰（今盐源）共为盐业重要产区。魏晋时，青蛉（今大姚）、南安（今盐津）都发展为新的盐产地，并都设置了盐官。而这时连然的盐产，则有更大发展，为“南中共仰”②。

还有，在商业和城市方面也有很大发展。滇池地区一直为云南的经济、文化、政治和交通的中心。朱提郡地处五尺道要冲，曾又是庲降都督所在地，在这里从事商贸活动的被称为“庲降贾子”，在今昭通市境内出土不少钱币，如汉代五铢、王莽时的大泉五十、蜀汉时的直百五铢，以及北齐的常平五铢和北周的五行大布等等。这些出土的汉魏南北朝货币，当是这些“贾子”们从事商业活动和朱提地区商业兴盛的反映。又永昌郡地处古“蜀身毒道”的必经要道，中外贸易特别频繁。这里除农副业发达外，又在东汉以后成为云南最早产铁基地之一，同时新开发了其地的金属矿，为当时地产金、银、铜、铁、铅、锡“六金”俱全的经济发展区。这里与缅甸接壤，国内丝绸、蜀布和铁器等物资，由这里输出海外，海外大秦（今罗马）等西方国家的异域珍奇也从这里输入，故魏晋史书说：永昌“出异物”③。这些异物有琉璃、琥珀、光珠，以及珊瑚、轲虫（海贝）、蚌珠、海产品等。这里还居住着掸国（今缅甸）和身毒（今印度）之民，从事商业活动，巴蜀商贾也频繁出没其间，在今腾冲城西亦曾出土汉代五铢钱。据史书记载，由海外输入的殊方异物，又多集中于博南（永平），因而博南可能是魏晋时期国内物资集散的要地。又兴古郡（蜀汉时置）之贲古县，为滇南银、铅、锡产区。这里与交趾郡（越南北部）彼此邮驿、

① 《华阳国志》卷四《南中志》。
② 《华阳国志》卷四《南中志》。
③ 《魏略·西戎传》，见《三国志》卷三十注引。

商旅互通，滇蜀商贾亦深入到这里“转输通利”①。贲古亦为当时中外交通、物资集散的一方重镇。

这样，随着各个地区经济、政治的发展，人口也在增殖。至蜀汉时，则把南中郡县进行调整，晋代又把南中郡县从益州（刺史部）划出，另立宁州，直属中央。这虽然是为了加强封建王朝的统治，但前有所述，郡县设置和行政区划的或增或并，都是与地区经济、交通等相联系的，是地区经济开发程度和经济发展水平的反映。

总之，通过上述可知，汉魏时期云南社会经济的兴盛，是诸多因素在这一时期得到优化组合的结果，同时又是滇、蜀、黔各方面相互联系、促进的结果，这是当时云南经济发展的良好的外部条件。但入晋以后不久，旋即南北分裂，上述诸种因素以及外部条件都起了重大变化，云南社会经济发展遂逐步转入低潮。

（原载《思想战线》1989 年第 4 期）

① 《水经注》卷三十七《叶榆水》。

魏晋时期滇蜀交通与云南经济的发展

自汉通南中至魏晋之际，云南社会经济的发展曾是历史上的一个重要时期，那时，由于滇蜀交通的开拓和封建王朝在云南的设治，以及所在政府的积极经营，云南的社会经济得到不断的开发和发展。其中，当日滇蜀贸易交通的开拓，对云南社会经济的开发和发展，又起着开导的重要作用。

滇蜀之间的相互联系，很早就已发生。魏晋时期的滇蜀贸易交通，主要分布于汉代以来的益州所辖的蜀郡、犍为、越嶲、牂牁、益州、永昌等郡，分属于今云南、四川南部和贵州西北部。其主要通道，则地处长江上游金沙江、雅砻江和岷江等流域。蜀汉诸葛亮南征后，对上述郡县进行了调整，改益州郡为建宁郡，又新置了云南、兴古二郡。合而计之，则有朱提、越嶲、牂牁、永昌、建宁、云南、兴古等所谓“南中七郡”。其中，朱提、建宁、兴古、云南、永昌五郡，除个别县外，均在今云南境内。这里便着重分别介绍在今云南的五郡地区的滇蜀贸易交通与云南社会经济的发展状况。

一、五尺道与朱提郡经济

朱提郡是于建安二十年（215 年）刘备入蜀后，在犍为郡南部之“犍为属国”的基础上改置的。辖县五（朱提、堂狼、南广、南昌、汉阳），主要在今云南东北，即今昭通市一带，并括有贵州西北部的汉阳（威宁、水城）。郡治设于朱提县（昭通）。朱提郡傍依长江上游，为今滇、川、黔三省边地所会。这里是秦汉以来，自中原或荆楚经由巴蜀径直入滇的要冲，为著名的“五尺道”、“南夷道”的交通枢纽。所以，这里的交通开拓和郡县设置在云南都是较早的，与巴蜀的联系也较密切，郡内经济文化的发展水平，在当时的云南也是较高的。

“五尺道”地跨犍为、朱提、建宁三郡，自僰道（犍为郡治，今四川宜宾）南下入朱提郡，迄于建宁郡郡治味县（今云南曲靖）。史称僰道至朱提这段步道，来往于此之“三蜀①之人及南中诸郡，以为至险”②。自僰道至朱提，既有步道，又有水道。水道有黑水、羊官水可航舟，但也“至险难行”③。黑水即符黑水，今南广河，源出云南威信东北汾关山，北流至宜宾注入长江；羊官水即今横江，源于贵州威宁县西，亦向北流经今云南彝良、盐津，至宜宾入江。据此水道，即自宜宾溯南广河而上，然后再起陆步行，又入横江至昭通。“五尺道”为秦时所开，汉通南中时又派唐蒙加以修整拓展。与此同时，唐蒙又“发巴蜀卒治道，自僰道指牂牁江”④，开辟了“南夷道”，即从今宜宾至北盘江，并在沿途设置了驿站。这便是蜀地商贾贩运蜀地特产“蒟酱”到夜郎，再从夜郎的牂牁江贩到番禺（广州）的通道。

此外，朱提郡“五尺道”又与另一滇蜀主要交通“灵关道”（下述）相通。首先，可由蜀郡成都（灵关道之起点）经岷江航至僰道，而达朱提。其次，也可由成都经汉嘉（四川雅安），沿青衣水至南安（四川乐山）入岷江至僰道，而达朱提。南齐时，由朱提入蜀铸钱，便经由此道往返⑤。再次，“诸葛亮南征，自安上（四川屏山）由水路入越巂（四川西昌），军卑水（四川昭觉），五月渡泸（金沙江），进征益州。”⑥ 按，“自安上由水路入越巂”，当是自僰道（宾宜）溯马湖江（金沙江）至安上，然后进入“灵关道”之越巂。“五尺道”与“灵关道”的这种横向相通，

① 三蜀：指益州之蜀、广汉、犍为三郡，原为古蜀国及秦蜀郡之地，故称。
② 《水经注》卷三十六《若水》。
③ 《华阳国志》卷四《南中志》。
④ 《史记》卷一百一十六《西南夷列传》。
⑤ 《南齐书》卷三十七《刘悛传》。
⑥ 《华阳国志》卷四《南中志》。

还可从“灵关道”上的会无县（越嶲郡属，四川会理）通向“五尺道”上的堂狼县（朱提郡属，云南巧家、会泽）。史称：“会无县路通宁州（即云南）①，渡泸得堂狼县。”这一通路及其渡泸处，即从会无县东向至金沙江左，摆渡抵堂狼而入“五尺道”，南下即达味县。有议者认为，这正是诸葛亮进入越嶲后的行军路线及其“五月渡泸”的渡口。又东晋时，李雄据蜀占有越嶲，遣将李骧进攻宁州（即云南），亦由此渡泸，与晋军“战于堂狼”②。

从上述可见，朱提郡与巴蜀的交通联络是极其密切的。由此，这里的社会经济也得到较早的开发。其中重要的一点，便是滇蜀交通的开拓，有力地促进了这里的社会生产力的进步，如铁器的输入和冶铸工业的发达。

远在汉代，铁器的使用和生产已在中原和巴蜀地区得到普及，并向周边地区拓展，而云南的铁器正是由巴蜀地区传布而输入的。史称蜀民卓氏，在临邛（四川邛崃）“即铁山鼓铸，运筹算”，“行贩卖于滇、蜀之间”；又程郑也在临邛“冶铸，贾魋结之民”③，即以冶铁行贾求利于西南夷。而在今云南昭通地区汉墓出土的器物中，有不少铜器和铁器，铁器有环首刀、剑、矛、锄等。其中的铁锄，则铸有“蜀郡成都”和“蜀郡千万”④ 等字样，这当是蜀地铸造，并经由五尺道输进朱提腹地的。铁质农具的使用或制造，是农业生产力的重大进步。汉代在这里所设的官吏，也重视农业生产和安置屯戍，史称西汉末文齐为“犍为属国”（蜀汉改置为朱提郡）都尉，“穿龙池，溉稻田，为民兴利”⑤，后迁为益州太守亦积极领导农田开发和水利建设⑥，这都是与铁器的输入和使用相联系的。

又朱提地区，矿产丰富，冶铸工业也极其发达。这里出产银、铝、铜等，开发很早，并名闻全国。史称其地“出善银”，银质精良，魏晋时人们常以“朱提银”与四川“汉嘉金”共为赞美。其银重八两为“一流”，

① 西晋泰始年间，分益州南中四郡建宁、云南、永昌、兴古置宁州，其辖地主要在云南。

② 《晋书》卷八十一《王逊传》。

③ 《汉书》卷九十一《货殖列传》。

④ 汪宁生：《云南考古》，云南人民出版社 1980 年版。

⑤ 《华阳国志》卷四《南中志》。

⑥ 《后汉书》卷八十六《西南夷列传》。

值铜钱一千五百八十文，它银只值千文，并曾是王莽时期作为通行全国的法定货币——“银货”①。朱提郡的冶铜工业更为发达，其中又以堂狼所产之铜洗为最。堂狼铜洗，制作精巧，行销各地，后世出土不少，为世人视为珍玩收藏。据史记载，当日朱提矿产冶炉也颇具规模，在蒙城（今昭通）“有烧炉四所，高一丈，广一丈五尺”②，有议者认为，这已接近于清代云南的冶炉水平。魏晋时期，朱提郡冶铜工业的发达，还表现为已能生产“白铜”③，它是铜镍合金。镍在西欧于18世纪才被发现，19世纪才能生产白铜。因而，白铜于公元3世纪在朱提郡的生产，这在当时中国乃至世界上都是一个新的成就和创造。

云南产盐，魏晋时期朱提亦发展为一个盐产地，据《华阳国志·南中志》载，在南广县（云南盐津东北）设有“盐官”可证。但南广产盐，在《汉书·地理志》和《续汉书·郡国志》中尚无记载，而见载于魏晋史籍，说明其盐业的开发和生产是后起的。因而，其后起之采盐和制盐技术，也当是这里贸易交通的开拓，由郡外民族往来或从移民中传布输入的。

朱提郡曾是蜀汉初期在南中的政治中心。刘备定蜀，置庲降都督治理南中诸郡，治所设于南昌县（云南镇雄）。邓方初为都督，屯兵兴垦，政治上亦颇有建树，史称其“轻财果毅，夷汉敬其威信”④。这对安定南中，发展生产，也起到重要作用。

“太史公曰：农工商交易之路通，而龟、贝、金、钱、刀、布之币兴焉。”⑤ 当日，朱提郡的商业贸易交换也很活跃，“三蜀之人及南中诸郡”⑥之民频繁来往于此。那些从事商业贩运活动的被称为“庲降贾子”⑦。他们不避险阻，足迹布于滇蜀、滇黔古道。在今昭通地区出土的遗物中，就有不少汉魏六朝的钱币，除汉代“五铢”、新莽“大泉五十”、“货泉”和

① 《汉书》卷二十四《食货志》及颜师古注。
② 《南齐书》卷三十七《刘悛传》。
③ 《华阳国志》卷四《南中志》。
④ 《华阳国志》卷四《南中志》。
⑤ 《史记》卷三十《平准书》。
⑥ 《水经注》卷三十六《若水》。
⑦ 《华阳国志》卷四《南中志》。

蜀汉“直百五铢”外，还有北齐“常平五铢”和北周“五行大布”、“布泉”等等，这些当是“庲降贾子”们行商逐利活动的反映。

总之，通过上述，魏晋时期朱提社会经济的发展，是具有相当的基础和水平的。后来朱提大姓的形成，能够拥有众多部曲和大量财富，以及西晋末年蜀人南流，乐此垦殖，都是与这一地区的交通开拓和这里盛产银、铜、盐等密切联系的。

二、益州郡之交通及其分割和改称建宁郡

这里先行说明一点，益州郡之改称建宁郡及其分割，是这一地区经济开发程度的重要反映。

益州郡系故滇王国地，汉武帝通南中后置郡，郡治设于滇池（云南晋宁）。汉代益州郡辖县二十四，均在今云南境内，土广地阔，一头地尽今云南澜沧江流域和洱海地区之大理、保山、云龙等县，一头地尽今云南东南边境黑水河流域（流经今越南）和元江流域（其下游称红河，流经今越南）之莱州（在今越南）、个旧、蒙自等县市。而它的东北之味县（曲靖），则是“五尺道”南端的终点，北部则傍依泸水（金沙江）地带，连接越嶲郡，著名的“灵关道”便在这里由蜀入滇。

“灵关道”跨越蜀郡、越嶲、益州三郡；与其相连接的下段，即谓之“博南山道”（又称“永昌道”等），它经益州郡西部，横穿永昌郡（东汉置），并由此出缅甸，可达印度等地。目下议者所谓南方陆上丝绸之路，主要是由“五尺道”、“灵关道”和“博南山道”组成。

“灵关道”是秦汉以来由蜀入滇的主要通道。即由蜀郡成都南山，经临邛（四川邛崃）、青衣（四川芦山），渡青衣水，出灵关至笮都（四川汉源东北）渡沫水（大渡河），至越嶲郡治邛都（四川西昌），再渡渑水（金沙江），便入云南境内之青蛉（大姚）、弄栋（姚安）。然后，再西行至叶榆（大理），即接“博南山道”（“永昌道”）。“灵关道”始自蜀郡，而巴蜀地区与中原、荆楚地区的联系密切，郡县设置早于南中，交通开辟和经济开发也先于南中各地，巴蜀商贾也很早就活跃于关中和滇蜀之间。

如这里的开发，远在秦统一前后，经司马错、张仪、都尉墨和张若等相继经营，设置了蜀郡、巴郡和黔中郡，其间还“移秦民万家”入蜀，并开发农、渔、盐、铁生产，修筑成都城、郫城和临邛城，设置盐官、铁官和管理市场的市官，发展工业、商业。李冰为蜀守，又悉力治水兴利和凿崖通道等。这些，都为蜀地号为“天府之国”打下了基础，也为滇蜀交通和贸易发展提供了前提。至汉代，“灵关道”进一步被打通，在云南设置益州郡，促使益州郡的社会经济在原有基础上推进了一大步，并为后来益州郡分割划小、改称建宁郡和新增郡县打下了基础。

益州郡治滇池，“方三百里，旁平地，肥饶数十里”①；郡内又有“盐池、田、渔之饶，金银、畜产之富”。汉通南中时，还“得牛、马、羊属三十万”②。说明，这里适宜于农业生产和畜牧经济的发展，并有一定的基础。再者，这里的地矿物产也很丰富。但在当时，其经济发展仍有很大的局限，至汉通南中后才得到逐步改变。

如当时这里的农业生产，主要还是使用青铜器，铁器虽有使用，主要又还是由蜀地输入。查检《汉书》志传，在云南境内亦没有“出铁”的记载。但在东汉的有关史籍中，如《续汉志》，或其后的《华阳国志》，便有了“滇池（晋宁）出铁”、“不韦（保山）出铁”等的著录，同样，还记录了双柏（双柏西北）“出银”。这就说明，汉通南中后至东汉时期，云南境内才开发了自己的产铁冶铸基地，为云南走向铁器时代开辟了道路，益州郡也一直为云南经济发达地区。迨至魏晋，益州郡改称建宁郡，建宁郡则设置了“铁官”，专门管理铁器冶铸。这反映了当时铁器在云南的普及。同时，汉通南中后，还“募徙死罪及奸豪实之”③，实行移民垦殖，因而铁器在云南的使用和普及，这对当日移民垦殖和农业生产的开发都起到重要作用。

益州郡又是云南盐业主要产地之一。所属连然县（安宁）的盐业很早就得到开发，远在西汉时这里就设有“盐官”管理。降至魏晋，其盐业的

① 《史记》卷三十《平准书》。按：据方国瑜《云南史料目录概说》“肥饶数千里”，当是“肥饶数十里”之误。

② 《华阳国志》卷四《南中志》。

③ 《华阳国志》卷四《南中志》。

发展，为“南中共仰”①。

随着滇蜀交通的开拓和纵横伸展，以及益州郡内的县治增加，各个地区的经济得到发展，人口也在增殖。因而，发展到蜀汉时期，为了更有效地对这些地区加强政治设施和进行管理，把大郡划为小郡和增设郡县，则是顺理成章的事了。建兴三年（225 年）诸葛亮南征后，将益州郡先后划出若干县（和从它郡划出部分县）新置了兴古郡和云南郡等②。而益州郡自身则改称为建宁郡。

郡县设置的调整和行政区划的或增或并，其本身便是根据这些地区的交通、政治和经济条件而定的，同时也是这些地区经济开发程度的反映。益州郡划小并改称建宁郡后，辖有“出铁”的滇池、产银的双柏、产铜的俞元（澄江、江川）和“南中共仰”的盐业产地连然等十七县（中有新置的三县）。治所从滇池移至味县，庲降都督也从平夷（贵州毕节）徙治于味县（邓方初为都督驻南昌，后移治平夷），以李恢为都督，兼领太守。味县地当温水（南盘江）上游平原，土地腴沃，又地处“五尺道”南端终点，水陆四达，向来为“滇东门户”，是由蜀入滇或由黔入滇的必经之地。李恢为都督，重视农业生产，所在垦屯，颇有著绩，故南人称味县为“屯下”③。李恢又迁濮民数千落于云南、建宁界，以实二郡，从事农业生产。而他在任期间，从这里“赋出叟濮耕牛、战马、金、银、犀革，充继军资，于时费用不乏”④。后来有马忠为都督，“处事能断，威恩并立，是以蛮夷畏而爱之”⑤；霍弋为都督时，又能“抚和异俗，为之立法施教，轻重允当，夷晋安之”⑥。他们治理南中，政治上都有所作为。这些都有利于南中的社会安定和经济发展。因而，益州郡的分割划小及其改称建宁郡后，在云南仍不失其古滇王国以来的政治、经济文化中心，而且有更大的发展。

---

① 《华阳国志》卷四《南中志》。
② 《华阳国志》卷四《南中志》。
③ 《华阳国志》卷四《南中志》。
④ 《华阳国志》卷四《南中志》。
⑤ 《三国志》卷四十三《蜀书·马忠传》。
⑥ 《华阳国志》卷四《南中志》。

三、兴古郡地区经济与交趾交通之联系

兴古郡是诸葛亮南征后新置的。它是从原益州郡（蜀汉改称为建宁郡）南部划出贲古等四县和从牂牁郡南部划出宛温等六县，以及新置汉兴一县，合十一县①而设置的。郡治初设句町（云南广南），后移治宛温②（云南砚山北）。兴古郡也是古代云南的主要矿产区。史称律高县（原属益州郡）“西石空山出锡，东南有盢町山出银”③；史书又称贲古（原属益州郡，今个旧、蒙自）“北采山出锡，西羊山出银、铅，南乌山出锡”④。这些矿藏在汉代已得到一定开发，其中贲古锡矿丰富，古今誉为锡都。

这里原属益州郡和牂牁郡辖地，为云南东南边郡，均在汉武帝通南中后设置郡县，它是从蜀地或从滇池通往交趾（今越南河内）的孔道，故与中原和云南腹地（滇池地区）早有交通。当日，由滇池南行，经今通海至元江，达交趾。而通海、元江一带居民，则仰食于连然井盐（连然，今安宁，其盐业发达，为“南中共仰”，见上述）⑤。由此可知，来往于此道者当是不绝于途。

兴古郡又与交州之郁郡、交趾郡天然相接，即东连今广西，南连今越南，彼此可由水陆往返，邮驿商旅互通。从这里，一可沿文象水（今西洋江，源出云南句町，今广南）等，通往两广；一可沿仆水（今云南元江，下游称红河）经今越南，通往海外。这条水道（仆水），在汉代已为人们和商旅所认识，并为之利用。如东汉初马援自交趾上书说：“从麊泠（今越南河内西北）出贲古（云南蒙自），击益州，臣所将越骆万余人……愚以行兵此道最便，盖承借水利，用为神捷也。”又说：“从麊泠水道（即溯

① 十一县：原益州郡之贲古、胜休、毋掇、律高四县，原牂牁郡之宛温、镡封、句町、漏卧、进桑、西随六县；另新置汉兴一县，合十一县。

② 见方国瑜《中国西南历史地理考释》上册，中华书局1987年版。

③ 《华阳国志》卷四《南中志》。

④ 《汉书》卷二十八《地理志》。

⑤ 樊绰《云南志》卷七云：“安宁城中有石盐井，劝百姓自煎，升麻、通海以来诸爨蛮皆仰食安宁井盐。”

今红河而上）出进桑王国（云南河口地区），至益州贲古县，转输通利，盖兵车资运所由矣。”[①] 迨至魏晋，由兴古郡至交趾的这一通道，更为人们重视。曹魏灭蜀得南中七郡后，于咸熙元年（264年），便“遣都尉唐谱等诣进乘县（即进桑王国之进桑）”[②]，领兵出境，策划与孙吴争夺交趾。又西晋平吴后，交州牧陶璜自交趾上书说：“宁州（即云南）[③] 兴古接据上流，去交趾郡千六百里，水陆并通，互相维卫。”[④] 即以兴古郡与交趾互为屏障，以稳定巩固交州郡县的统治秩序和管理。通过上述，兴古郡的设置及其交通的开拓，说明：（一）滇蜀通道和滇蜀商旅活动，若以滇池为中心，南下则可深入到边郡各地“转输通利”，加强了边郡与内地的经济联系；（二）兴古郡与交趾郡水陆并通，贲古县既是当日锡矿等重要产地，也是当日云南东南物资集散的一方重镇，内连滇池，外连海外；（三）魏晋时期，西方大秦（罗马帝国）经由印度，而通商交趾的海外贸易也极其频繁[⑤]，因而由兴古郡出交州，与海外的经济文化往来，也得到发展。兴古郡的设置及其社会经济，便是在这种地理环境和处于这种贸易交通的基础上发展起来的。

四、灵关道之兴废与云南郡之分置

新立之云南郡，所辖青蛉、遂久、姑复、弄栋、云南、邪龙、叶榆七县，均在两汉时期设置，原分属于越嶲、益州、永昌三郡。蜀汉诸葛亮南征后，从这三郡中各分划出部分地区设置云南郡，以吕凯为太守，治所设于弄栋（云南姚安，原属益州郡）。这里地处三郡交会，是关中或巴蜀商旅入滇的“灵关道”主要地段，从这里由蜀入滇（或由滇入蜀）也要渡

① 《水经注》卷三十七《叶榆水》。

② 《三国志》卷四《魏书·三少帝纪》。

③ 西晋泰始年间，分益州南中四郡建宁、云南、永昌、兴古置宁州，其辖地主要在云南。

④ 《晋书》卷五十七《陶璜传》。

⑤ 《魏书》卷一百〇一《西域传》。

过泸水（金沙江）。即从会无（四川会理）至三缝（四川黎溪）渡泸至青蛉（大姚，在云南，下同）、弄栋（姚安）。由弄栋折西，经云南（祥云）、叶榆（大理）而入永昌郡（或博南山道）；折东即达滇池（晋宁）、味县（曲靖），而联络滇东北、滇西南各地。东汉初，刘尚进击夷人栋蚕即由这里渡泸入滇，并在这一带与"郡夷""连战数月"①，追击栋蚕至叶榆、不韦（保山，永昌郡属）。也有议者认为，诸葛亮进军南中即从这里渡泸。

云南郡多冲积盆地，叶榆（大理）地当今洱海地区，为滇西平原，土地肥沃，"有稻田、畜牧"之产，又"出桐华布"②。再者，这里又是由蜀入滇，至永昌郡，出掸国（缅甸），远通身毒（印度）的必经之地，并与南中政治、经济、文化中心滇池紧密相连。因而，"灵关道"的兴废、通阻，都与封建王朝和南中各种关系发生直接影响，也影响滇蜀贸易的往来。据此，自汉以来各个王朝都重视南中的经略，重视"灵关道"的修复、畅通和桥梁、驿站的设施。如西汉司马相如奉命出使南中，招抚"西夷"邛、筰、冉駹、斯榆等部落为"内臣"，在这一地区复置了十余县③和原有驿站④，并拆除了边地关卡。这复置的十余个县区，西至沫水（大渡河）、若水（雅砻江），南至牂牁江（北盘江），打通了"灵关道"，又在孙水（安宁河）架桥，直通邛都（西昌）。这样，自秦统一前后所辟道路和所置郡县，由于战乱出现道路闭塞和郡县废弃的状况，得到恢复和改善；也使巴蜀商旅原先私自"窃出"西南夷，换"取其筰马、僰僮、旄牛"⑤ 的状况，得到解脱，活跃了滇蜀贸易经济。

又如蜀汉时期，在平讨越嶲夷帅高定前后，"叟夷数反"，道路又被阻塞，商旅不通，"其郡（越嶲）徒有名而已"。于是命张嶷为越嶲太守，悉力治郡。他"招怀"蛮夷，"缮治城郭"，又"开通旧道，千里肃清，

① 《后汉书》卷八十六《西南夷列传》。
② 《华阳国志》卷四《南中志》。
③ 《史记》卷一百一十六《西南夷列传》。
④ 《史记》卷一百一十八《淮南王列传》。
⑤ 《史记》卷一百一十六《西南夷列传》。

复古亭驿"[1]，恢复了这一带的交通，蜀汉与南中的关系以及滇蜀交往也得到进一步发展。为开发这一地区，蜀汉李恢为庲降都督，还从永昌郡"迁濮民数千落于云南、建宁界，以实二郡"[2]，从事农耕，发展生产。

这一带是当时滇蜀间的重要盐业产区。如定筰（四川盐源，越嶲郡属）向以产盐著称，并为一方所仰。其县西南摩沙夷地（云南宁蒗）和姑复（云南永胜）[3] 都是盐产地，并在汉代已有所开发。史称："（定筰）县在郡西。渡泸水，宾刚（四川木里）徼曰摩沙夷，有盐坑，积薪，以齐水灌而焚之，成白盐，汉末皆锢之。"[4] 姑复"盐池"在县南[5]。这里所说的由定筰渡泸至摩沙地，亦是由蜀入滇的一个渡口。这一带盐区，大概自汉末以来为夷人"久自固食"[6] 的缘故，蜀汉时越嶲太守张嶷则强行"夺取"，并在其地"置长吏"，收归政府开发管理。又蜀汉之时，青蛉、弄栋等县也发展为盐业产地。上述姑复、摩沙夷地和青蛉等，原先均为越嶲郡属，大概又是出于这一带盐业的发展，需要加强管理的缘故，蜀汉则将其分出（与它郡部分县）新置云南郡，并在青蛉（大姚）新设置了"盐官"[7]。据此，云南郡的分立，也是这一时期滇蜀交通和云南经济发展的一个重要表现。

五、博南山道和永昌郡之社会经济

如果说，朱提郡（滇东北）是云南与川、黔贸易交通的开拓为早，云南和巴蜀之间以及和中原内地的联系密切，有助于闭塞状态的打破和发展经济，那么，永昌郡（滇西）则是云南对外交通的开拓为先，云南和掸国（缅甸）、身毒（印度）乃至大秦（罗马帝国）等海外关系尤为密切，其

① 《三国志》卷四十三《蜀书·张嶷传》。
② 《华阳国志》卷四《南中志》。
③ 一说在今云南丽江。
④ 《华阳国志》卷三《蜀志》。
⑤ 《续汉书·郡国志》注引《地道记》。
⑥ 《三国志》卷四十三《蜀书·张嶷传》。
⑦ 《华阳国志》卷四《南中志》。

社会经济发展也极其明显，不后于它郡。

永昌郡为“古哀牢国地”，东汉置。所及地域辽阔，“东西三千里，南北四千六百里”[①]。大致包括今云南大理州、保山市、临沧市、德宏州、普洱市和西双版纳州。永昌郡的开发，更与滇蜀交通开拓联系密切。张骞通西域后，汉武帝为寻求“蜀身毒道”，曾派使者四出，通“滇国”，于元封二年（前109年）置益州郡，并得知其郡西千里有“乘象国”，名曰“滇越”（腾冲）[②]，可通身毒、大夏（阿富汗），为蜀地商贾经常出没的地方。因而，汉深入到其郡西（即永昌郡地）进行积极开发，遣徙大批汉族移民进入其地，并通博南山（永平西），渡兰沧（澜沧江）、溘溪（怒江支流枯柯河），开凿了通往永昌的“博南山道”（后又称“永昌道”）。随后在这些地区相继设置了不韦（保山）、嶲唐（保山、云龙间）、比苏（云龙）、叶榆（大理）、邪龙（巍山）、云南（祥云）等六县，为益州“西部属国”。这是对永昌郡开发的开始。经过一百多年的经营，至东汉明帝永平十二年（69年），又在哀牢地设置了哀牢（腾冲）、博南（永平）二县，同时又划出益州“西部属国”不韦等六县，归并为一，正式设置永昌郡。永昌郡辖县八，治所设于不韦县，以郑纯为太守。史称当日“博南山道”凿通后，行人为之歌曰：“汉德广，开不宾。渡博南，越兰津。渡兰沧，为他人。”[③] 可见，永昌郡的设置、开发与“博南山道”的开辟两者关系之密切。至是“博南山道”的开辟，连接着“灵关道”，而贯通了滇蜀贸易的这一主要通道，自成都南下可径直抵达云南滇西最边的尽头。

永昌郡地处云南西北、西南边疆，地与掸国（缅甸）接壤，山水相连，有着相互往来的天然通路，为“蜀贾奸（一作‘间’）出物者或至焉”[④] 而通身毒（印度）的必经之地。当日经由永昌通往缅甸、印度以达西方的海外交通有二：一是由永昌出缅甸北部，从伊洛瓦底江上游，越钦（亲）敦江和那加山脉抵印度，而通大夏（阿富汗）和从海上通安息（伊

① 《华阳国志》卷四《南中志》。

② 《史记》卷一百二十三《大宛传》：汉使寻求蜀身毒道，“终莫得通。然闻其西千里有乘象国，名曰滇越，而蜀贾奸出物者或至焉，于是汉以求大夏道始通滇国。”

③ 《后汉书》卷八十六《西南夷列传》。

④ 《史记》卷一百二十三《大宛传》。

朗)、大秦(罗马);二是由永昌出缅甸南部,沿伊洛瓦底江下游出海,从海上通往印度、大秦等。此外,永昌郡地与交趾(越南)也有交通联系。

“博南山道”的开通和永昌郡的设置,加强了永昌地区哀牢等族与内地人民的相互往来和经济联系,而且也加强了与缅甸、印度及西方海外国家的友好往来和经济文化交流。在此期间,哀牢部落首领和哀牢王都曾先后遣使者向汉朝表示“内属”,以及来京“朝贡”①;同时掸国(缅甸)国王雍由调也曾三次遣使节到东汉洛阳,与中国通好,彼此交换了珍贵礼物,表达了彼此深厚的友谊。其中,公元120年(安帝永宁元年)掸国使节第二次来中国通好时,还带来了乐队和杂技演员“幻人”,在洛阳宫廷中表演。他们“能变化吐火,自支解,易牛马头。又善跳丸,数乃至千”。表演者自称是“海西”② 人。“海西”即大秦,“俗多奇幻”③。当时,掸国与大秦通,大秦与印度、中国的海上贸易也很频繁,这样,大秦“幻人”可能是先经印度到掸国卖艺谋生,而后为掸国带入中国的。又永昌郡不仅有巴蜀等中国商贾的频繁往来,而且这里还居住着不少“掸人”和“身毒之民”④,从事商业贸易活动。中国的丝绸、铁器、蜀布等物资由这里输出海外,海外异域珍奇也由这里输散到中国内地。在今腾冲城西曾出土汉代五铢钱千枚,当是这里贸易兴盛的反映。中外的这种频繁往来,由两汉形成,至魏晋时期一直得到发展,如魏晋史家鱼豢《魏略》著文说:“大秦道既从海北陆通(西域陆道),又循海而南,与交趾七郡外夷比,又有水道通益州永昌,故永昌出异物。”⑤ 所谓永昌出“异物”,当是异域奇珍也。

据上述,蜀汉诸葛亮南征后,在永昌地区经济发展的基础上进行政区调整。即从永昌郡划出云南、邪龙、叶榆三县,归入新立之云南郡(见上),而又在郡内新置了永寿(耿马)、雍乡(在临沧市)、南涪(景洪)三县,合原有不韦、巂唐、比苏、哀牢、博南等共八县,治所仍设于不

① 《后汉书》卷八十六《西南夷列传》。
② 《后汉书》卷八十六《西南夷列传》。
③ 《三国志》卷三十《魏书·乌丸鲜卑东夷列传》注引《魏略·西戎传》。
④ 《华阳国志》卷四《南中志》。
⑤ 《三国志》卷三十《魏书·乌丸鲜卑东夷列传》注引《魏略·西戎传》。

韦，初以王伉为太守。

由于永昌地区陆海交通的开拓和发展，其社会经济的发展也是明显的。

这里矿藏丰富，盛产金、银、铜、铁、铅、锡等。不过，这些矿产的出现，多记载于东汉及其以后的史籍中，少见于《汉书》有关志传。这就说明，这些矿产是在“博南山道”开辟和永昌郡县设置后，才得到开发或才得到较大开发而反映到史书上来的。如金矿：汉武帝时“通博南山，度兰沧水”，在《汉书》中未载其地“出金”，而在《续汉志》、《华阳国志》，乃至东汉初王充的《论衡》中都有著录博南“出金”事。如《论衡》说：“永昌郡中有金焉，纤靡大如黍粟，在水涯沙中，民采得日重五铢之金。”① 又《华阳国志》说：“博南县西山高三十里，越之得兰沧水。有金沙，以火融之为黄金。”② 可见，《汉书》不载，不能说是它疏忽。再如铁矿：前有所述，云南铁器早先主要是从蜀地输入的，《汉书》志传亦未载云南境内有“出铁”事，而在《续汉志》中则著录了永昌“出铁”事，这也说明，它是永昌郡地的交通开拓和郡县设置后，受到中原文化影响而出现的，永昌郡也从此进入铁器时代。

永昌郡可谓得天时、地利、人和之优势。它位处热带、亚热带地区，“土地沃美，宜五谷、蚕桑”③，又与缅甸、印度等海外相通，又汉晋期间有大批移民流入，以及巴蜀商贾往返贸易等，因而，不断受到国内外先进文化、技术的冲击和商品经济的刺激，也较为深刻，其社会经济的发展，除矿产、冶铸业外，还有多方面的表现：一是这里有较为发达的纺织业，并有较高的工艺水平。史称这里“知染采文绣”，能织造绵绢、彩帛、文绣等丝纺织物。又出“桐华布”，即今木棉（亦称攀枝花）所织之布。还出精致而为世人瞩目的“兰干细布”，“织成文如绫锦”④。“兰干”即苎麻，用苎麻所织之细布，即汉代所谓的“蜀布”，它曾远销于身毒、大夏，并为后来“蜀身毒道”的发现和开拓起了重要作用。二是这里远在东汉郑

---

① 《论衡》卷一十九《验符》。
② 《华阳国志》卷四《南中志》。
③ 《后汉书》卷八十六《西南夷列传》。
④ 《华阳国志》卷四《南中志》。

纯为太守时，曾与哀牢人约："邑豪岁输布贯头衣二领、盐一斛，以为常赋。"① 因而这里也是产盐地。三是这里"出异物"，有光珠、琥珀、水精、琉璃、珊瑚、轲虫（海贝）、蚌珠、翡翠等。这些，大部分是来自殊方异域的舶来品，如珊瑚、轲虫、蚌珠等，都是海产品。史称大秦多大贝、明月珠、夜光珠、真白珠、琥珀、珊瑚，以及赤白绿黄青绀缥红紫十种琉璃和水精（水晶）等等，因而这些海产可能是从大秦转折于安息、大夏、印度和掸国等而输入永昌的。琉璃，在西汉时已从西域陆道传入中国，而大秦多各色琉璃，所以永昌所出琉璃当是从南方道（南海道）输入。此外，永昌还有孔雀、犀、象等珍禽异兽。检今史籍所载，当日殊方异域之珍奇，如光珠、琥珀、珊瑚等，多载于博南县下，因而博南可能便是汉晋时期为永昌郡国内外物资集散之重镇。由上述见之，史称"永昌异物"，既是其社会经济开发的一个重要反映，也是永昌地区海外贸易发展的反映。

六、简短的结语

自汉通南中至魏晋时期，滇蜀贸易交通的开拓，以及南中郡县的设置和各代的移民垦殖，有力地促进了云南社会经济的发展。铁器的输入和冶铁业在云南境内的兴起，社会生产力提高，逐步改变了过去铜器和铜铁并用的状况，进入铁器时代。在此时期，建宁、永昌的农桑、田渔得到进一步的发展。建宁、朱提、兴古、永昌矿产丰富，冶铸工业日益发达，朱提银铜和贲古锡铝都享有盛名。建宁、云南二郡为当时盐业主要产区，朱提后起。永昌"出异物"，内通云南、四川的经济文化中心——滇池和成都，又通海外，对当日云南商品经济发展起到一定作用。

当日，云南以滇池为枢纽，北向通往巴蜀以达秦川，东北通往巴郡、牂牁以达荆楚各地的主要通道，已得到基本开拓，密切了云南与内地的联系，并推向与中原经济文化联结为一体。后来西晋时把南中七郡从益州划

① 《后汉书》卷八十六《西南夷列传》。

出，另立宁州，使宁州与益州同为全国十九州（后增为二十一州）之一，原有建宁郡又分出建宁、晋宁二郡等，这些都是与中原联结为一体，在统一经营管理下推动云南经济发展的反映，但西晋统一时间不长，全国即陷入南北分治局面，云南社会经济发展也渐次步入阻滞状态。其原因有诸多方面，其中境内交通阻塞、郡县破坏是重要的。如当时南中大姓崛起，据地争长称雄，分割郡县，无有宁日，左右着南中社会、交通，此其一。再者是封建王朝与少数民族关系恶化，“夷獠恃险不宾”。如惠帝元康年间（291～299年），永昌郡“南夷作乱，闽濮反”，迫使太守移治永寿（耿马），离故郡千里，“与州隔绝”①，郡县废弃，此其二。又当日南中大姓与夷部互通，排除晋在南中的势力。如太安年间（302～303年），大姓等“破乱州土”，刺史李毅“军连不利”，而“晋民（汉人）或入交州，或入永昌、牂牁，半亦为夷所困虏”。四年后，李毅死，其子李钊自表赴难，而“到牂牁，路塞，停住交州”②。此其三。与此同时，南海商道，则自孙吴六朝以来日见发达，舟行方便。所有这些，不能不影响云南社会经济的正常发展。当然，阻碍云南经济的发展，尚有它因，这当另行讨论了。但就上述交通阻塞、郡县破坏这一因素来说，也值得反思和总结。

（原载1989年西南师范大学出版社《古代长江上游经济开发》）

① 《华阳国志》卷四《南中志》。
② 《华阳国志》卷四《南中志》。

两晋南北朝时期云南内外交通的阻闭及其社会经济发展的局限

汉魏时期曾是云南社会经济发展兴盛的重要时期。入晋以后则由盛转衰，发展迟缓，而且一直延续到隋初，达三百余年。当日，抚恤失和，“大姓”擅命，边郡民心尽失，郡县横遭破坏，致使云南的内外交通回复到原先的闭锁状态。再就是，汉魏时期云南社会经济虽有较大的发展，但其经济发展本身也有其极大的局限，即自始是传统的自然经济占有绝对优势，而且愈来愈强化。特别是在入晋以后边关闭锁的历史条件下，经济发展的局限一再拓展。这些都是与封建专制统治下，南中政治变化紧密联系的。下面即结合南中政治变化、郡县破坏，以及外部环境等诸多因素的作用，分述这一时期云南内外交通阻闭及其经济发展局限的关系。

一

汉魏时期云南社会经济的发展兴盛，是汉通南中，广置郡县，交通开拓，移民垦殖，以及地方官吏积极治理等诸多因素，在当时的历史条件下得到自然“优化组合”的结果。这些因素相互联系，互为作用，并在不同条件和不同阶段中，其作用也不尽相同。如交通的开拓，曾为云南经济开发起到导航作用，还带动了郡县的开设；而郡县设置后，地方官吏的积极治理是重要的。入晋以后，云南社会经济的由盛转衰，便在于：这种“优化组合”的解体。其中重要一点，便是南中政治起了变化，吏治松弛败坏带来一系列的不良结果。

南中地方官吏，曾在开发云南社会经济中起到极其重要的作用。他们在维护内外交通、安置屯戍、兴修水利、垦辟农田，发展农业生产，以及重视多民族地区“夷”汉共处的特点，改善民族关系、安定社会秩序等方面，都做出了显著的成效和贡献，不少官吏还为南人所重。如文齐、景毅、马忠、霍弋等，见于汉魏史书，皆载有其著绩。在当时，即使有“为官奸浊”[①] 者，也还能得到一定的抑制或绳之以法。有些官吏虽然勤于政务，但不能很好地尊重少数民族地区的习俗，如张翼为庲降都督，持法过严，“不得殊俗和”[②]，朝廷也将他调离，改派马忠接替其任。所有这些，说明当日南中郡县职能和地方官吏的积极作用，都还能得到较为正常的发挥。但这种情况，入晋以后则逐渐被改变。南中官吏对地方的治理，或是政治不理，或是理而过猛，不能因势利导和辑人民，在经济上更少有问津。

晋初，仍以原蜀将霍弋为南中都督，他在改善民族关系方面是很有政绩的。霍弋死后，吴静在任，史称吴静“在官数年，抚恤失和”[③]，吏治遂日趋败坏，社会矛盾也开始发展。

魏晋之际，南中政治另一个方面的变化，便是大姓崛起，并开始干预或左右南中政治。晋武帝世（265～290 年）以益州地广，以南中别立为宁州（后罢，罢而又置），先后以天水李毅、永昌吕祥、广汉李毅为“南夷校尉”（性质与庲降都督略同，地位略低于刺史，但又多由刺史兼任）。在此期间，史称建宁太守杜俊、朱提太守雍约，“懦钝无治，政以贿成”[④]，侵夺大姓权益，而校尉无所闻问，至惠帝世（290～306 年）遂导致建宁、朱提大姓相约为叛。大姓素又与“夷帅”关系密切，其权益也受到压抑和剥夺，由是又激起“夷帅”不满，与大姓联结反晋。史称当日南中形势，“七郡争绝，晋弱夷强”[⑤]。至是南中无有宁日。

① 《华阳国志》卷十《先贤士女传》。
② 《华阳国志》卷四《南中志》。
③ 《华阳国志》卷四《南中志》。
④ 《华阳国志》卷四《南中志》。
⑤ 《华阳国志》卷四《南中志》。

至怀帝世（307～312年）王逊出任宁州刺史、南夷校尉前后，南中政治中心建宁郡曾“久无太守”，一年一度的察举秀才也只能进行“遥举”①。史称，时又值“宁州频岁饥疫，死者以十万计”②。又称，荒乱后王逊至州，“仓无斗粟，众无一旅，官民虚竭，绳纪弛废”③。南中经济和政治都处于混乱状态。

王逊在州，一方面对宁州所领郡县进行调整，把大郡划为小郡（时宁州八郡，调整为十六郡），举任都以大姓充当郡县官职，企图造成大姓相互对立，达到分割和瓦解其地方势力的目的。但适得其反，反而使大姓保有实力，据地自雄。另一方面，则倾力平叛。史称王逊“专杖威刑，鞭挞殊俗”④，征伐“恶僚刚夷千落”⑤，“俘馘千计，获马及牛羊数万余”⑥。这样，王逊虽“威震南方”，名噪一时，但又因“严猛太过”⑦，终又酿成和爆发了全州大乱。在此期间，先后有平夷太守雷炤攻害南广太守，并北降据有蜀地的李成政权；又有流民阴贡、平乐太守董霸等反晋，他们控制宁州东北的牂牁、平夷诸郡，亦北降李成；在宁州东南先后又有梁水太守爨量、董慬、益州（晋宁）太守李逖等控制兴古、盘南（西平郡）叛晋，也与李成政权相通。晋在南中的统治为大姓所动摇。

迨至东晋初年，牂牁太守又因“骄暴无恩”⑧为郡民驱逐出郡。成帝时以尹奉为宁州刺史、南夷校尉，亦无所作为，“威刑缓纯，政治不理”⑨。不久，蜀地李成发兵陷宁州，南中遂为其所有。

李成占有南中十五年（337～347年），南中政治亦无有好转。史称其初“威禁甚肃”，但很快又“转凌掠民”⑩，激起民反。另一方面，李成虽

---

① 《华阳国志》卷四《南中志》。
② 《资治通鉴》卷八十六《晋纪》八，惠帝光熙元年。
③ 《华阳国志》卷四《国中志》。
④ 《晋书》卷八十一《王逊传》。
⑤ 《华阳国志》卷四《南中志》。
⑥ 《晋书》卷八十一《王逊传》。
⑦ 《华阳国志》卷四《南中志》。
⑧ 《华阳国志》卷四《南中志》。
⑨ 《华阳国志》卷四《南中志》。
⑩ 《华阳国志》卷九《李特雄期寿势传》。

得大姓支持，亦无力控制大姓，只能顺其势力再行分割郡县，郡县设置弄得更是混乱不堪。当日大姓争雄，霍氏、爨氏最强。成帝以后，大姓尽被爨氏所并，南中政治亦为爨氏所控制。

晋穆帝永和三年（347 年）桓温灭李成。晋复得益州后，政局也一直动荡不安，先后有邓定、李弘等举兵反晋。晋统治集团内部又有萧敬文、司马勋等相继在蜀作乱。时北方苻秦强盛，晋又连年与秦争战。因而晋得宁州后亦未能采取有效的治理措施，而且更加重了南中的压迫剥削。史载兴宁三年（365 年）至宁康初年（373 年），周仲孙为宁州刺史，“在州贪暴，人不堪命”①。373 年，秦兵入蜀，占有益州，以姚苌为宁州刺史；晋亦以毛虎为益州刺史②，与之抗衡。但都不到任，仅是遥领而已。转入南朝亦然。南朝各代虽拥有宁州，但都无法控制，依旧是大姓擅命，朝廷命官亦多遥领，或遥授大姓。至是郡县设置，也是徒有名号而已。这种状况，一直延续到隋初。所有这些，不能不是云南内外交通和社会经济得不到正常发展的重要原因。

二

南中的政治变化，首先带来一个严重的恶果，便是云南内外交通重又复为阻闭状态。

云南地接巴蜀、牂牁、交州，为今之川、黔、桂三省之地，在历史上彼此联系密切。其中滇、川、黔在汉魏时期同为益州刺史部。川、黔的部分地区与滇又同属“南中”地区，为当时政治关系特别密切并成为共同的经济区域，彼此在政治、经济、文化等方面互为影响、互相促进，并成为各自发展的良好的外部环境。其中，巴蜀先进，各方面都起到先行的作用，对云南的开发和进步的影响，尤为深刻。此外，云南又边临缅甸、越南等地，与海外国家的经济文化往来也很密切。毫无疑问，这些关系的发

① 《晋书》卷八十五《周访传》。

② 《资治通鉴》卷一百三十《晋纪》二五，孝武元康元年。

展，都与贸易交通的开拓是紧密联系在一起的。

汉魏之际，云南以滇池（晋宁）为中心的境内外交通，已基本得到开拓和形成。因而它曾是云南社会经济发展的一个重要因素，在带动南中郡县设置、疏通汉民入滇屯垦，以及密切与中原联系等方面，都起到难以估量的积极作用。但入晋以后，由于战乱纷扰，郡县破坏，致使云南初具规模的内外贸易交通，不能继续得到完善和建设，而陷于全面梗塞阻闭，却又成为云南社会经济由盛转衰，发展迟缓的一个重要原因。兹将其情况，分述如下：

（一）滇蜀、滇黔交通的阻闭

滇蜀、滇黔的关系，是由秦汉时所疏通、开拓的“灵关道”、“五尺道”和“夜郎道”（“南夷道”）来维系的。从滇池出发可通过“灵关道”，经青蛉（大姚），北渡泸水（金沙江）直至蜀郡成都；又可通过“五尺道”、“夜郎道”至牂牁（贵州）和僰道（四川宜宾），以达巴蜀，或达荆楚。这样，滇池还可通过巴蜀，远与关中发生经济联系。史称关中“隙陇、蜀之货物而多贾”，南则与蜀通，巴蜀则“南御滇僰、僰僮”①；又称“巴蜀民或窃出商贾，取其（指西南夷地区）筰马、僰僮、旄牛，以此巴蜀殷富”②。汉代云南开始使用的铁器，便是由巴蜀输入的，史称蜀人“即铁山鼓铸，运筹算，倾滇蜀之民”③。在今昭通出土的汉代铁锄，铸有“蜀郡成都”字样，当是蜀地产物经由“五尺道”输入的。又地处“五尺道”的南昌县（镇雄）和味县（曲靖），都曾为三国时蜀汉“庲降都督”的驻所，为当日南中政治、经济中心。此外，汉民也主要经由这些地区入滇屯垦。可见，这些地区的交通开拓和畅通，不仅密切了滇蜀、滇黔的关系，推动了云南经济的开发，而且也为云南经济发展创造了良好的外部条件，或是良好的外部环境。可是两晋以来，这些地区的交通即遭到破坏。

云南境内外交通的破坏，肇于晋惠帝世，即建宁、朱提大姓和“夷帅”的反叛。后来其反叛蔓及全州，尤以建宁（味县）、晋宁（滇池）和

① 《史记》卷一百二十九《货殖列传》。
② 《汉书》卷九十五《西南夷列传》。
③ 《史记》卷一百二十九《货殖列传》。

朱提（昭通）等郡为甚。这些地区正是滇蜀、滇黔主要交通的必经要道，所以遭到破坏也首受其害。史称为战乱所迫，当日“晋民（汉人）或入交州，或入永昌、牂牁，半亦为夷所困虏”①。时值永兴至元兴年间，南夷校尉李毅在平叛中病重，其子“自表赴难”，自洛阳出发，行至牂牁，也因路塞不通，为“夷断道，不得进”②，只好改经交州，首尾三年才到达宁州州府（云南晋宁）。又新调广汉太守王逊为南夷校尉、宁州刺史，自永嘉元年（307 年）受任，由蜀入滇，也前后四年才到达宁州州城。东晋以后，这里与内地的隔绝，更为严重。如晋安帝时，桓玄用事，改元频繁，仅在四年间就有年号隆安、元兴、大亨、义熙。考其“大亨”年号，实未施行③。但在此时，云南大姓爨氏称雄，有爨宝子任建宁太守，死后立碑，而碑文则署纪“大亨四年立”④。由此可见，由于交通阻塞，信息不通，连官吏们对晋王朝的年号都含糊不清。再者，东晋南朝时期，蜀地易主频繁，由蜀入滇诸道，更是道塞不通。

滇蜀、滇黔交通的阻闭，原先为云南经济开发所创造的良好外部环境，也就成为过去。

（二）滇西边郡内外交通的阻闭

这里地属云南、永昌二郡，有“灵关道”和“永昌道”在这里相接，并横贯其境。经“灵关道”渡泸北上，则可入蜀；由“永昌道”西行，则可出往掸国（缅甸）、身毒（印度）。这条内外通路，即著名的古“蜀身毒道”，巴蜀商贾很早就活跃其间，求富逐利。这条古道，初为所在“昆明”等族阻闭，汉开云南才得到进一步开拓和打通。尔后，汉民入滇垦殖，或巴蜀有难，民人避乱南下者，亦多走云南、永昌二郡。东汉时，掸国国王曾三次遣使与汉通好，亦经由永昌道径至洛阳。永昌地区还居住有掸人和身毒之民，从事贸易活动，海外异域珍奇也从这里输入内地。所

① 《华阳国志》卷四《南中志》。

② 《华阳国志》卷十一《后贤传》。

③ 安帝世（397 ~418 年），397 年即位时年号隆安，402 年改元元兴，壬寅年三月又复隆安，后又改为大亨，癸卯年又复为元兴二年，405 年又改元义熙。

④ 《爨宝子碑》，现存于云南曲靖一中。碑文所谓“大亨四年”，实是义熙元年。

有这些，对云南经济的开发都曾起过积极的作用。

可是，形势使然，晋惠帝世时云南东部建宁等郡大姓叛无宁日，又值益州易主频繁，因而由滇西（永昌）北上入蜀诸道，也为战乱所断。另一方面，永昌又是多事之郡，因为晋在宁州的暴虐统治，也引起边郡各族人民的不断反抗，而且愈演愈烈。惠帝永康（291～299年）末年，史称吕祥子为永昌太守，"值南夷作乱，闽濮反"。闽濮，即濮人，为永昌地区的主要居民。这次濮人的反抗，规模不小，迫使郡治南迁永寿（耿马），"去故郡千里"，造成了永昌郡"与州隔绝"①。迨至南朝，闽濮的反抗继续不断，据载，刘宋元嘉年间（424～453年），"州土扰乱，东西二境，凶竖狼暴，缅戎寇场"②。缅戎亦即闽濮。由于永昌"与州隔绝"，造成《宋书·州郡志》"宁州"条不载永昌郡。乃至《南齐书·州郡志》"宁州"条虽载有永昌郡，但又说：其郡"有名无民，曰空荒不立"。就是说，这里的郡县沿革已遭到破坏，或是郡县设置徒有虚名。这样，永昌"与州隔绝"，昔日与海外的贸易往来也受到阻闭，限制了永昌地区经济的继续发展，一改过去的繁荣景象，回到传统守土的状态。

说到这里有必要说上一句，即永昌地区与州隔绝，以及宁州境内外的交通阻塞，严重限制了云南经济的发展，而所谓在分裂时期有利于地方经济发展的说法，颇不尽然，应当是对于分裂的具体情况，坚持具体分析，臆断是无助于历史经验总结的。

（三）滇东南和滇南边郡交通的阻闭

这里为蜀汉时期的兴古郡地。它与郡外的交通主要有二：一是在其东南与今两广有着密切的关系。其郡东南，边临牂牁郡和交州的郁林郡（在今广西），地处南盘江以南。从滇池南行，渡盘江，经句町（云南广南等）至今云南富宁剥隘，行船右江（今郁水北源），东航，可通今广西南宁，再通广东。句町一地，汉武帝时置县（时隶于牂牁郡），故早与中原通。这里是右江之源，地势开阔，可能在农业方面较早地得到开发。又，源出

① 《华阳国志》卷四《南中志》。

② 《爨龙颜碑》，现存于云南陆良县贞元堡小学。

于味县（曲靖）的南盘江，从兴古郡出境，与牂牁江合为红水河，流与郁江汇合而下，即达广州，史称“牂牁江，江广数百里，出番禺（广州）城下”①。这就是汉唐蒙所发现的蜀枸酱经牂牁江贩入番禺的通道。二是在其南部与今越南的交通联系。这里与交州的交趾郡（越南北部）接壤，有仆水（又名糜水等，其上游为今之元江，下游为今之红河）流贯其间。傍水近处，有贲古（个旧、蒙自）、西随（金平北）、进桑（又名进乘，今河口）、糜泠（越南河内西北）等县。这条通路，自边关进桑，水行可至西随，陆行至贲古；自西随顺流而下，则经交趾出往海外。这段交通，早在汉代已为兵家和滇蜀商贾所认识和利用。史称东汉马援曾上书说：“从糜泠水道（即溯今红河）出进桑王国，至益州贲古县，转输通利，用为神捷也。”② 这里“水陆并通”③，魏晋之际中原丧乱，不少民人南迁者，“皆走交州，以避其难”④，或又自交州转入南中和巴蜀。又在这里，也与海外大秦等国通。史称：“大秦道既从海北陆通（西域道），又循海而南（南海道），与交趾七郡外夷比，又有水道通益州、永昌。”⑤ 当日，自交州（广西）由海路到达缅甸、印度的交通，也已开辟。

从上述可见，兴古郡地区的内外交通，水陆通向开阔，舟楫方便，这对当地经济开发以及对外交往，也具有其独特的条件。

然而，南中叛乱迭起，兴古郡不仅难逃劫数，而且与建宁郡那样，是个严重动乱的地区。如前述梁水太守和晋宁太守等，合力“保兴古盘南以叛”⑥。再就是这里的郡县设置，也被破坏得有名无实。如王逊统治宁州，曾企图分割大姓势力，把大郡划小郡，兴古郡也被一分为三⑦。李成政权得有南中后，又分宁州为宁州、交州（按，此以兴古郡等地为交州，与含两广的交州名同实异），分别由大姓霍氏、爨氏任二州刺史，最后又演成爨氏独霸。与此同时，与兴古郡接壤的牂牁郡，亦为汉晋以来的大姓谢氏

① 《汉书》卷九十五《西南夷列传》。
② 《水经注》卷三十七《叶榆水》。
③ 《晋书》卷五十七《陶璜传》。
④ 《三国志·蜀书》卷三十八《许靖传》。
⑤ 《三国志·魏志》卷三十注引《魏略》。
⑥ 《华阳国志》卷四《南中志》。
⑦ 从兴古郡再分出梁水、西平二郡。

所据，犹爨氏在云南之自雄。至是兴古郡地区的内外交通也受到阻塞。

上述入晋以后云南境内外交通的全面梗塞，并带来了连锁反应，即带来外部条件或外部环境的变化。主要表现有下列两个方面：一是失却了原先滇、蜀、黔三地共为一个“经济区域”，彼此在经济文化方面相互促进的良好环境。其中，尤以云南与巴蜀的隔绝，各方面的联系中断，更是影响了云南经济的发展。其间，滇蜀之间经济发展水平的距离也在扩大。如蜀地虽遭战乱，而蜀地先进，蜀贾南行虽受阻，但可转移“东下荆州”①，加强了与长江中下游地区的经济联系，史称南朝刘宋时，“远方商人多至蜀土资货”②。而云南边关闭锁，四出无门，有则主要是与封建朝廷所谓的命官“遥授”、“遥领”，以及对王朝遥奉“正朔”等这种微弱的徒具形式的政治关系。二是失却了原先与海外异域贸易交往的条件。这一时期，自孙吴以来南海商运得到很大发展，西亚和南海诸国与中国的往来日益增多。史称刘宋、萧齐来往中国者“有十余国，始之为传”，而到萧梁时期，其“航海岁至，逾于前代”③。又称当日大秦（东罗马帝国）、天竺（印度）商船，“特艰斯路，而商货所资，或出交部，泛海陵波，因风远至”，“故舟船继路”④。而云南在此时期，由于南中祸乱相扰，交通破坏，自掸国入永昌，或自交趾入兴古、益州的对外商道，则难以维持和继续。因而，巴蜀或荆楚商贾必就舟行、陆行之便，求富逐利，也多转移来往于南海（广东）地区了。交往对生产力发展是起到重大作用的，马克思、恩格斯在《德意志意识形态》一书中说：“某一个地方创造出来的生产力，特别是发明，在往后发展中是否失传，取决于交往扩展的情况。”⑤ 从中可以得到启示，云南边关闭锁，外部新的事物进不来，内部的成就出不去，因而其经济的发展由盛转衰则是很自然的了。

---

① 《资治通鉴》卷八十五《晋纪》七，惠帝太安二年。

② 《宋书》卷四《刘粹传》。

③ 《梁书》卷五十四《诸夷传·南海诸国序》。

④ 《宋书》卷九十七《夷蛮传》。

⑤ 马克思、恩格斯：《德意志意识形态》，人民出版社1964年版，第51页。

三

西晋以后，云南社会经济的由盛转衰，发展缓慢，这固然是南中政治变化、大姓专擅、交通阻闭等诸多因素互相作用的结果。但云南社会经济发展的局限，也影响其往后的进一步发展。

总的来说，其经济发展的最大局限，即主要得到发展的，自始是传统的自然经济，而且愈来愈强化。商品经济虽有发展，但却异常脆弱。有关这些，所及的问题较多，这里主要从社会产品和产品流向等方面进行介绍。

《华阳国志·南中志》说，汉开云南，以滇池为中心的益州郡，素有“盐池、田渔之饶，金银、畜产之富”；又说，以不韦（保山）为中心的永昌郡，“土地沃腴”，“宜五谷，出铜锡”，又有“黄金、光珠、虎魄、翡翠、孔雀、犀、象、蚕桑、绵绢、采帛、文绣”等。这里所说汉代益州、永昌二郡，在今云南境内，区域所辖辽阔，故其物产基本反映了云南的状况。这些状况，可以说，它是云南社会经济占有的天时、地利的优势，它的开发及其产品、产量的增加，更是云南社会经济发展兴盛的重要表现。但在当时的历史条件下，这些优势及其产品的开发，同时主要又是古代传统的自然经济，并为封建专制主义统治所赖于存在和巩固的基础。又云南的开发，远比中原后进。因而在专制主义统治和干预下，云南经济只能更多地朝向自然经济的方向发展。此其一。

再者，以产品的流向来说，也主要体现为自然经济。为众所熟知，产品流向只有通过交换才是商品，或才具商品经济性质。反过来说，未进入交换的产品，即使再多，也只能是自然经济。而云南社会产品的主要流向，正是在专制统治的控制和操纵下，朝向自然经济发展，体现其自然经济的。因而，这里就先行说说当日专制主义对云南经济的控制和干预，再来看看其产品流向。

当日专制主义对云南经济的控制和干预，概括起来主要表现为如下三种形式：一是通过征伐或平叛进行劫夺。如汉武帝时以兵临滇，初开益州郡，“得牛马羊属三十万头”①；昭帝时王平等进入益州平叛，“获畜产十余万头”②，“富埒中国”③；成帝时平叛牂牁郡，斩夜郎王兴，“钩町（广南）王禹，漏卧（罗平）侯愈震恐，入粟千斛，牛羊劳吏士”④。转入东汉初，刘尚渡泸镇压“夷帅”反叛，追至不韦，得“马三千匹，牛羊三万余头”⑤；安帝时永昌、益州“夷”叛，杨竦将兵至叶榆（大理），获“资财四千余万钱”⑥。又西晋王逊为南夷校尉征伐诸夷，“获马及牛羊数万余”⑦。二是通过贡赋进行掠夺。史载王莽时冯茂击句町，“赋敛民财，什取五，益州虚耗”⑧。又蜀汉在南中，“赋出叟、濮耕牛、战马、金银、犀革，充继军资，于时费用不乏”⑨，后马忠、张嶷再平南中，“遂获盐铁，器用周赡”⑩。又西晋时，南夷校尉，“统五十八部夷族都监行事，每夷供奉南夷府，入牛、金、旄、马，动以万计，皆预作忿恚致校尉属官，其供郡县亦然。南人以为饶”⑪。又吕祥为南夷校尉，于“太康中，献光珠五百斤”⑫。三是赃官的巧取敲诈。史载汉代“益州（郡）西部，金银宝货之地。居其官者，皆富及十世”⑬。东汉一位永昌太守，将敛取的黄金冶铸为“文蛇”⑭，献给当朝权臣梁冀。又载东汉安帝时，由于永昌、益州等“郡县赋敛烦数”，杨竦曾“举劾”和惩治了所在贪官“长吏九十人，黄绶六十人”⑮。又西晋时，由于建宁太守和朱提太守在官“政以贿成”⑯，

① 《华阳国志》卷四《南中志》。
② 《汉书》卷九十五《西南夷列传》。
③ 《华阳国志》卷四《南中志》。
④ 《汉书》卷九十五《西南夷列传》。
⑤ 《后汉书》卷九十五《西南夷列传》。
⑥ 《后汉书》卷九十五《西南夷列传》。
⑦ 《晋书》卷八十一《王逊传》。
⑧ 《资治通鉴》卷三十八《汉纪》三十，王莽天凤三年。
⑨ 《三国志·蜀书》卷四十三《李恢传》。
⑩ 《三国志·蜀书》卷四十三《马忠张嶷传》。
⑪ 《华阳国志》卷四《南中志》。
⑫ 《华阳国志》卷四《南中志》。
⑬ 《华阳国志》卷四《南中志》。
⑭ 《后汉书》卷五十六《梁冀传》。
⑮ 《华阳国志》卷十《先贤士女总赞》。
⑯ 《华阳国志》卷四《南中志》。

终酿成南中大乱。上述这些，其分类可能不尽妥善，但可以看出：封建专制统治对云南经济的控制，其方式是多样的，而且是自汉开云南以后一直就存在的；这些劫夺的社会财富或产品，既是无偿的，又是大量的。产品所及也极其广泛，几乎括有当时云南的所有方物，有牛、马、羊等畜产，有金、银、盐、铁、光珠和宝货，有漆、丹、粟米和旃、旄、布、罽、犀革工艺品等。

这些多样而丰富的社会产品，前有所及，它是云南社会经济发展兴盛的重要表现，这一点早为人们所共识。但尚未引起人们关注或关注不够的，即这些丰富而大量的社会产品的流向，却没有进入到广阔的商品流通领域，而是无偿地流进了封建王朝府库和中饱官僚私囊。其结果，一方面这些大量的社会财富不能投入到扩大社会再生产，社会生产也只能稳定在原有的生产方式和规模上进行，从而又限制了商品经济的发展。另一方面则又说明，当日云南社会经济的发展，主要是传统的自然经济，它的发展却更加强了封建专制主义的统治，这又不能不影响往后云南经济的进一步发展，魏晋以后云南自然经济更加强化就是例证。这些正是当日云南社会经济发展的局限。此其二。

其三，入晋以后，封建中央专制主义在云南的统治势力，大为削弱，乃至被排除出去。这样，如果说，在云南社会经济处于衰落时期仍有所发展（这里不排斥在局部地区或局部经济领域内的发展），那么也只能朝向自然经济发展，只是社会产品或社会财富的流向，由过去主要操持的封建王朝权力之下，转移到方土大姓割据势力手中。下面也从自然经济发展的强化和产品流向等两个方面进行说明。

这一时期的自然经济的发展和强化，是与大姓经济发展联系在一起的。魏晋期间，南中大姓形成若干地方割据势力（或集团）已成为事实，他们与封建王朝之间，在权益占有方面自始也存在着矛盾。大姓豪横难制，专权乡曲，也操持地方经济。史称诸葛亮平定南中，就曾在收服大姓爨习、孟琰及孟获以后，“出其金、银、丹、漆、耕牛、战马，给军国之用”①。不过，诸葛亮平定南中，对大姓势力虽有所打击和抑制，但他的有

① 《华阳国志》卷四《南中志》。

些措施又为大姓经济、政治势力的发展，提供了方便之门。如为了改善民族关系，郡县官吏“皆即其渠帅而用之”①，多以拥蜀大姓充任；又以“夷帅”的“羸弱”奴户分配给大姓作为部曲，还劝令大姓用金帛收买“刚狠不宾”的“恶夷”编为家部曲。这些对于“夷”汉融合发展是有其积极意义的。但自此以后，大姓也获得更多的部曲和权力，而且是法定的。未经几代，史称西晋时就有“四姓及霍家部曲”②，他们可能就是当时在南中地区发展最为显赫、最有势力的大姓家族。这样，众多的部曲从事大姓家族的生产和军事活动，不仅加强了其割据实力，也进一步强化了其家族自给自足的经济。因而，两晋南北朝云南的自然经济发展及其强化，在我看来，就是在大姓势力不断膨胀和边关锁闭割据分裂的这一历史条件下发展的。

与上述相联系，社会财富或社会产品的流向，也由封建王朝操纵下逐步转移到大姓手中。

当日边关闭锁，云南孤悬，王朝势力鞭长莫及，因而表现为王朝对云南的经济控制，即以“贡赋”等方式的敛取，则大为削弱。这种情况，据史记载，除有萧梁时代武陵王纪“在蜀开建宁、越巂，贡献方物，十倍前人”③，这一为数较多的土贡外，其他如在晋太元八年（383 年）“益州西南夷遣使贡其方物”④ 于苻秦，北周保定元年（561 年）“南宁州遣使献滇马”⑤ 于北周等所献土贡，从次数到数量都远不及过去。萧齐时，还发生过派遣到南中征收租税的使者，被“僚帅”⑥ 怒杀的事件。再者，由于王朝势力不能在云南直接敛取，而所谓南中遣使贡献方物也受到交通运输条件的限制，其数量也总是有限的。这些情况，却又反映了大姓的据地自雄，有力地操纵了云南的政治和经济。而且这种状况一直继续到南北朝末年。正如北周梁睿曾上书说：“（南宁州）金宝富饶，二河有骏马、明珠，

① 《三国志·蜀书》卷三十五《诸葛亮传》。
② 《华阳国志》卷四《南中志》。
③ 《南史》卷五十三《武陵王纪传》。
④ 《晋书》卷一百一十四《苻坚载记》。
⑤ 《北周书》卷五《武帝纪》。
⑥ 《隋书》卷三十七《梁睿传》。

益州出盐井、犀角”，而在萧梁时“未遑远略，土民爨瓒（大姓），遂窃据一方，国家遥受刺史，其子（爨）震相承至今。而震臣礼多亏，贡赋不入，每年奉献不过数十匹马”。入隋以后，梁睿又一再上书隋文帝，建议发兵平宁州，开置州郡，认为这可“一则远振威命，二则有益军国”①。在这里，梁睿上书的目的，说穿了，无非又是要夺回被转移到大姓手中的云南经济财富，再转到由封建王朝掌握，以加强其专制统治。

上述云南经济的局限，即主要是自然经济的发展及其强化。但其局限的另一面，则是商品经济的脆弱。商品经济发达是社会进步的重要因素，它与自然经济是相抵牾的。这里限于篇幅，则将另行议论了。而云南自然经济的发展和强化，商品经济的脆弱，这当又是云南经济发展一再迟缓于内地的一个重要原因。

（原载 1992 年云南大学出版社《史学论丛》第五辑）

① 《隋书》卷三十七《梁睿传》。

王羲之写字

王羲之（303～361年），字逸少，原籍琅玡临沂（今山东临沂）。东晋建立，他随其父南渡，侨寓会稽（今浙江绍兴），后便定居下来。他曾任过右军将军，也称王右军。他是我国历史上著名的书法家。

在古代，书法是小学的一门课程，也是我国独有的一门艺术。书画同源，写字和画画都用同样的工具，画画从书法入手，能画者工书，工书者能画，书画相长。羲之子献之，为人书扇，笔误落扇污，便因势“画作乌驳牸牛，甚妙”[①]。王羲之书画均能，而尤为擅长书法。

秦统一文字后，汉字形成篆、隶、真、草书法四体。小篆为秦的一种标准字体，西汉篆、隶杂用，隶书于东汉定型。随后隶书书写又转向真、草发展。真书又叫正书、楷书；草书有章草、狂草、行草等。其间，书写最为方便、实用的是行书，用草书的笔法写真书，写起来半草半真的。西汉末，隶书石刻已杂出真书，汉魏真、草开始流行。书法的演变，适应汉字由异而同、化繁为简的发展趋势。到了东晋南朝，我国书法艺术发展到前所未有的高峰，书体翻新，名家辈出，王羲之便是这一时期创新开路的书法大师。南朝刘宋书家羊欣评述其书法说：“博精群法，特善行、楷，古今无二。”[②] 齐代书家王僧虔则说：“变古制，唯右军、领军（王献之）；不尔，至今犹法钟（繇）、张（芝）。”[③] 就是说，王羲之善于汲取和总结汉魏书法精华，集其大成，开创后世书法之源，由是被人们誉称为“书圣”。

① 《晋书》卷八十《王献之传》。

② 羊欣：《古书家姓名》。

③ 《南齐书》卷三十二《王僧虔传》。

王羲之年幼就嗜爱书法，不事嬉戏。年十一经常背地里跑到他父亲房里，从枕下翻出书学本本，独自阅读。他要求学习书法，父亲嫌他年小对笔法不能解晓，没有答应，他便跪在地上苦苦请求。史称：“王羲之，（王）旷之子。早于其父枕中窃读《笔说》。父恐其幼，不与，乃拜泣请之。”① 其父王旷亦工书法，于是羲之得到父亲指点，学功日进。史称，他曾师从卫夫人学书②。又载，他又曾渡江北游名山及汉魏京都，见李斯、曹喜、钟繇书法，以及蔡邕石经和张昶《华岳碑》等③，揣摩推求众碑书体之长，自道其此为“学力”所在，而叹以往学书之不善。

王羲之是学习汉张芝、魏钟繇笔法的。钟繇隶书入神，尤善真书，被称为真书之祖。张芝善草书，时人称为“草圣”。羲之的书法成就，历史上说法不一，有说特善行、楷，有说善隶法，有说隶、行、草皆入神品，有说其真、行、草无不曲尽其妙等等。总之，他博取群法，又善众体。但他早年的成就，而在隶、真。史称：羲之“及长，辩赡，以骨鲠称，尤善隶书”④。而他的草书，早年还不及同时期的庾翼、郗愔，后来才追上他们的。史称：“羲之书初不胜庾翼、郗愔，及其暮年方妙。”⑤ 由此也可见，王羲之的书法成就，是由隶、真到行、草发展的，这合乎书法学习的一般程序。真书的形体是由隶书演变而来的，学书者有所谓“书法备于正书，溢而为行草”；“真生行，行生草。行如行，草如走，未有未能立而能行，未能行而有走者也”⑥。就是说，各种用笔方法，在真（正）书中最齐备，练好真书，最能打好笔法的基本功。这样由真到行、草，就如小孩学步一样，步法扎实了，才能奔跑自如。否则，没有很好的基本训练，要想进入

---

① 《世说新语》“佚文”。

② 卫夫人，名称。晋汝阴太守李矩妻。其书法传自钟繇。

③ 李斯，秦丞相，有《泰山》、《琅玡台》等刻石文；曹喜，东汉秘书郎，作《笔耕》一卷；蔡邕，东汉灵帝时为郎中，校书东观，熹平四年（175 年）奏求正定《六经》文字，自写经于碑，由工匠镌刻，立于太学门外，世称《熹平石经》；张昶，张芝弟，书类其兄，《华岳庙祠堂碑文》为其所书。

④ 《晋书》卷八十《王羲之传》。

⑤ 《晋书》卷八十《王羲之传》。庾翼，东晋大臣，善草隶，名亚羲之；郗愔，东晋大臣，书兼各体，章草亚于羲之。

⑥ 苏轼：《论书》。

运笔更为自由、流畅、奔放的行草，其成就是有限的。王羲之的书法，暮年更入神妙，原先高出他的庾翼，见到其草书也甚为叹服，反映了王羲之书法精益求精的过程。

王羲之曾说："我书比钟繇，当抗行；比张芝，犹当雁行也。"① 此话听起来似乎自鸣得意，但却又是实际的。相传他的草书作品如《十七帖》、《上虞帖》、《远宦帖》和《游目帖》等，都已突破了章草的藩篱，而导"今草"之先路。如有人评他的《游目帖》说：刀笔挣动，锋势纯然，体现了草书"一笔而成，偶有不连，而血脉不断"② 的特点。

书法是人们传达、交流思想的工具，又是一门大众艺术。王羲之的书法成就，很快得到人们的喜爱。据载，当日蕺山（在今绍兴）有一姥姥在卖六角竹扇，买的人少，王羲之走向前去在她扇上各写上五个字，姥姥不懂，反而抱怨说："举家朝飧俱仰于此，奈何书坏?"王羲之安慰她说："无所损"，就说这是王右军的书法，一字百钱。姥姥照办，人们竞相争购。据说，王羲之曾到一门生家，看到一张新棐几又光又滑，便即兴挥毫，"真草相半"③。后来门生发现羲之的手书，被他的父亲误刮掉，十分惋惜，懊恼了好长时间。

在脍炙人口的逸事中出现的《黄庭经》④，更是说明王羲之书法成就的魅力。王羲之性爱鹅，那时山阴（今绍兴）有个道士，知道王羲之的字很有名，想请他写一本经书，特地养了一群鹅，专等王羲之来参观。果然王羲之来了，一见那群逗人喜爱的鹅就着了迷，蹲下来舍不得离开，便要求道士把鹅卖给他。道士说：鹅是不卖的，不过这里笔墨缣索都很齐全，如果你愿意给我写一本《黄庭经》，一群鹅都可以送给你。这一说，王羲之高兴地答应了，当即全神贯注地用真书把经书写好，将鹅笼回家去了。这就是为人传颂的"书成换白鹅"的故事。唐代大诗人李白专门为这个"笼鹅才客"赋诗一首云："右军本清真，潇洒在风尘；山阴遇羽客，爱此

① 《晋书》卷八十《王羲之传》。抗行、雁行：犹同列、相等。

② 张怀瓘：《书断》。今草，又称连绵草，是王献之变王羲之的草法，而为之破体书，又称破草。章草各自独立，不相连绵，其体势仍然是隶体书式。

③ 《晋书》卷八十《王羲之传》。朝飧：早饭、晚饭。

④ 《晋书·王羲之传》作《道德经》。

好鹅宾。扫素写《道德》，妙笔精入神；书罢笼鹅去，何曾别主人。”

《黄庭经》与《乐毅论》均是王羲之真书的代表作。王羲之学书，承魏钟繇真书。前有所及，真书是从隶书演变而来的。钟繇真书虽为秦汉一人，“但其体则古而不今，字则长而逾制”①。即钟繇真书还留有隶书的笔法，而王羲之的真书却完全摆脱了“隶意”的遗迹，形体自立，“变古制”而开创新境了。《乐毅论》世谓小楷的模范本，相传是王羲之亲书于石，以贻后人的。

王羲之学书，鹅是他眼中的特殊动物。长得体胖矮重，两足立定，却又庄重端正。在碧波中荡漾，又轻盈极了，“白毛浮绿水，红掌拨清波”。柔软的脖子，可昂首胸挺，又能伸屈自由，时而潜伏水底，时而“曲项向天歌”；扫刷羽翼，浑劲有力，而形态尽致。王羲之讲究书法，“静神虑思”，“尽心精作”。据说他爱鹅，就是从鹅的丰满洒落及其妙态横生的举止中，察悟写字作画腰身的稳重，揣摩五指握笔排势，以及挥毫纵横运转的要领。宋羌尧章说，王右军写“之”字、“当”字、“得”字、“慰”字最多，多至数十字，“无有同者，而卒未尝不同也，可谓所欲不逾矩矣”。就是说，在王羲之笔下同样的字，字字不同，个个别开生面，而又同一风格，自成体势。这一用笔如神的成就，当与王羲之爱鹅和对事物进行创造性观察、省悟和实践是分不开的。

写字主要是运用指、掌来操作者。心要“静神虑思”，手要与心意步调一致，指实而掌虚，“下笔点、画、波、撇、屈、曲，皆尽一身之力而送之（送到笔端上去）”。王羲之强调心意与手劲（力）的统一和实践，认为“意前书后者胜，后意书前者败”，“善笔力者多骨，不善笔力者多肉；多骨微肉者谓之筋书，肉多微骨者墨猪，多力丰筋者圣，无力无筋者病”②。当时有人喜欢用手在空中虚划字形，谓之“书空”。据说，王羲之连走路都想着写字，捉摸字体结构和笔势，随着手指就在自己身上“下墨点画”，划来划去，日子长了，衣服也划破了。由于他的刻苦钻研，经久

① 《晋书》卷八十《王羲之传》。

② 《增补事类统编》卷四十九《文学部·书法》：“笔阵图”。按《统编》云：卫夫人著《笔阵图》；又云：王右军见诸君笔论，作《笔阵图》；又见《统编·文学部·笔》云：《羲之笔阵图》。本文所引，究属何人《笔阵图》暂难分清，特此说明。

磨炼，有书家对他的字这样评述说："王羲之书如拔山，壅水倒流，头上安点，如高峰坠石，作一横画，如千里阵云，捺一偃波，若风雷震骇，作一竖画，如万岁枯藤，立一揭竿，若虎卧凤阁，自上揭竿，如龙跃天门。"[①] 正是他的笔力强劲，即所谓"铁画银钩"，王羲之书写祝板，工匠削之，也就有所谓"入木三分"的说法。

王羲之学书的一条重要经验，写字要"先学执笔"，并教子有方。一次，其幼子七八岁的王献之正在学书，王羲之在背后出其不意拔他的笔杆，没有拔起，他仍然聚精会神写他的字。王羲之赞叹说："此儿后当复有大名。"果然，王献之不负父望，刻苦学书，又写出一手好字，继承发展了他父亲的书法，被人称之为"小圣"。而有的议者，认为王氏执笔"偏于过紧"，影响书法的发展。是否如此，执笔当紧当宽，当与书体而异，通过实践检验、探索，避免臆见。苏轼《论书》云："真书难于飘扬，草书难于严重，大字难于洁密而无间，小字难于宽绰而有余。"这是说，书体有异，字的大小不同，而其形态、体势，乃至走笔也不同，因而书法执笔，或"紧"或"宽"，也当以书体而异进行探索，无须定法，固执一端。

《兰亭集序》是王羲之最为杰出的作品，也是中国书法艺术史上冠绝古今的佳作。

东晋永和九年（353年）三月初三，五十来岁的王羲之与当时的文人学士谢安等四十二人，在会稽山阴兰亭地方聚会宴游。时值暮春，江南草绿，是日"天朗气晴，惠风和畅"，文人们又是作诗，又是吟咏，不赋诗者罚酒三斗。王羲之酒兴勃发，挥笔疾书，用行书为诗集写了一篇序文，文词畅旺，一气呵成。全文三百二十四字，奔入眼底，气势磅礴，正如史书形容的那样："飘若浮云，矫若惊龙。"序文用"之"最多，计二十个，就这么几曲几弯，变化无穷，用笔之妙，充分体现出王羲之字体的独到功夫，这就是著名的《兰亭集序》。据说，后来王羲之又重写了数十百本，但都比不上酒酣未了，兴发挥毫的原本。其实，这正是说明书家所强调的心手一致，"意前书后者胜"的道理。关于这一点，书画爱好者和作家们恐怕都是有体

① （宋）岑宗旦：《书评》。

会的。

随着南北统一和书法艺术的发展，迨至唐代，王羲之的书法风行全国了。那时，唐太宗就十分崇向王羲之的书法，命人搜集和整理其真迹，得到《兰亭集序》，视为国宝。又大力提倡真草，命名家拓摹副本，自己学习，也让人们书写，一时如欧阳询、褚遂良、颜真卿等大书家群英辈出。随后唐代碑刻，也从王羲之真迹中搜集其字。王羲之书法终于代替了汉魏笔法，成为全国的书法正宗。

中国独有的书法艺术，是祖国文化的珍贵遗产。王羲之的书法于真书、行书、草书均有创造性的贡献，是中国书法史上划时代的人物，历代奉为书家典范。从历史唯物主义观点来看，并不是说王羲之的书法造诣是登峰造极，不可超越的，而应当肯定他隶真过渡、促进真书及行草确立的功绩。王羲之的书法成就，永远受到人民的尊敬。

（原载《治史心裁——罗秉英文集》，云南大学出版社 2005 年版）

漫话宰相的鲠直、宏量与悦媚

即使在封建社会里，人们也是按照当时的要求，对宰相的模样，即其品行德性进行品评的。

宰相有所谓“鼎足承君”的柱石之臣。据说，东汉一位司徒①上任，就接到朋友的忠告说：“足下：位至鼎足，甚善。怀仁辅义天下悦，阿谀顺旨要领绝。”② 这位司徒怪作孽的，他把信密封上奏，皇帝一见，说：此“狂奴之态也”。在这里，这位“狂奴”不就是对宰相的作为，进行绝妙的品评吗？而这位身居宰相的司徒，把朋友的告诫，公开给皇上，不也是一种品性吗？可惜这位“狂奴”，所指的“怀仁辅义”、“阿谀顺旨”没有说得具体、详细。但也不甚打紧，宰相多得很，总会碰上有“狂奴”说的那样的。

宰相既然是“鼎足承君”，而这个“君”，据说又有“圣君”、“中君”和“暴君”等等。也就是说，皇帝也是有各种各样的。古人认为：“事圣君者，有听从无谏争；事中君者，有谏争无谄谀；事暴君者，有补削无挢拂。”这就与“狂奴”的想法，即他所要求的宰相品德很相近了。对于操持生杀之权的皇帝，有了过错，“将危国家，殒社稷”的言行，敢于直言规劝谓之“谏”；谏而不听不行，再谏力谏，使之改过谓之“争”；要他补救缺失，削除过恶，不曲意屈从错误，这就是“有补削无挢拂”的意思。所以古人又认为，能够做到谏、争、辅、拂之人，则谓之“社稷之臣也，国家之宝也”。这么说来，协助皇帝治理国家的宰相，其谏争鲠直就

---

① 汉司徒，为三公之一，居相位。

② 领，颈；绝，断。

十分重要了，敢于谏争的宰相，也就博得历史的赞誉。

比如唐初的魏徵，便是一位人称的“铁面宰相”。史载唐高祖李渊，为了“厉精求治”，“数引魏徵入卧内访以得失”，而魏徵“知无不言”，李渊“皆欣然嘉纳”。魏徵敢于和善于直谏。唐太宗时，有一次他进谏太宗，不管高兴不高兴，直至发怒了，他也“神色不变”，还使唐太宗收起了怒容。因而唐太宗也有三分怕他。又一次，年轻的唐太宗弄来了一只鹞，十分好看，正玩得高兴，一见魏徵来了，便慌忙把鹞匿进怀里，哪知魏徵奏事时间拖长了，鹞也被闷死了。但唐太宗还是十分喜欢向魏徵请教，一次他问：“人主何为而明，何为而暗？”魏徵回答说：“兼听则明，偏信则暗。”随后又举出历史上帝王因偏信而昏暗迷惑，招致惨祸的教训，说：“秦二世偏信赵高，以成望夷之祸；梁武帝偏信朱异，以取台城之辱；隋炀帝偏信虞世基，以致彭城阁之变。”① 所以“人君兼听广纳，则贵臣不得拥蔽，而下情以上通也”②。魏徵的率直规劝，有助于国家的治理和安定，而唐太宗也可谓“纳谏不忘其师”，故曾多次对臣下说：“（魏）徵与吾共安天下，常恐骄奢生于富贵，祸乱生于所忽，故知守成之难。”又说：“贞观之前，从朕经营天下，玄龄之功也。贞观以来，绳愆纠谬，魏徵之功也。”还说过：“方今群臣，忠直无逾魏徵。”魏徵进谏确实很多，曾惹火过唐太宗，说：“魏徵，每廷辱我。”但史称“主明臣直”，唐太宗始终是尊重和赞许魏徵的，他说过，有了魏徵的规谏，可以见到自己的得失。魏徵去世后，他说：“魏徵去世了，朕失去了一面镜子啊！”这就是后人所谓的“鉴得失魏徵无双”的由来。据说，北宋寇准为相，宋太宗赵光义也很尊重他，说：“朕得寇准，犹文皇（唐太宗）之得魏徵也。”

不是有谏而不听不行“不用则死”，力谏苦谏而谓之“争”吗？而北宋的赵普为相，便有这种谏争的精神。他曾向宋太祖赵匡胤推荐“某人为

① “望夷之祸”：即赵高杀秦二世于望夷宫（今陕西泾阳东南）；“台城之辱”：即梁武帝因偏信而招纳东魏大将归降，造成“侯景之乱”，梁武帝被活活饿死于台城（建康，今南京）；“彭城阁之变”：即隋炀帝游江都（今江苏扬州），在此大筑宫苑，定为行都。后来见中原已乱，无心北归，七十万关中将士“多谋叛归”，后宇文化及与司马德勘发动兵变，炀帝即在行都宫苑中被杀。

② 拥蔽：蒙蔽。

某官”，但宋太祖就是不用。他“明日，复奏之；又不用，明日更奏之”。宋太祖火了，便把奏章撕掉掷了满地，但赵普仍然“颜色自诺”，又把破碎的奏章拾捡起来，再补贴好，再上章复奏。宋太祖终于省悟起来，准许了他的请求。结果被推荐的确实是个人才，甚为称职、闻名。又一次，赵普认为有位立功的应该升官，但宋太祖向来就讨厌他，不给提升。赵普再三请求，宋太祖强词夺理，大怒说：“朕不与迁（升）官，将奈何!”即不提拔就不提拔，你又怎么样？赵普据理力谏说：“刑以惩恶，赏以酬功，刑赏者天下之刑赏，非陛下之刑赏也，岂得以喜怒专之（怎能按陛下的喜怒来决定呢）?”宋太祖不听，走了，他便紧跟在后；宋太祖躲进宫里去了，他就在宫门口等候着。最后宋太祖又只好批准他的请求。这就是史书上说的赵普为相，“刚毅果断，以天下为己任”的谏争精神。赵普曾两朝（太祖、太宗）为相，史称：“未尝为子弟恩泽。”宋太宗称赞他说：“普能断大事，尽忠国家，真社稷臣也。”如果那位“狂奴”生在北宋，大概赵普就是他说的明辨是非，“怀仁辅义天下悦”之类的宰相了。

诚然，宰相本身也应有诚恳接纳诤言的态度。有位明朝人，讲到宰相的这种态度时称之为“德量”或“宏量”。他说：“大臣当以德量为先，德量不足，即有周公之才之美，亦不足观。”因而他对本朝宰张江陵[①]没有好感，说张刚愎自用，褊而寡容，“其行必自为是，而人莫敢矫其非”。而他所赏识的，即是他所谓的“识量不减的韩魏公”。

这位北宋的韩魏公为相[②]却有他的宏量。他在军中，一次“夜作书令”，有位侍兵在旁秉烛照明，但他在左顾右盼，一不小心，“烛烧公须”，烛火把韩魏公的胡子烧着了。这位侍兵还在惶恐不安，而韩魏公却把袖子往嘴上一抹，“作书如故”。这位火烧胡子都不介意的便是韩琦，魏公是他的封号，他与名相范仲淹同朝，“名重一时”。如果说，韩魏公这种宏量仅是生活上的趣事，那么发生在唐相狄仁杰身上的，就不是小事了。

狄仁杰与汉朝王陵各以其长，历史上被称为“王陵为正（刚正），仁杰为法”的宰相[③]。据载，狄仁杰为江南巡抚使，曾毁吴楚淫祠一千七百

---

① 即张居正。内阁首辅，宰相。
② 历官陕西经略安抚招讨使，后拜为同中书门下平章事，居相位。
③ 王陵，汉惠帝时为右丞相；狄仁杰，武后时为鸾台同平章事，居相位。

所，为豫州刺史“诖误”[①] 论死者二千余人，又曾断“久狱”[②] 一万七千人。一次，武则天对他说：您在汝南（在今河南）有“善政”，但也有“谮卿者”说您坏话的，想知道他是谁吗？狄仁杰回答说：陛下认为臣有过错，臣自改之；以为没有过错，是臣万幸了。臣实在不愿意去知道“谮者”的名字，去和他们计较。狄仁杰的这种“不愿复知谮状”，宽宏大量的精神，真够得上器重大臣了。据说，北宋宰相吕蒙正也有这种气度的。他初入朝堂参议政事的时候，资历浅短，朝士们在帘内指手画脚地在议论，有说：“这小子懂什么？也能参政！”吕蒙正听了，明知是一种讥笑，但他“佯为不闻而过之”，装作没有听见。可是同僚们却为此不平，定要追究那位说怪话的朝士，吕蒙正制止说：“不必了，为了一句话便去追查人家的姓名、官位，彼此都会终身不忘，这有什么好处呢？不如不问为好。”这就是后人说的吕蒙正为相宽恕，“致讥若罔闻”的一种“识诣”[③]。

至于那位“狂奴”说的“阿谀顺旨”的宰相，那就屡见不鲜了。古人认为，“顺”并不是不好的，“从命而利君谓之顺”。但“阿谀顺旨”就不好了，“从命而不利君谓之谄”。“谄”就是阿谀、谄媚、奉承、巴结等，都是一副卑贱的鄙态。身为大臣、大官，对上阿谀奉承，对国对民都不好，对“君”也不利。据说，唐玄宗还是吃过这苦头的。

玄宗开元年间，有两个品性不同的宰相：韩休峭直[④]，萧嵩性顺。有一次，唐玄宗面对镜子，闷闷不乐，左右乘机对他说：“韩休为相，使陛下消瘦多了，不如罢他的官，轰他出去。”而唐玄宗感慨地说：“我虽然瘦了，但天下人会胖了。萧嵩奏事，说话都很‘顺旨’，很合我的心意，但退朝以后，反而使我睡不安枕。韩休经常谏诤，口舌锋利，但退朝以后，反而使我睡得心安。”萧嵩与韩休经常在唐玄宗面前争论，而总是说韩休的坏话，还装着很受委屈的样子，想得某种同情。玄宗对此很感到厌恶，“颇不悦”。《通鉴》胡三省注评说：“萧嵩为乞怜之态，既以自保宠禄，亦所以倾韩休。”

① “诖误”，本无罪，而被牵连受到处分。

② 久狱：久而未决的狱案，即滞狱。

③ 识诣：见识造诣。

④ 韩休，为同中书门下平章事；萧嵩，为同中书门下，三品。峭直：严峻刚直。

唐宪宗很喜欢品评自己属下的宰相。一次，宪宗属下李吉甫、李绛、权德舆三位宰相同朝议事，李吉甫说："天下已太平，陛下宜为乐。"李绛忙说：现在还不能言"安"，如河南、河北，人民的生活就不大安定，边关又"烽火屡惊"，"加之水旱时作，仓廪空虚"，正是陛下"宵衣旰食"之时，"岂得谓太平，遽为乐哉"![①] 宪宗十分同意李绛的意见。退朝后，他对左右说："吉甫专为悦媚；如李绛，真宰相也!"因为他们在议事时，经常发生争论，而宪宗看到权德舆只是在旁一言不发，不表态，便十分鄙视权德舆的这种暧昧态度，史书上说："权德舆居中无所可否，上鄙之。"

武则天朝时，有位既善于"逢迎上意"，又善于巴结同僚、趋炎附势的宰相，叫苏味道的。据史书记载，他本来没有什么能为，身为宰相，而"脂韦其间，苟度取容"，即像油脂那样软滑，周旋在群僚之上，逢迎媚上。他还有一套当官鬼混的妙诀，用他的话来说是："处事决断不欲明白，但模棱持两端可矣。"意思是：做官办事要圆滑，说话决断不要说得太明白，处理问题要使人摸不准，捉不住，模棱两可最妙！因而时人叫他为"苏模棱"，又叫他为"模棱手"。

（原载《治史心裁——罗秉英文集》，云南大学出版社2005年版）

① 宵衣旰食：天不亮起床穿衣，天晚才吃饭，用来赞颂帝王勤于政事。遽，急于。

诸葛亮“自比管乐”与徐庶“相马”

诸葛亮是人们所熟知的历史人物，青年时期就有着远大的抱负。他“每自比于管仲、乐毅”。管仲是春秋时代著名的政治家，乐毅是战国时代燕国的名将，两人都有显赫一时的政绩和战绩。管仲相齐桓，齐开五霸之首；乐毅为燕将，一战几灭强齐，都是历史上威名赫赫的人物。诸葛亮就是了解到古代有所作为的政治、军事人物，作为自己进取效法的榜样，他以管仲、乐毅自比，脚踏实地，勤勉用功，又有远大的政治抱负。

这位未出茅庐“自比管乐”的诸葛亮，抱负虽然很大，但终究还是个没经世事的青年，就像还没有出征的“千里马”一样，所以“时人莫之许也”，一般人自然不甚了解，也不相信他。能“相马”者谁？却是从河南流离到襄阳、与诸葛亮志向相投、共同攻读的心腹之交徐庶等人。徐庶、崔州平是很能辨才的“伯乐”，他们对诸葛亮有深刻的了解，当刘备来到荆州谋求自己势力的发展，礼贤下士，四处寻找贤能时，徐庶就向刘备积极推荐诸葛亮。多年戎马生涯、饱经世故的刘备，也就“三顾茅庐”。刘备一经与诸葛亮交谈，就爱上了这位二十七岁的青年，把他请出去辅佐自己。诸葛亮日后的光辉业绩，证明他自己就像《三国志》作者陈寿评述的那样：可谓识治之良才，管仲、萧何一流的人物。

我国历史悠久，有丰富的文化遗产，留下良好的精神滋养，有许多东西值得我们学习和借鉴。诸葛亮“自比管乐”的远大抱负，徐庶、崔州平那种辨才、“相马”、荐贤的胆识，就可为我们效法。今天，为了社会主义四个现代化的实现，亿万青少年更需要有伟大的理想和抱负（当然不是盲目自大），也需要老、中一辈有徐庶那样的胆识，共同努力造就新时代的大批人才。

（原载《云南日报》1980年6月6日）

作者著述目录

一

《黄巾起义》，中华书局 1972 年出版，1984 年修改后再版。

《国史纲要》（下册），香港长河出版社 1986 年出版。

《文史拾趣》（第二册），上海翻译出版公司 1986 年出版。

《中国古代史基础知识》（主编），云南大学出版社 1992 年出版。

《治史心裁——罗秉英文集》，云南大学出版社 1992 年出版。

《中国古代典章制度大辞典》（编委、撰稿），中州古籍出版社 1998 年出版。

二

《要重视“佚史”领域的开拓和研究》，载《光明日报》1984 年 12 月 5 日《史学》317 期。

《〈魏略〉、〈典略〉关系试探》，载《思想战线》1983 年第 5 期。

《〈魏略〉在中国史学发展史上的地位——兼评王沈〈魏书〉》，载《史学论丛》第三辑，1988 年云南人民出版社。

《〈魏略〉的上限和下限——兼说〈魏略〉成书年代》，载《古籍整理研究》1989 年第 1 期。

《章宗源〈典略考〉质疑》，载《西南古籍研究》1986 年总第 2 期。

《关于王隐〈晋书〉的评价问题》，载《思想战线》1985年第1期。

《王隐及其〈晋书〉的史学思想》，载《史学论丛》1986年第一辑。

《干宝及其〈晋纪〉》，载《治史心裁——罗秉英文集》，2005年云南大学出版社。

《裴子野及其〈宋略〉》，载《治史心裁——罗秉英文集》，2005年云南大学出版社。

《〈宋书〉诸志新议》，载《史学论丛》1987年第二辑。

《魏晋六朝时期“佚史”书志的编纂》，载《思想战线》1987年第2期。

三

《古代“王（后）”与“皇帝”称谓述议》，载《治史心裁——罗秉英文集》，2005年云南大学出版社。

《“予一人”诠释》，载《云南大学报》2008年11月6日。

《说“天子”与名分》，载《云南大学报》2009年3月12日。

《漫话殷商与商贾》，载《云南大学报》2010年5月14日。

《试论秦末农民起义》，载《思想战线》1977年第4期。

《“反对坏皇帝，拥护好皇帝”质疑》，载《思想战线》1978年第6期。

《论我国农民战争与生产力的发展》，载云大历史系编《史学论文集》；2005年收入《治史心裁——罗秉英文集》。

《诸葛亮“自比管乐”与徐庶“相马”》，载《云南日报》1980年6月6日。

《“商人”与“商业”》，载《云南日报》1985年4月12日。

《诸葛亮行法的历史地位》，载《思想战线》1981年第2期。

四

《试述魏晋南北朝行台与尚书台（省）的关系》，载《史学论丛》第四辑，1989年云南大学出版社。

《魏晋南北朝时期行台述议》，载《史学论文集》，1992年云南大学出版社。

《“中国古代政治制度史”自学纲要》，载《治史心裁》，2005年云南大学出版社。

五

《先秦至南北朝云南与相邻省区的关系》，载《治史心裁》，2005年云南大学出版社。

《汉魏时期云南社会经济兴盛述论》，载《思想战线》1989年第4期。

《魏晋时期滇蜀交通与云南经济的发展》，载《古代长江上游经济开发》，1989年西南师范大学出版社。

《两晋南北朝时期云南内外交通的阻闭及其社会经济发展的局限》，载《史学论丛》第五辑，1992年云南大学出版社。

六

《王羲之写字》，载《治史心裁》，2005年云南大学出版社。

《漫话宰相的鲠直、宏量与悦媚》，载《治史心裁》，2005年云南大学出版社。

《秦穆公“相牛”》，载《治史心裁》，2005年云南大学出版社。

《兴隆的礼炮》，载《羊城晚报》1960年4月10日。

《〈兰茂评传〉序》，载《云南历史文化名人传记丛书》苏石所著《兰茂评传》，云南人民出版社1997年出版。

七

《〈中国古代史教学大纲（上）〉说明》，载《治史心裁》，2005年云南大学出版社。

《〈中国古代史〉引导学生自学活动的三个环节》，载《云南高教研究》1985年第1期。

《从“论文”说“三基”——历史系1982届毕业论文评述》，载《治史心裁》（原载于1983年云南大学《文科学生毕业论文选》）。

图书在版编目（CIP）数据

罗秉英学术文选/罗秉英著．—昆明：云南大学出版社，2014
（云南文库·学术名家文丛）
ISBN 978－7－5482－1750－3

Ⅰ．①罗… Ⅱ．①罗… Ⅲ．①中国历史—文集
Ⅳ．①K207－53

中国版本图书馆 CIP 数据核字（2013）第 288340 号

出 品 人：周永坤
统筹编辑：柴　伟　陈　曦
责任编辑：李兴和
责任校对：严永欢　和六花
封面设计：郑　治

书　名	罗秉英学术文选
作　者	罗秉英　著
出　版	云南大学出版社　云南人民出版社
发　行	云南大学出版社　云南人民出版社
社　址	昆明市翠湖北路 2 号云南大学英华园内
邮　编	650091
网　址	www. ynup. com
E-mail	market@ ynup. com
开　本	787mm×1092mm　1/16
印　张	19. 125
字　数	304 千
版　次	2014 年 11 月第 1 版第 1 次印刷
印　刷	昆明卓林包装印刷有限公司
书　号	ISBN 978－7－5482－1750－3
定　价	58. 00 元